JN105245

地方経済人の結社と市民社会

—青年会議所を事例として—

嶋田 吉朗

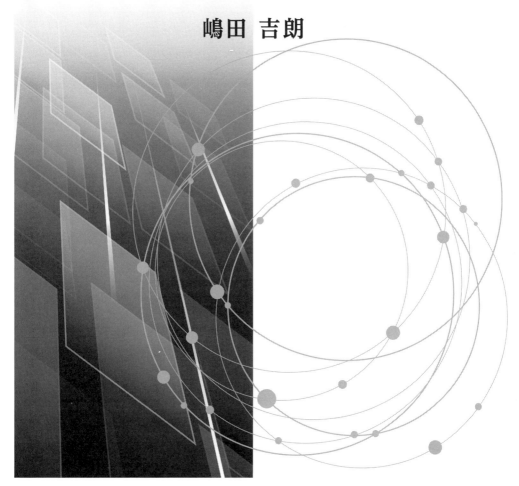

大学教育出版

は じ め に

　グローバル化や情報技術のもたらす急激な社会変容の影響がますます強まる現代において、その恩恵に預かるエリートと、没落する中間層との社会的亀裂の先鋭化が指摘されるようになって久しい。IT 分野を中心とする巨大なグローバル資本は生活のあらゆる領域に浸透し、富の集中は世界的な問題として指摘されている。その深刻さはブレグジットやトランプ現象など、極めて象徴的な事件としてときに可視化されてきたが、ながらく問題視されてきた東京への一極集中もまた、地方との亀裂を増しながら加速している。さんざん地方分権が叫ばれながら、資本も人口も、この 20 年で日本は以前にも増して東京への集中を強めた[1]。移動による人口流出と、ナショナルな少子化・超高齢化社会の問題が同時に進行する多くの地方自治体は、本質的な持続可能性を問われている。

　問題解決が特に困難に思える一因は、これが資本主義社会における、利益を追求した個々人の自由な選択の当然の帰結に見え、構造的な富の偏在そのものは、地方自治体にはとても解決できそうにないということである。一定の資金を得た人が、これから自由に、合理的に投資をする時、明らかに勝ち馬に乗れそうな投資先（東京／大都市）があるのに、別の潰れそうな投資先（地方中小都市）に資本投下するだろうか。補助金を利用した投資が起こったとしても、本来自由競争で勝てるポテンシャルがない事業においては、よくある箱物行政がそうであるように、長期間の利益の創出に至らず、地方の衰退は止まらない。そしてそんなお金を産まない場所に、人々は留まろうとはしない。このように見れば、地方にはまったく希望がない。

---

[1]　国土交通省（2020）企業等の東京一極集中に関する懇談会資料「東京一極集中の是正方策について」。

　しかし、この想定は、すべての自由な経済活動を行う人間が、常に利益に対して合理的に行動するという古典的な〈経済人〉の前提に基づいている。実際の経済活動は、経済合理性とは別の様々な原理を含みながら営まれている。もっと儲かるチャンスがあっても、何らかの事情で特定の土地にとどまるビジネスは、珍しくない。特にビジネスオーナーやリーダーの意思決定権が強ければ、思い入れや夢を追った、一見合理性を欠いた経済活動が行われることもあるだろう。この広い意味での経済活動の不合理に見える部分が、市場原理から取り残され衰退する地方の持続可能性にとっての理論上の救いたり得るのではないだろうか。その検討のために必要な理論枠組みを、本研究は市民社会論に求めたいと考えている。

　自由な個人が自発的に公共活動に参加するとき、多くの論者はそれを〈市民的〉とみなしてきた。地域全体の経済的基盤が崩壊することは、公共的かつ個人の経済的利益にも直結する問題であり、それに対抗するような経済活動は市民的たり得るはずである。相対的にビジネスに不利な場所で、市民的原理や連帯がビジネスを維持させたり、逆に良きビジネスが、地方都市の生活や文化の豊かさの維持という公共性に大きく寄与するような現象への期待は、日常の素朴なレベルで存在しているように見える。しかし、〈市民〉と〈経済〉はある時期から、アカデミックな世界において接続し難いものになってしまった。

　日本における市民社会や市民性の議論は、長きにわたって運動論を中心として展開されてきた。それは、弱者の権力への対抗運動を実践的なベースとし、経済的な利益追及とは無縁の、純粋な市民的公共性（特に 1990 年代以降の市民社会（Zivilgesellschaft）論における非国家・非市場の公共性）を理念的な柱として構想する中で積み上げられたものである。結果として、多くの場合において市民は、概念上経済領域や国家権力から明確に切り離されるべきものとして位置付けられてきた[2]。

---

2)　ただし、市民社会と経済（市場）の接続自体がまったく論じられずにきたというわけではない。市場の側からは大企業を中心とした企業の社会的責任（Corporate Social

　このような市民概念の理論的展開は、特に官僚制が近代化をリードしてきた我が国において、弱者やマイノリティ、かつて公共性に参入できなかった様々な人々を公共性に包摂し、エンパワーする可能性を開いてきた。その一方、対抗性や利他性、非権力性といった条件があたかも絶対不可侵の条件であるかのように共有されることで、市民性の議論が適用される場面設定は、特定の社会運動に偏ってきた。そしてその分、わかりやすい対立構造やアクターの属性が見られない、諸要素が混在するような状況において、自発的活動を論ずるための理論的な基盤は、十分に築かれてこなかったように思われる。

　そのようにして捨象（しゃしょう）されてきた市民的可能性の1つとして、経済活動に連続性のある経営者層の結社活動がある。ここから見えてくる経済と市民の関わりは、既存の議論で中心になることの多い経済的資本（お金）だけを介したものではなく、経済を足場とした社会関係に埋め込まれた諸資本に基づく市民的参加として位置付けられるものである。

　日本の地域社会において、経営者層によるロータリークラブ、ライオンズクラブや青年会議所（Junior Chamber: 以下 JC と略する場合もある）といった経済人の結社は、その規模や活動の影響力において、近代日本の自発的な諸活動全体を見渡しても大きな存在感を示してきた。中でも日本において 1949 年に 48 人の会員からスタートし、年齢制限による必然的な毎年の退会者を出しながら 1960 年に 1 万人、1977 年には 5 万人を突破して、ついには世界最大の規模を持つに至った青年会議所はその典型といえる。こうした地域の経済リーダーを中心とする自発的結社は、——多くの社会学者が

Responsibility）、市民社会の側からは地域通貨や NPO、社会的企業、協同組合などの市民的結合における経済的仕組みの問題が、考察の対象となってきた。これらの事例はどちらかといえば経済的資本（お金）を介した領域間の媒介が問われるものであるが、本研究はそれよりも社会関係を重視するものである。また、政治学における政治過程論も、市民社会（利益団体）を通じた権力へのアクセスを分析対象としてきたが、本研究は後述のように辻中豊ら一部の利益団体研究から一定の着想を得ている。

共有してきた認識の通り特定の支配構造を強化する側面があったとしても
―― 何十万人もの一定の資本を持った人々のお金や時間、労力が、自発的
に地域内外のなんらかの公共的な事柄のために利用されるための場となった
という点で、明らかになんらかの市民的側面を有している。

　一部の論者は、こうした結社を無条件に権力の支配構造と一体化したも
のとみなし、積極的に市民社会の議論から排除してきた。しかし排除の前提
として、実際の結社のありようへの詳細な観察がこれまで十分に行われてき
たとは言い難い。歴史的実体としての西欧的〈市民〉の不在を前提とする、
純化された非国家・非市場の市民的理念の厳密な適用は、対象への観察を伴
わずともほとんど必然的に「日本には市民社会は存在しなかった」、あるい
は「日本の市民社会は脆弱である」という結論を導いてきた。このことは、
日本固有の文脈に即した何らかの市民的活発さの歴史の理解の可能性を狭め
てきた[3]。

　後述のようにアメリカを中心とした社会関係資本に関わる議論におい
て、自発的結社への所属は市民性[4]（Citizenship）の中心的な要素として重
要視されてきたものである。また、経済団体的要素を持つ市民結社の多くは
アメリカ発祥の世界的な自発的結社という点で西欧市民社会との最も単純な
意味での比較可能性も有し、結社に立脚した欧米の市民社会論の枠組みへの
接続においても意義深い分析対象といえる。

　本研究が目指す市民社会論への学術的貢献は、厳格に理念化された〈新

---

3)　もちろん既存の日本の市民社会を論じる者たちが、日本の文脈に即した市民的活発
　さのあらゆる側面を切り捨ててきたわけではない。本書において、何度も取り上げる
　こととなるペッカネン（2006）のメンバーシップを鍵概念とした諸研究のほか、シビリ
　ティ概念を手掛かりとして江戸時代の文芸ネットワークに市民社会的特質を見た池上
　（2005）などの業績が特筆すべきものとして存在する。そのどちらもが海外に拠点を置
　く研究者であるという事実に、示唆を汲み取ることができるかもしれない。

4)　本研究における、公共性に自発的に関与する市民（公民）の備える特性としての
　Citizenship 概念は、ベラーやスコッチポルといったトクヴィルの影響下にあるアメリ
　カの市民論者に依拠するものである。

しい〉市民社会論において深く論ずる対象にならなかった、しかし戦後の日本において実際に一定の歴史的なボリュームを持って存在してきた自発的市民活動としての経済領域の結社を分析することで、日本の市民社会論を、ほとんどその埒外に置かれてきた主体から組み立て直す可能性を示すことである。その可能性は、地域社会の持続可能性にも密接に関わる、経済活動と連続性を持った市民性という概念の理論的な更新に開かれているとともに、そのような市民性に基づく結社活動が実際に果たしてきた役割、例えば社会関係資本創出や〈民主主義の学校〉としての機能を、歴史的・社会的事実として提示する作業にも連なっている。

　以下第1章では、本研究の主題に関わる日本の市民論の諸問題を概観した上で、これに対応するための理論的な枠組みと本書全体の見通しについての記述を行う。

地方経済人の結社と市民社会
― 青年会議所を事例として ―

目　次

第 1 章
市民的参加の研究としての理論的射程と問題設定

　本書は、経済領域に隣接した市民性（Citizenship[1]）について、戦後の日本において発展した具体的な結社の事例から検討するものである。経済活動に連続する市民性はどのようなもので、いかにして育まれ、維持されてきたのか。そしてそれが地域を中心とした社会へどのような関与として現れてきたのか。これらの問いを通して、本研究は日本の市民社会論の可能性を拡張と概念的な精緻化に貢献することを目指す。

　以下では、こうした問題が問われる理論的背景として、活動実態における利益や権力の存在を捉え損なってきた日本の市民社会論の問題を論じ、それに対して経営者層の結社の分析がもたらす可能性と、その具体的な分析枠組みの提示を行う。

1−1　日本の市民論をめぐる諸問題

　〈市民社会〉という用語は極めて広範な対象を指し、政治学・政治哲学・社会学等のそれぞれの学問領域によっても、また、論者によっても、指し示す範囲が完全には一致しない。それでも、個人の単純な私的利害に還元できない公共的な事柄を、国家以外の存在が自発的に担うとき、それを「市民

---

1)　ここではベラーやスコッチポルの用法に倣い、参加的市民（公民）の備えるべき一般的特性として Citizenship を位置付ける。

的」と表現したり、その活動領域を「市民社会」と呼んだりすることには、一定以上の利便性と合理性に基づく合意があるように思われる。確かなことの１つは、のちに詳しく述べるように、〈市民〉という概念が、もとは西欧の歴史的な実態の理念型に立脚して構築されてきたという事実である。自立した個人が、公的な行為を行うという〈市民／公民（Citizen）〉のモデルは、古代ギリシャや 18-19 世紀の欧米の市民（Bürger）像に、かなり具体的に求められてきた。

　翻って、戦後日本の市民社会論は、「市民の不在」から始まる。典型的な論者が描くイメージにおいては、官による「公共性の独占」が日本の公共領域を長年にわたって埋め尽くし、それに対峙する個人の自由な、自発的な公共的活動を可能とする強力な市民的基盤がない、とされてきた。そのため、自立して公共性に関与できるような主体としての個人を形成しなければならないという問題意識が、市民の議論をリードしてきた[2]。

　たとえば戦後の市民論の代表的論者の一人である松下圭一（1966）は、民主主義の前提をなす自発的活動の資質を備えた個人としての「市民的人間型」について論じた論考の中で、日本の「市民」について以下のように論じている。

　　　今日、市民を問題とすることは、資本主義・大衆社会の二重の疎外過程の内部で、市民の古典的原型を形成する〈現代〉という条件を検討することである。市民の伝統を形成しえていない、そして市民という言葉すらなじまない日本では、過去の再生ではなく、未来に向けての再生である。市民は、確かに欧米的形象であるが、今日、工業を背景とする民主主義の普遍的精神となってきた。（同書：201）

松下にとって「市民」はそもそも日本の伝統において存在しないものであ

---

2)　日本における市民社会の不在を強調した高島善哉に始まる日本独特の市民社会言説の系譜を植村邦彦は〈市民社会論〉と名付け、講座派マルクス主義などのイデオロギー的背景を説明している（植村　2010）

り、それゆえに過去の歴史に立脚しない「普遍的精神」として捉えられ、未来に向けてこれから「再生」されるべき存在だった。

　もちろんこのストーリーは、長年多くの論者を定着させるだけの説得力ある事実によって支えられてもいる。日本の近代化が国家の主導によって上からなされたという主張自体は程度の差こそあっても否定できず、戦前に成長していたいくつかの市民社会的基盤の断絶は戦後の自発的活動を論ずるにあたって寄って立つ基盤の脆弱さを招いた[3]。1998 年の NPO 法施行までは自発的活動を支える法的基盤も整備されておらず、法人格を持たせることの困難さから市民活動の組織化に対して多くの制度的制約が存在していた（Salamon et al 1994=1996）。このような伝統的に「脆弱」な市民文化の土壌に参加的市民を養成する場として注目されたのが、社会運動である。

　松下圭一や篠原一といった社会理論家のほか、多くの社会学者たちの立論においては、基本的に権力や大資本に対抗する運動の成長、特にその活動が個別の利益を超え、普遍的で公共的な価値の指向性を獲得した市民運動の展開をモデルに論を組み立てるという一貫した傾向が見られた。日本の文脈に適合的な歴史的〈市民〉[4]のモデルははじめから不在であり、現時点で出現している社会問題を権力に対抗的に、自律的に解決する主体の構想として存在していたのである[5]。

---

3)　椎木（2003）によれば、大正デモクラシー期に特に花開いた財団や協同組合運動のような自発的市民活動のほとんどは戦時体制の国家に取り込まれ、戦後も財閥解体などの影響があり断絶したという。

4)　ここでの歴史的〈市民〉、ヨーロッパにおける市民社会の歴史的担い手としての〈市民層〉を念頭に置いている（Gall 1991; Hettling 1999; Budde et al 2010）。

5)　似田貝（2001）の「弱い主体」のような対抗性に強くこだわらないものが市民論の射程に入る議論が登場し、理論的な拡張がなされてきたのも事実であるが、運動論の照準がもともと「弱い」人々を主体的にするためのエンパワーメントに向けられていたことを考えると、対象となる〈市民〉のイメージはもともと「弱い」存在だったのであり、市民社会論では無視されがちだが実在してきた「強い主体」の可能性を探ろうとするような本研究のスタンスとの距離感は変わっていないように思われる。

　こうした下地の上で、1990 年代以降の〈新しい市民社会論〉の繁盛と
NPO 法などの市民セクターの法的基盤の整備をめぐる状況で、「市民社会」
という語は一層の注目を浴びるようになった。ハーバーマスを中心とする新
しい〈市民社会（Zivilgesellschaft）〉は非国家・非市場を明確に掲げた理念
性の強いものであり、かつての日本の運動論的な市民社会論と極めて親和性
が高いものであった。2000 年代に入り NPO・NGO の論議が盛り上がると、
新たな市民社会のアクターを非国家・非市場の拠点として肯定的に位置付
けるにせよ（佐藤　2007）、動員や新自由主義的な論理との共振から警戒心
を示すにせよ（渋谷　2004、仁平　2007）、基本的に国家・市場との明確な対
抗関係を持った独自の「市民的」領域における運動の延長上に議論されてき
た。そして、それはある一定の日本の戦後市民社会史観とでもいうべきもの
を形成することにも繋がってきた（図 1-1 参照）。その歴史的シナリオは、
以下の篠原一の言説に典型的に表れているようなものである。

　　そういう（筆者注　権力に抵抗する市民という）意味で戦後史を概観した時、
　1960 年の安保闘争は異なった意味を持ってくる。それは安保改定に反対する
　運動として始まったが、… 民主主義擁護の運動となった。… 市民革命を経験
　したことのない人々が、初めて権力に対して抵抗することを知った。… こう
　いう初体験があったからこそ、人々は何かにかられるように運動に参加したの
　であろう。それがのちの市民運動、住民運動に連なっていった。そしてこれら
　の運動の中からよりポジティヴな参加、特にボランティア、介護、街づくりな
　どの広範な社会参加が生まれ、その結果として 90 年代に市民的公共性が説か
　れるようになった。（篠原　2004：124-125）

　篠原も松下同様に、市民的伝統の不在を前提として、〈新しい市民社会〉

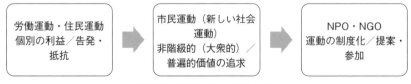

図 1-1　単線的な段階論的市民社会像のイメージ

や市民的公共の源泉を戦後の市民運動に求めている。労働運動から住民運動、市民運動、ボランティア／NPOへと至る発展段階論的な、そして単線的な枠組みで捉える見方は、広く社会学者にも共有されてきた。道場（2006）が指摘したように、牛山（2004）、高田（2001）、佐藤慶幸（1994；2007）など非常に多くの日本の社会学者たちは、様々なバリエーションはあるにせよ、市民社会ないし市民活動を運動論の文脈で段階論的に論じてきたのである。

　個別の利益から普遍的な利益へ、告発・抵抗／作為要求型から提案・参加型へ、などといった単純な段階論は、より低次とみなされる運動の価値を毀損しかねず、古くから運動論内部で批判もなされてきた。1970年代にはすでに宮崎（1975=2005）が住民運動に対する「地域エゴイズム」批判に対して、住民の利益と公共の福祉の接続という観点から反論を行なっている[6]。長谷川（1996）も、告発・抵抗型の社会運動・市民運動を無効化した上でいわばその上位の形態として提案型のNPOを想定するような段階論に対する慎重な議論の必要性を主張している。とはいえ、こうした論者たちも、市民的な活力が市民運動との関係において形成されるという主流の構図自体を否定しているわけではない。

　その一方、想定される市民の発達段階のラインの外側にある民間の自発的な活動は、多くの場合無視されるか、むしろ積極的に排除されてきた。仁平（2007）は社会運動を論ずる社会学者業が、左派的な運動のみを事例や理念型として取り扱い、右派的な社会運動を無視してきたことを指摘している。ただし、この時仁平が取り上げたのは国粋主義的な政治運動であり、ロータリー、ライオンズ、青年会議所をはじめとする経済人たちが築いてきた相対的にイデオロギー色の薄い市民結社はその射程に含まれていない。

　市民運動以前の、市民結社を含む伝統的な自発的参加の様々な形態もま

---

6)　こうした市民概念の恣意的な運用への批判は広く見られ、例えば市野川（2006：89-93）も「市民」概念が階級や権力関係を覆い隠すという批判を行っている。

た、しばしば市民社会論からの排除の対象であった。以下の佐藤（2007）による明確な日本の結社への否定的言及は、その典型といえるだろう。

> ノルマン体制の恩顧・庇護主義的な官僚制国家では、公益法人（財団、社団）、福祉協議会、児童委員、町内会、ボランティア団体などは、政府や自治体の垂直的な官僚制組織の末端に位置付けられているものが多い。… その他、青年会議所や各種業界団体、町内会なども権力構造のうちに組み入れられ、選挙の時の集票マシーンとして既存の権力構造を支える。… 日本の伝統的な非営利民間団体の多くは、官の恩顧・庇護主義的な保護と同時に共同体的な圧力のもとに、〈ボランティア活動〉ではなくて、権力への〈奉仕活動〉をしてきたのである。こうした非営利民間の奉仕活動には、〈市民社会〉形成への動機付けはなく、あるものは官への依存と奉公であった。(49)

　佐藤に従えば、日本において一定以上の歴史を持つほとんどの非営利団体は〈市民社会〉の結社としての資格を失ってしまうこととなる。その背景には権力（国家）と経済（市場）から明確に切り離された、純度の高い市民社会を望ましい姿として強く意識する領域論が横たわっている。確かに、日本において蓄積されたある種の市民活動を見逃したとしても、未来のより望ましいNPOのあり方を構想する方がメリットが大きいという考え方もあり得るだろう。しかし、社会構想として抱かれている以上、もともと存在する社会の状態はやはり正確に把握されるべきで、単に伝統的に「市民社会が弱い」というのみの判断は単純にすぎるのではないだろうか。加えて、地域の経済的衰退など、「純粋な」市民による解決が困難な問題は多い。そうした問題を市民でなく国家に任せたとしても解決できないことを確認するには、地域活性化のために使われてきた補助金のうち、本質的な成果を上げられたものがどれくらいあったかを、多少振り返れば十分であろう。

　市民運動を核とした市民社会理解の傾向は実際のところ、日本のみならず世界的にも広く見られるものである。ドイツの社会学者アドロフ（2005：11）はヨーロッパの市民社会論について「新しい社会運動由来のラディカルデモクラシー的アクターとしての政治的自己理解とともにある」とし、コー

ポレートシティズンシップなどを例にそのモデルの限界を指摘している。また、アメリカのスコッチポル（2003=2007）も、「リベラル派は、現代のアメリカ民主主義のほとんどすべての健全な発展を、1960 年代の公民権やフェミニズム運動、少数民族の権利や公益目標を主張する様々な運動に帰責化する傾向にある」（13=11）という問題を指摘し、新しい社会運動が実態以上に理想化されて民主主義や市民社会と結び付けられてきたという指摘を行っている[7]。

　このように広く共有されてきた既存の市民論の運動論的な傾向は、〈市民〉概念が想定する場面設定を極めて限定的なものにしてきたと言わざるを得ない[8]。非国家・非市場という領域論的な限定というだけでなく、個別の事例としての社会運動は一般的に環境運動や生協運動など、特定の —— 多くの場合コンフリクトの —— イシューに特化した形でのみ観察されるからである[9]。運動論的な市民概念への拘泥は、研究領域の対象バリエーションを、限定的で散発的にしてしまった。

---

7)　「だが、1960 年代、70 年代のこうした社会運動は、不本意にもナショナルな市民社会を、専門家が運営する結社・団体が増える一方で階級横断的な会員を基盤とした結社が退潮する社会へと再編成する引き金となった。…現代のアメリカの市民生活を支配する専門家が運営する組織は、自分たちが席を奪った 60 年代以前のメンバーシップ連合体と比べて、幾つかの重要な点で民主的でもなければ、参加的でもない。」（Skocpol 2003=2007：13=11）

8)　理論上は、多くの限定を本質的に背負っている点も否定はしない。例えばアレント（1958=1994）が『人間の条件』において想定したポリスを原型とする公共空間を構成するのは、私的領域の生活のための必要、労働（Labour）から解放された人々であり、参入における明確な障壁が存在する代わりに、公共空間内では職業上のものを含む私的な属性から脱却し、「公的な現れに適合するように一つの形に転形され、非私人化され、非個人化され」（同書：75）たリアリティのなかで現れるものである。しかし、そのような状況は厳密に再現できないため、そのまま実社会の分析概念として用いることは非現実的と言える。

9)　長谷川（1996）は住民運動・市民運動を「単一争点に関する個別で事後的な対応」の性格が強いものとし、その継続性が担保された形態として NPO を位置付けており、この問題意識に一定の連なりを持っている。

　この問題意識のもとで本研究が対象とするのが、運動論やそれに付随する厳格な〈非経済（利益）〉・〈非国家（権力）〉の領域論では捉えがたい、経営者層の結社を通じた、経済領域を足場とする市民的参加である。〈住民〉のような概念の包括性に比して限定的で、かつ労働者に比べて権力に近い経営者階層の集合的利益に基づく活動は、市民社会論から最も排除されやすい対象の一つであったといえるだろう。しかしそうした対象の分析によってこそ、様々な市民活動の場面で混入し得る利益や権力の問題を十分に取り扱うことができなかった従来の市民論の射程をいかに拡張し得るのか、あるいはその限界づけがどこにあるのかの再検討が可能になると考えられるのである。

1−2　経済領域に根ざした市民性の可能性
―「タウン・ファーザー」を例として―

　経済領域を足場としながら、地域社会に積極的に参加するような経営者層を、本研究はあえて対象とする。そのような地域の経営者層を「市民」の類型として位置付けた論者の一人が、ロバート・ベラーである。

　ベラー（1985＝1991）は『心の習慣』の第 7 章において市民的参加を論ずる際、まずカリフォルニアのサフォークという小都市の「市民的リーダーたち」（Civic Leaders）として、「タウン・ファーザー」と呼ばれる人々を取り上げた。その典型例は、ハワード・ニュートンという自動車販売店の経営者である。

　ハワードは父が設立した会社を引き継いで地元に根ざした「人間的な」（情緒的関係を伴うような）商売を行うことを誇りとしており、ロータリークラブで活発に地域への奉仕活動を行い、そこでの交流を楽しみつつ、慈善を通してコミュニティの支持を得ることが商売を成立させていると信じる人物である。彼は地域コミュニティ全体の利益が自らの利益と重なると素朴に感じており、また地域と情緒的にも深く結びついているがゆえに地域の公共的な

事柄に関心を持ち、タウンミーティングにも積極的に参加する。

　ベラーによれば、ハワードに代表される「タウン・ファーザー」は、「自立した市民（Independent Citizen）」かつ「生え抜きの市民（Natural Citizen）」であり、その社会階層[10]（自営的職業）や行為の論理、独立独行の精神や地域アイデンティティなどの観点から、トクヴィルが賞賛した18-19世紀の活発な市民文化と最も直接的な連続性を有する存在であるという[11]。その市民性を支えるのは、啓蒙された自己利益（Enlightened Self-Interest）と呼ばれる、自己利益と連続性を持った公共善への意識、「心の習慣」である。

　「タウン・ファーザーズ」に象徴されるような、経済活動や利益に連続するような市民性は、厳格な理念的領域論とは別の位相に存在している。既に述べてきたように、日本における〈市民〉は多くの場合、「生え抜き（Natural）」という語感やコミュニティでの商売とは対極にある概念として用いられてきた。本研究にとって重要なのは、純化された未来構想としての日本の〈市民〉においては、「タウン・ファーザーズ」の描写において当然に混入してくる、市民性と連続性を持つような日常の経済活動が入り込む余

---

10)　トクヴィルが見たタウンを構成する市民の多くは俸給生活者ではなく、自作農や自営職人といった自営的な業種であった（トクヴィル　2005：2上　240）。

11)　しかし同時にベラーは、20世紀以降に生じた政治的・経済的条件の変化が地域共同体の独立性を失わせ、トクヴィルの時代に存在した市民性のありようの基盤を脆弱化させた結果、現代の「生え抜きの市民」たちの振る舞いに所々無理が生じてきていたことも冷静に指摘している。以下の引用を参照。なお、以後訳書のある海外文献の引用は基本的に出版された日本語訳のものを用いるが、解釈の必要に応じて筆者の訳を掲載し、その旨を記載する。

　　「20世紀においては、…このような道徳的同一化の過程の社会的基盤は脆弱なものになってきている。…今日のサフォークは、ボストンの郊外の一部で…全国的・国際的な市場による経済生活の一環をなしている。タウン・ファーザーたちは、彼らの道徳的なバランスを維持するために、もはや存在していないような地域共同体に、今なお自分たちは生活しているように振舞わなければならないのである。」（Bellah 1985：175 筆者訳）

地がないという点である。むしろ日本の市民論においては〈住民〉が〈市民〉へと成熟していく主体性獲得のプロセスの中で、限定的な私的利益からの脱却が〈市民性〉の要件として強く意識されてきた。

　本研究は日本に「タウン・ファーザーズ」が存在することを直接的に主張したいわけではない。アメリカのタウンの形成過程は、それ自体が国家から自律性を持つ結社的な性質のものであり、日本ともヨーロッパとも異なる極めて独特なプロセスを経ているため、安易な同一視は危険である。しかし、「タウン・ファーザーズ」の事例が、少なくとも従来の主流の日本の市民論の枠組みでは捉えがたいような、ビジネスに連続性のあるコミュニティへの自発的参加の類型が存在することを示唆していることも確かであろう[12]。特に彼らの活動フィールドとして具体的に言及されたロータリークラブをはじめとする経営者層の結社が、戦後の日本社会において多くの会員を集めてきたことは無視できない。経営者層の〈市民的参加〉の成果は、日本の市民社会論において真剣に論じられることなく、ほとんど無視されてきた。地域社会学などでときおり行われてきた批判的言及を用いた反論もあるかもしれないが、それは管見の限りにおいて詳細な事実認識に基づいて行われたものだったとは言い難い。

　領域論的限定を離れ、市民論の可能性を拡張するため、本研究はこうした経済人の自発的参加を、結社への参加を起点とした相互作用の性質（社会関係資本のありよう）から分析する。そのような結社へのアプローチを行った政治学的研究として、辻中グループによる利益団体研究がある。以下では、この研究群の一部を取り上げながら、本研究の理論枠組みを深めることとする。

---

12)　トクヴィル（2005：240）も活発で自由な市民と商業との密接な関係を指摘している。
　　「私は、テュロスの民からフレンツェ人やイギリス人に至るまで、製造業と商業が盛んで自由でなかった国民を一つでも挙げられるとは思えない。だから、この二つ、自由と産業の間には有る密接な繋がり、必然的な関係がある。」

1−3 結社と利益団体から見た市民社会
── 辻中グループの市民社会分析 ──

　市場や市場における利益と何らかの連続性を持った市民性の実態を解明するためには、経済的利益からの脱却や権力・市場への抵抗によって市民性を推し量る以外の具体的な方法論が必要となる。本研究における、その方法論は、結社への自発的参加とそこにおける人々の関係性、すなわち社会関係資本（Social Capital）への着目から始まる [13]。本書は社会関係資本の理論を掘り下げることを目的とはしないが、差し当たりこの概念を、特定の型の相互行為（交流）によって個人や社会に蓄積される、良き人間関係に関する資本として定義しておく。資本はお金のように、蓄積されたり目的のために用いられたりする。社会関係資本はブルデューやコールマンといった論者によって用いられたのち、パットナムによって、市民的な政治への参加と社会関係とを結びつける概念として提示された。パットナム（2000）は、社会関係資本の主たる構成要素として、「ネットワーク」「信頼」「互酬性規範」の３つを挙げた。人々が一定の条件のもとで相互に交流すると、その関係性は人脈（ネットワーク）として保存され、必要な時に利用される。人々の「良き」関わり合いは互いの信頼を生むとともに、助け合いの精神である互酬性規範を育てる。そうした規範や信頼は、状況によって特定の人間関係を超え、社会全体に対して抱かれるようにもなる。

---

13)　このいわば「関係論」という選択は、荻野（2013）の市民論の構想に連なるものでもある。荻野（2013：79-84）は日本の市民論パラダイムにおいては長い間個人の市民性が問われる「個体論」アプローチが主流で、その主体が形成される環境やプロセスについて都市論・近代化論などの枠組みの中で理念的に論じられるに過ぎず、そうした市民性が内在するところの社会関係についての分析（いわゆる「関係論」）は、相対的に軽視されてきたことを指摘している。本研究はこの関係の基盤として結社を位置づけるものである。

　こうした関係性が集団に蓄積されてこそ、集団での行動は円滑に進み力強くなるが、それは、個人の利益を追求するビジネスにおいても市民的なボランティアや政治行動においても同様に起こり得ることである。

　政治学者の辻中豊を中心とする JIGS（Japan Interest Group Study）[14] プロジェクトの研究者たちよる市民社会組織研究は、日本の市民社会における、社会関係資本のポテンシャルの存在を可視化してきた。本研究にとって重要な JIGS の基本的な特徴は、市民社会組織という概念下の分析対象の包括性である。JIGS は市民社会組織の作業的な定義にあたり、法的・組織論的存立基盤を参照しつつ、独立行政法人らの国家に近い組織をもっとも左の「公」に、純粋に営利を志向する株式会社などを最も右の「私」に配置し、その中間の広範な空間に市民社会組織を位置づけた。このため、経済団体を含む利益団体も市民社会分析の対象から除外されなかった[15]。そして公私のグラデーションの中で浮かび上がった日本の市民社会の特色は、専門職化されていない、つまりメンバー自身が運営を担い相互交流するようなメンバーシップ型結社、ないし社会関係資本創出型の結社の強力さである。

　辻中グループの研究における坂本（2010）は、社会関係資本を生み出すような水平的・対面的結社が、日本において 1946 年〜 1960 年設立の団体に多く、その多くの部分が利益団体によって占められていること、および 1976 年以降に設立された団体で少ないことを示した。このことを受け、伝統的な議論においては政治空間の多元性・開放性を損なうことが危惧されてきた旧来の利益団体の存在を一掃することも、社会関係資本の側面では好ましくないと坂本は指摘している。

　同じ辻中の研究グループに所属していたペッカネン（2006=2008）はスコッチポル（2003）の市民社会論に言及しつつ、団体所属データをもとに、日本

14）　のちに "Cross National Survey on Civil Society Organizations and Interst Groups" に改称

15）　ただしこのこと自体は辻中ら独自の特徴ではない。村松岐夫など多くの政治過程論研究者はごく一般的に利益団体を市民社会の範疇で扱ってきた。

においては何らかの団体に所属している人口は多いが（特に自治会）、政府
への直接的な政策提案能力が高い結社は少ないという点で、良い意味でも悪
い意味でも「アドヴォカシーなきメンバーシップ」の繁栄が見られること
を示した。さらにペッカネンはこのような組織の代表として自治会を取り上
げ、行政との繋がりのために国家機構と同一視され、日本の市民社会の分析
から外されることで、戦後の日本人の「自発的参加の文化」が「過小評価さ
れてしまう」ことを指摘した（Pekkanen 2006=2008：14）。

　ペッカネンの提示した重要な知見はもう1つある。日本の市民社会は脆
弱な大規模専門組織（NPOなど）と強力だがアドヴォカシー能力を持たな
い小規模包括組織（自治会など）からの二重構造を形成している（「アド
ヴォカシーなきメンバーシップ」）が、これに加えて強力な地域に根ざした
経済団体の存在があり、いわば第三の層を構成していると指摘したのである
（Pekkanen 2006=2008：21）。言い方を変えれば、経済団体組織は他のアド
ヴォカシー能力の脆弱な組織と違い、行政府とは別の形で自律的に公共的な
事柄に働きかける能力を有してきた可能性が示唆されているのである。

　以上のように坂本においては利益団体が、ペッカネンにおいては主に自
治会が、それぞれ利益や権力といったしばしば非市民社会的とされるような
領域的な区分を超えて、社会関係資本論に結びついた市民社会組織としての
検討対象となってきた。本研究は個別の結社を取り巻く諸関係の社会学的分
析を行うという点で、市民社会の総体としての把握を目指した辻中グループ
の政治学的研究とは水準を異にするが、それでもこれらは市民社会論の範
疇において経済領域に隣接したメンバーシップ結社を論ずる上で重要な先行
研究として位置付けられるものである。特に本研究に重要概念として共有さ
れるのが、「社会関係資本創出型」（坂本）、「メンバーシップ型／アドヴォカ
シー型」（ペッカネン）といった結社を通した人間関係の性質に基づく結社
の類型である。

1−4 結社のタイポロジーと対象の選択

　ペッカネンらにより再発見された日本の市民的活発さを特徴付ける場としての社会関係資本創出型組織、ないしメンバーシップ結社という概念は、彼らが依拠しているパットナムやスコッチポルの結社論に基づくものである。特に本研究にとって重要なのは、そうした概念が狭義の社会運動とは異なるタイプの結社を通じた活動を分節して把握するために有用であるということである。〈民主主義の学校〉としての結社の機能を重視する中で提示された〈古い／新しい〉結社という分類は、本研究における結社の位置付けにおいて重要な意味を持つ。この区分は従来の市民社会論が単純に望ましく捉えてきた一部の社会状況 —— 具体的には新しい社会運動とアドヴォカシー団体（新しい結社）の繁盛 —— のネガティヴな側面を切り取るために用意されたものであり、それは逆説的に、本研究の目指す、メンバーシップ結社（古い結社）を足場とする、運動論的文脈とは異なる市民論のポテンシャルを示すものでもあった。

　以下では、本研究が結社の中でも、メンバーシップを中心とするそれを分析対象とする理論的な前提としてこの議論を示し、経済・国家との中間性とも関係付けながら問いの設定へと繋げることとする。

1−4−1　結社のタイポロジー
—〈古い〉メンバーシップ結社と市民的活発さ —

　市民社会と結社の関係を論じる上で、社会関係資本概念を用いながらイタリアとアメリカの市民的活発さを論じたパットナムの業績はよく知られている。社会関係資本は、もともとイタリアの結社組織数等のデータに基づいて市民社会の活発さを表現するために導入された概念であったが、初めから結社の性質や分類について深い注意が払われていたわけではなかった[16]。

16)　具体的にはパットナム（1994）において、過去と現在の市民的活発さを表現するに

パットナム（1994）のイタリアの分析は市民的伝統の量的な持続性だけが問題で、結社（市民的参加）自体の質的な側面も変容することには目が向いていなかったと思われる。実際に調査時点での、過去と現在のイタリアの各地域の指標間の相関は強く、結社の質的変容を見過ごしたとしても、全体の分析結果としては違和感を感じさせないものとなっている。

　スコッチポル（1999；2000；2003）はパットナムのこのような画一的な結社像に批判を加えつつ、市民的活発さを見定める指標としてさらに具体的に精緻な方向に発展させた。その精緻化は、結社の質的な側面への注目であり、方法論においては個別の結社の特性について注意を払うということに特徴付けられる。

　スコッチポル（1999）の批判の論点のうちの一つはパットナム（1994）において分析対象となった結社のほとんどがスポーツやレクリエーションに関するものであり、商業団体や全国団体の地方支部などがリストから除かれたという点であった。このパットナムの結社の選別は、小さくて身近な、地域限定の趣味の団体の過大評価と、全国団体の排除ないし過小評価をもたらしていると指摘されたのである[17]。これに対しスコッチポルは、1960年代までは主流であった古いタイプのメンバーシップ結社の凝集性の高さと、活動実態のあるメンバーのボリュームに支えられる平均的な規模の大きさを強調した。

　彼女が重視する〈古い〉結社の特性は、第一にメンバーシップを基盤と

あたり、2つの指標を用いた。過去に関するものは「市民的伝統」であり、それを構成する5つの下位指標のうち結社に関するものは1860年代から1920年代までのイタリア各州の「相互扶助協会の会員数」、「協同組合の会員数」、「地方の任意団体の存続年数」の3つである。これに対して現在（1970年代）のイタリア各州における市民的共同体の強度の指標である「市民度」の4つの指標のうちの1つとして、「結社生活の活発さ」が用いられ、それは一つの州の結社あたりの人数によって示された。

17）　この批判を受けてか、パットナム（2000：36）においてはアメリカ市民社会の主要なプレーヤーとしての〈古い〉結社の特性として、全国規模の支部を張り巡らせるという特徴を持つ点に言及している。

し、大規模（全国レベル）で、かつ対面的なコミュニケーションを含むというものである。この特性は、「連邦的（federal）」「トランスローカル的」とも表現され、〈古い〉結社で活動するエリートたちは、地元を足場としつつも、全国レベルの活動のために様々な他地域へ直接行って対話するという市民生活を送ることとなった。

　情報通信技術の制約のため、かつてのアメリカの〈古い〉結社は、組織拡大のプロセスにおいて、常に地域を超えた直接のコミュニケーションを必要とした。また、全国規模のメンバーシップ結社のリーダーになるためにはまず特定の地域組織に所属しなければならず、選挙を勝ち抜くためには地域組織内での支持を得た上で、他地域の会員とも直接コミュニケーションをとり、地道により広範な支持を集めなければならなかった。これは選挙を経ずに雇用されたスタッフが中心となる専門化された現代のNPO／NGOとは明らかに異なる特徴である。組織を運営する上でも、リーダーは地域を直接行き来する必要があり、地域や階層を超えたネットワーク構築を行い、この動きによってナショナルな市民社会の活発さの基盤が作られた。このようにして、〈古い〉結社のアメリカ国家の連邦制の民主主義体制を模したシステムは文字通り〈民主主義の学校〉の役割を果たしていた（Skocpol 2000）。

　また、〈古い〉結社の別の重要な特性として、運営リソースが会費収入によって成立しているという点も指摘された。現代の〈新しい〉結社は補助金や外部資金にその収入を頼る傾向があり、それゆえ会費のための会員拡大にこだわらず、むしろ具体的成果を求めるアドヴォカシー組織として、より良いロビイストを雇うことに注意を払うようになる。このようにして、現代の組織運営の主役は、「メンバーシップからマネージメントへ」と移ってしまった。

　加えてスコッチポルが強調するのは、〈古い〉結社の多くが掲げていた古典的市民的価値ないし徳目である（Skocpol 2000）[18]。イーグルスやエルク

18）　より詳しくは、Skocpol（2003＝2007：113-117＝97-100）

スなど全米人口の1％以上が所属した大規模結社の多くは伝統的儀式とともに友情や自己改善、社会奉仕などの抽象的で基本的な市民的価値を活動目的に掲げており、これは特定の政策目的の達成に結びつきやすい70年代以降の結社のトレンドと明らかに異なるものであった。〈古い〉結社の掲げた価値はメンバーシップに紐づいた規範として会員自身の一般的な活動全般と直接結びつくものであり、特定の政策目的達成とは別の行動原理として機能していたのである。

スコッチポルによれば、このような諸特徴を備えた〈古い〉結社は、1970年前後から特定の政策目標達成のための、アドヴォカシーを目的とした〈新しい〉結社に取って代わられ、相互交流や所属することそのものに重きをおいたメンバーシップ結社が衰退してきたというのがスコッチポルの重要な指摘であった。

スコッチポルの質的な分析を受け、『孤独なボウリング』においてパットナム（2001）も、（北イタリアのような）市民文化の持続ではなくアメリカ市民文化の衰退ないし断絶を問題とし、特に結社の質的変遷について詳しく論じている。1970年代から1990年代にかけてアメリカの人口一人当たり結社数が増加してきたにもかかわらず、結社ごとの会員数は減少しているという分析（Putnam 2000：53-56）は、1994年のイタリア研究の分析枠組みからは導かれ得なかったものである[19]。グリーンピースなどを例に対面的関係を伴わない、いわゆる三次結社が現在の市民社会の多くを占めているという指摘も、社会関係資本の減少と直接的に結びつけて論じられた[20]。

1970年代以降に増殖した新しいタイプの結社が市民的活発さの衰退を十分に埋め合わせできなかったという前提に立った上で、パットナムも、コロ

---

19)　当時のパットナムがこのことに注意を払っていたかは判然としない部分があるが、調査対象となったイタリアのデータは1970年代のものであり、そもそもメンバーシップ結社の存在は自明で揺るぎないものであったために考慮する必要がなかったともいえる。

20)　『孤独なボウリング』においては、コミュニティ組織での役職経験率や投票率、信頼や社交性といった項目によって社会関係資本指数は構成されている。

表 1-1　パットナム・スコッチポルの議論を前提とした、〈古い〉結社と〈新しい〉結社

	"古い" 結社 (19世紀-1960年代以前に隆盛)	"新しい" 結社 (1970年代以降に隆盛)
活動・運営の担い手	所属と交流に重きを置いた会員 組織内の選挙で選ばれたリーダー	目的に特化した活動家 雇用された専門スタッフ
活動におけるプライオリティ	親陸、古典的な価値実現	具体的政策主張（Cause）のアドヴォケート（提唱）
リソース基盤	会費	寄付・助成金
全国組織	各地方支部の連合体	支部の少ない中央集権型／支部のない小規模組織
市民社会への効果 （positive）	全体会社における社会関係資本の増大 地方コミュニティの維持 市民的徳・市民文化の継承	マイノリティの包摂 国家・市場への対抗的基盤 専門性・実行能力
（negative）	閉鎖性と社会的排除 既存体制との同調・癒着傾向	過度な細分化と社会的亀裂 市民文化の断絶・継続性のなさ 社会関係資本創出機会の減少
組織の典型例	メーソン奉仕団体、退役軍人協会、PTA 大学同窓会など	大規模環境 NPO、〈新しい社会運動〉の小規模グループ、シンクタンクなど

ンブス騎士会やボーイスカウト、キワニス、ライオンズなどの結社名を挙げながら、「昔風の（old fashioned）」結社という概念 21) を取り上げた。

　以上のような形で、パットナムとスコッチポルは結社を中心にアメリカ市民社会を捉えるにあたり、1960 年代を分水嶺とするメインストリームの結社の特性の変化を重視してきた。表 1-1 はこれを大まかに整理したものである。すでに論じてきたように、〈古い〉結社と〈新しい〉結社の最も基本的な違いは、メンバーシップの位置づけ方である。彼らの立場（特にスコッチポル）は、結社という原理的には共通目的を志向するはずの集合体に対し

---

21)　Putnam（2000）3 章、9 章特に 186-187 参照

て、所属そのものの意味合いを強調するものである。その上で、スコッチポ
ルは古い結社から新しい結社へのネガティヴな効果を持った変質―― メン
バー自身が交流し活動する交際の文化の衰退と専門的に運営される市民団
体の増加、中央集権的・地域組織を持たない結社の増加など―― を強調す
る。

　上記のような市民社会についてのアメリカの理論は、従来の市民論の主
流をなす運動論的アプローチでは十分に捉らえられてこなかった、結社への
所属とそれに派生した行為の市民的活力を評価するための道具立てとして
有用である。市民社会に単線的な進化を自明視しないからこそ、スコッチポ
ルらの議論において、新しい社会運動を中心とした〈新しい〉結社から区別
される、〈古い〉結社の市民育成機能と社会関係資本は再評価されてきたの
である。本研究は、この〈古い〉結社の独自の要素に注目し、所属と相互行
為を中心として市民性を見ることによって、市民論の可能性を拡張しようと
するものである。さらに、それは領域論の克服という問題意識をパットナム
らに比べて強く有するため、特に経済や利益といった要素に接する経済領域
（あるいはそれと市民領域との境界上の）のメンバーシップ結社への観察と
いう形で試みられることとなる。

1-4-2　資本の媒介の場としての〈古い〉結社

　中間集団論の古典であるトクヴィルの時代から、結社には公私の領域を
媒介するような役割が期待されてきた。本研究は厳密な領域の限定ではな
く、対象となる〈古い〉結社の領域をまたぐ中間性、媒介性を重視するもの
である。経済領域と市民領域間の様々な媒介機能を想定する時、結社を媒介
としてやり取りされると考えられるのが、社会関係資本である。社会関係資
本は一般的に公共財・共有財としての社会構造を指す場合と個人の持つ有用
な社会関係を指す場合とがあり、パットナムのこの論は前者とみなされるこ
とが多いが、パットナム自身が述べているように[22]、結社を介して醸成さ

22）「社会関係資本は、私的な財であると同時に公共財でもありうる。…例えば、地方の

れる社会関係資本は、本来両方の側面を持ち得るものである。

　結社への自発的な参加を通して個人に蓄積される社会関係資本は例えばビジネスの場面において私的に利用することが可能であるし、その一方で結社活動を通じて醸成される信頼や互酬性の規範は教育機能を果たし、社会全体の公共財としての役割を果たすこともある。私的な財としての社会関係資本が公共的な意味を帯びながら用いられることが十分に考えられる。結社に所属している人が外部への働きかけの中で結社のネットワークを活用すれば、そこには連続的な資本の流れを見ることが可能であり、結社はその媒介機能を担ったとみなすことができる。

　以上のような資源の流れを考える時、領域をまたぐ経営者層の活動は、例えば地域開発から得られる便益やビジネスに有用なネットワークという形で過剰に単純化された形で利益と結び付けられる可能性があるが、そのプロセスは慎重に分析される必要がある。確かに、集合的な行為として地域に働きかけることで一定の利益を得たり、個人レベルで人脈などを得るという経済領域に還元可能な利益が存在することは想定されるが、逆に活動に時間をかけることによってビジネス上の機会損失が発生することも起こり得るし、資金を注ぎ込むことで、一時的にでも経済領域の何らかの利益を失い、それが別の行為原理（例えば社会奉仕の精神）に正当化されるといったプロセスもまた想定される。

　経営者層の結社はしばしば、市場の利益と国家権力に直接連なるものとして見られてきた。ミルズやハンターといった古典的な権力構造論やそこから派生した成長マシーン（Growth Machine）論（Moloch 1976）は地方都市における経営者層の結社を基盤とした確かな権力構造を認めていた。しかしながら、この権力構造論の諸研究は、権力の主体を発見するという方向にフォーカスしたために、「権力者」なる存在の行動様式や埋め込まれた社

　市民クラブは、遊び場や病院を作るために地元のエネルギーを動員することによって、同時に、メンバーたちに対して個人的な利益につながるような交友関係を広げるチャンスも提供するのである。」（Putnam 2004=2013：5）

会的ネットワークの質、規範などは考察の対象とならなかった。それは秋元（1971）や松原（1968）から中澤（2005）に至るまで、日本の主流をなした地域権力構造研究においても同様である。

　しかし資本を持った階層がコミュニティ活動から撤退していくような状況は、社会の分断や格差の拡大に直結し、様々な問題を含んでいる（cf. Bauman 2000）。権力や市場原理と混同されやすかった経営者層の集合的行為の目的や効果を、もう一度批判的に吟味する必要が生じているのである。

　また、スコッチポル（2003=2007）は1960年代までの〈古い〉結社を取り巻くトレンドとして、地域の実業家や弁護士、教師、医者などのいわゆる名士が「コミュニティ受託者（Trustee of Community）」を自認し、幅広い階層が参加するような結社で積極的にリーダーシップをとったことを指摘している（211=180）[23]。以下のようなスコッチポルの指摘には、結社を通した"善き"権力者のありようを見ることができる。

　　　（メンバーシップ結社の）連合体は会員＝指導者間の対話式の結びつきを助
　　　長し…地元－州－全国へとつながる連合体は、社会のそこそこの階層にも手が
　　　届く地位移動の会談を形成した。同時に、これらの結社は、指導者や事象指導
　　　者がどれほど特権的な存在だとしても、彼らの幅広い仲間の市民と交流するこ
　　　とを要求した。
　　　　…研究者は往々にして社会的に高い地域の人々が組織に入会し、指導すると
　　　き、ほかの人々を「社会的に統制」するものと想定する。だが、様々な地位、
　　　社会経済的背景の人々の間で進行する相互交流の価値をわすれるべきではな
　　　い。（Skocpol 2003=2007. 109=94）

　中間的権力者・集団の存在は、それ自体では必ずしも市民的活発さと矛盾しない。むしろトクヴィルやコーンハウザーの大衆社会論においては、中

23）　より直接的には、社会的エリートが階級横断的な組織のメンバーシップを持ち、その
　　上で組織内の主導的役割を果たすことの意味が失われていったことが市民社会の変動に
　　与えた影響こそが彼女の主要な論点の一つであった。ただし、こうしたエリートの存在
　　自体もある種の排除が前提となっているし、そこに人種や性別の分断が存在したことも
　　指摘されている。

間的権力の階層に国家権力に対するクッションの役割を見ることもしばし
ばあった²⁴⁾。権力者間の緊張関係やその流動性、権力者と呼べない市民と
の関与のあり方（関与のモチベーションやネットワークの質）によって、中
間的権力は市民的活発さへの寄与を高める可能性がある。また、ポーコッ
クらが指摘したように、共和主義的市民社会論における市民的徳（Civic
Virtue）は、トクヴィルが頻繁に貴族の徳に言及してきたことからもわかる
ように、ノブレス・オブリージュのような、むしろ公共的な事柄にアクセス
するだけの権力を有する人々が負う義務として論じられてきたのである（cf.
Pocock　1981＝1993）。

　注目すべきこととして、権力構造論と同型のデータを用いながら、それ
をまちづくり（Community Development）のネットワークとして、いわ
ばポジティヴに読み替えるという動きが、アメリカのまちづくり研究の社
会学者たちによってなされている（Sharp et al 2003; Heying 1997; Besser
2003）。シャープら（2003）は、1970年代のアメリカ大都市における組織間
ネットワーク分析を通して、ビジネスリーダーたちのボランタリー組織への
所属が彼らのビジネスとの関係において選択的／戦略的であることを指摘し
つつ、別の研究をもとにその地域の市場、ボランタリーセクターの発展にお
ける公共的な効果も評価した。本研究はこうした結社の中間性・媒介性を観
察することでこれまでの市民論の可能性を拡張することを目指す。

1−4−3　経営者層の結社の市民論的位置付け ─ 対象の選択 ─

　上記の通り、大規模メンバーシップ結社の持つ、新しい社会運動やアド
ヴォカシー団体とは異なる市民的可能性を理論的な基盤として、これまで主

---

24)　たとえばトクヴィル（2005）は少数の権力を持った市民の存在について、以下のよう
　　な見解を述べている。
　　かつて圧政に単独で抗し得た個別的存在は破壊されている。しかも、かつて家系や同業
　　組合、個人の有していた特権を政府が奪い、これを単独で継承している。時に抑圧的で
　　あっても、しばしば社会を安定させていた少数の市民の力が消え去り、今では誰もが無
　　力になってしまったのである（同書1上21）。

流であった運動論の外部で取りこぼされてきた市民的活発さを捉えようとする本研究は、改めて以下のような〈古い〉結社の条件を満たす対象を選択することとなる。

　第一に、運営面においてスタッフではなくメンバーが中心となっているという点が条件となる。これは結社の〈民主主義の学校〉の機能が重視される社会関係資本論において、組織運営に関わる相互作用が重要な意味を帯びると考えられるからである。特にスコッチポルが指摘するように、草の根メンバーシップをベースとしつつも全国・世界に展開するような、地域外に開かれた結社は市民的活発さに重要な意味を持つと考えられ、大規模メンバーシップ結社が重視されることとなった。

　第二に、活動目的において特定の政策課題などに専門化されておらず、むしろ自己修養やコミュニティ改善などより一般的な市民的徳目に従って活動してきたというものである。こうした組織的規範は形式的な題目でしかないという見方もされ得るが、アドヴォカシーへの特化と専門化への警鐘がスコッチポルの結社の理論の根幹にある中で、専門化されていない活動原理は重要な意味を持っている。

　最後に、これは〈古い〉結社の条件とはいえないものの、地域社会への現状認識や領域論的市民論への問題意識から、経済や国家(権力)との媒介性、領域間の中間に位置するような位置付けの結社が、本研究の目指す市民論に適した対象であるということができる。

　このような条件から導き出される対象が、世界的な統括団体のある世界的な〈古い〉タイプのメンバーシップ結社であり、その中でも世界最大の規模を有する青年会議所である。この対象選択プロセスについては、第2章で問題設定とともに、もう一度詳しく論じることとする。

1−5　問いの設定

　前記のような理論的前提と対象の設定に基づき、本研究は〈古い〉メンバーシップ結社としての青年会議所を対象とし、様々なレベルから市民的な参加としての分析を行う。経済領域に根ざした市民的参加はどのようにして行われ、維持され、また、地域社会にどのような影響を与えてきたのか。以下では、それぞれの問いについてより具体的に論じ、各章の概要を関連付けながら提示する。

　分析において重要視されるのは、メンバーシップ結社を中心としつつ、複合的なレベルから各論を組み立てるという点である。本研究が依って立つメンバーシップ結社や社会関係資本の理論は、基本的にアメリカのナショナルレベルの市民の結社への参加の動向の把握から導き出されたものである。それらは、名称を共有する結社の分析を軸としたとしても、国家の制度やローカルレベルのコミュニティの成り立ち、個人の埋め込まれた社会構造を異にする文脈から導かれたものであり、理論や概念設定の強引な当てはめは、本研究が批判してきたような現実と遊離した市民社会論の別バージョンを単に提示することにつながる恐れがある。

　この問題に対して本研究は、国家、地域社会や個人など多層的なレベルの実態に即した具体的な事例から、市民的参加のありようを分析することで対応する。それぞれのフォーカスのレベルにおいて理論と実態との乖離を調整し、最終的に統合的な知見を導くことが、本研究の目指す市民論の精緻化の中心的な方向性となる。くわえて、これまで取り上げてきた市民社会の総体的な把握が目指された社会関係資本論の先行研究と比較して、本研究は一事例に焦点を絞るものであり、これまでほとんど言及されてこなかった結社や個人における多様な変化・動態について詳細に分析することにより新たな知見の提示が目指される。

1-5-1　組織の基盤とアイデンティティ形成
― 国家・制度レベルの分析 ―

　第一の問題は、経済に根ざした市民結社としての青年会議所がいかなる制度的な条件のもと、いかなる組織的アイデンティティを確立してきたのか、というものである。この問いは、経営者層の市民活動や人間関係を論ずる本研究において、その中核的な場となる結社がどのような前提によって組織として成り立っているかを論ずるためのものである。

　私人による結社が安定的に存立するには、法的基盤や財源が重要な意味を持つ。のちの章で明らかにするように、商工会議所との歴史的な連続性を持つ青年会議所は、（公的）商工会議所制度という一般的な結社とは別の制度的基盤にも影響を受けながら、活動目的やメンバーシップの点において市民結社と経済団体という 2 つの領域の間でアイデンティティを確立させてきた。こうした組織形成のプロセスを明らかにすることは、国家／経済領域と市民領域をまたぐ中間的で動的な市民的参加の場がどのように存在してきたのか理解することにつながる。

　上記のような問題設定のもとで、第 3 章「日本青年会議所の展開とその諸特性 ―― 海外との比較を交えて ―― 」では、青年会議所の成立過程を制度との関係から記述しつつ、組織において公式的に定められた活動目的および活動領域やメンバーシップの要件が、どのような性格を持ってきたかが記述されることとなる。とりわけ、青年会議所が世界的な団体であり、商工会議所法などの制度的環境が国家の状況に依存するという背景から、アメリカ・ドイツの青年会議所についても同様の記述を行い、日本の青年会議所の特徴を明らかにすることが目指される。

1-5-2　組織構造と社会関係 ― 組織レベルの分析 ―

　第二に、青年会議所がどのような組織体制を持ち、その下でどのような性質を持った人間関係が形成されてきたのかが問われることとなる。

　この問いは先述の〈古い〉メンバーシップ結社の議論において強調され

た、社会関係資本に基づく市民性の養成機能と関連づけられるものである。より具体的には、結社におけるメンバー間の関係性がどのような組織体制のもとでどのように形成され、参加をめぐる規範の共有につながってきたかが重要な論点となる。トクヴィルが中間集団の中でも結社という形式がとりわけ優れているとした要素が、"民主主義の学校"として、社会を安定的に機能させるのに必要な市民の徳を創出する教育機能であった。結社によって対等な相互作用を行ううちに市民は望ましいコミュニケーションのあり方や共同性を身につけ、本来統治能力のなかった大衆がそれにふさわしい能力を社会関係から得ていくことが、結社の大きな機能と見なされた。また、デュルケムが『社会分業論』で近代社会の二次集団の欠如を嘆き、職業集団の育成によって社会の道徳的基盤を築こうとしていたことも、これに似た側面を持っている[25]。そしてこれらの役割を担った〈古い〉結社の市民社会論における軽視が、本書の理論的な運動論批判の主要なポイントであることは、すでに示した通りである。

　この結社の教育機能を考える際に重要なのが組織構造に基づく相互作用の有り様と、それがもたらす社会関係である。これは行為原理の議論とも密接に関わるが、結社は一般に、対面的関係を促進するとともに、任意のメンバーシップという原理が平等で水平的な関係の構築に寄与するとされてきた。例えば、パットナム（2000）が自発的結社が社会関係資本を生み出すものとして取り上げたのは、そのような意味合いにおいてであった。

　しかし、スコッチポル（2000）が指摘するように、実際の市民社会の結社の運営のあり方はより複雑である[26]。第一に、結社の規模が拡大すればするほど全メンバー間相互の対面的なコミュニケーションは物理的に困難とな

25)　デュルケム（1989：62-63）

26)　スコッチポル（2000）は、「大衆の態度や親密な相互作用だけに焦点を当てる」ような既存の社会関係資本論を批判しつつ、市民的活発さの分析枠組みが含むべき要素として、リーダーの変化する役割、組織の変化する社会的なアイデンティティと様式、権力、資源、制度的な力を挙げている。

るため、小規模な対面的なコミュニケーションと大規模な組織全体を貫くコミュニケーションとをつなぐ制度、とりわけ地方組織と統括組織の関係性が重要性を帯びる。たとえば運営の仕方が中央集権的であるのか、地方組織のリーダーたちの連合体として運営されるか、もしくは各地方組織のつながり自体が緩やかで、没交渉的なのか、といった組織構造によって内部で築かれる相互作用の質は大きく変容する。それに加えて、大規模結社の場合、その構成員は会員だけでなく、雇用されたスタッフが見逃せない役割を担っている場合も多い。スコッチポルはこうした組織論的観点から、「メンバーシップからマネージメントへ」というすでに引用したアメリカ市民社会の趨勢の変化を表す有名な定式化を行なったのである。

　本書はこのように結社の構造がもたらすコミュニケーションのありようと、そのアウトプットの市民論的意義に対する詳細な観察・考察を、それが内面化されていくような動的プロセスに注目しつつ行うこととなる。

　この問題は主に第4章「青年会議所の組織構造と社会関係」において論じられる。世界・日本・地域にまたがる組織構造に焦点を当て、青年会議所がいかなる相互作用を生むような組織構造を持つかが問題となり、組織の運営や全国・世界の上部組織との組織的ネットワークについての分析によって応答される。特に水平的な組織構造やトランスローカル構造、組織内の中間的リーダー選出のプロセスなど、既存のネオトクヴィリアン的な結社組織論で重視される概念が分析枠組みとして用いられる。また、組織構造に基づく役割獲得や主観的な参加の原理などについては、第6章に詳しく論じられる。

1−5−3　外部への影響と組織外ネットワーク ― 地域社会レベルの分析 ―

　第3に問われるのは、青年会議所が集団として外部にどのような働きかけを行い、特に主要な活動単位である地域内のネットワークに埋め込まれているかという問題である。組織内で集合的に共有・蓄積される参加への規範やネットワークなどの社会関係資本は、いずれも結社がその外部（たとえば地域社会や政府）に働きかける際に発揮されたり、利用されたりするものであ

る。青年会議所の活動を通した地域への直接的影響は、経済に根ざしたネットワークが経済領域を超えて、（市場や経済的利益から離れているという意味での）市民領域にどのように結びついてきたかとを問おうとする本研究にとって極めて重要である。

　市民社会における結社の直接的な外部への影響は政治的な文脈で捉えられることが多い[27]が、本研究では日本の地域社会の現状に即し、地域おこしイベントや結社外部の様々な民間アクターとの協働など、より広い範囲内でのさまざまな直接的作用を想定している。そのような場面において、外部アクターとの関係性がいかに築き上げられているかを記述することによって、その関係性が国家や企業と市民社会の理念的な相互関係とどのような距離感を生じさせるかも検討される。また、地域への影響や地域の他者との関係は常に変容し得るものである。様々な場面における変容がどのような論理に基づくものであるか、という点を他の分析視角と関連付けながら論ずることとなる。

　この問いについては、第5章「地域社会と青年会議所 ― 地域行事への関与事例から―」において、福岡県飯塚市の山笠という地域行事への青年会議所の参画を中心として、その行動原理やネットワーク、影響力の質を明らかにすることとなる。特に集合的な行為原理と諸領域の媒介、および外部への影響が着目され、またその前提となる社会関係との関連もこれまでの章を想起しつつ総合的に言及されることとなる。

1－5－4　参加の論理と市民キャリア ― 個人レベルの分析 ―

　第4の問いは、結社への参加が個人にとってどのように主観的に意味付けられるものなのか、またそれは結社所属のキャリアにおいてどのように変化し得るかというものである。

　結社所属や市民的参加の主観的な位置付けの解釈について、多くの論者

---

27)　たとえば Cohen & Rogers（1995）は結社の外部への作用の代表例として不当な制度への抵抗や権力分布の平等化、ガバナンスへの参加などを取り上げている。

において互酬性概念が非常に重視されてきた。たとえばパットナムは、社会関係資本の構成要素としてネットワーク、信頼と並び、互酬性規範を挙げている。アドロフ（2011）の整理によれば、チャリティなどの市民的行為は伝統的に、個人の心理的報酬や間接的な報酬を重視する合理的選択論の流れと利他主義の有り様に着目する規範論の流れに二分する形で解釈が行われてきたが、社会関係資本論の影響下で、その両面を含んだ行為原理を表す概念として、とりわけ互酬性原理が注目を浴びるようになった。互酬性は何らかの長期的で不定形の自己利益につながるという理解の下で、利他的行為を行うような行為原理の性質を指す。

　以下のような『アメリカのデモクラシー』における古典的なトクヴィルの行為解釈は、徳に基づく利他性と、互酬的な自己利益の区別をよく説明するものである。

　　　合衆国では徳が美しいとはほとんど言わない。それは有用だと主張し、毎日これを証明する。アメリカの道徳批評家は仲間のために身を犠牲にすることは立派なことだからこれを行えとは主張しない。大胆にも、そのような犠牲はそのおかげを被るものに劣らず犠牲を払うものにとっても必要だというのである。（トクヴィル　2005：2　上　212）

　このような「有益な徳」の原理は、経営者層の結社を通した公共的な自発的活動の中間的な位置付けを考える上で最も基本的な概念となる。市場において典型的とされる短期的で直接的な営利を求める行為原理でも、しばしばその対極に位置づけられるような純粋に利他的な行為原理でもなく、互酬性は、まさしくその中間に位置づけられるからである。

　ただし本研究は互酬性概念が、経済性を含む様々な短期的な利益の意識と切り離される、狭義の市民社会固有のものであるという、一部の論者が主張するような立場は取らない。カール・ポランニは互酬性の原理からの市場経済の自律性を資本主義理論の中心に据えたが、本研究の文脈に即して考える場合、実際に近現代の経済活動のすべてが自律的な市場原理の合理性に

よって成り立っているわけではないことは明らかである[28]。トクヴィルが「啓発された自己利益への理解」と呼ぶ互酬性のありようは、長期的な利益一般に向けられる行為原理に基づくものであり、その利益の内実が経済的な便益である可能性を積極的に排除しているわけではない。坂本（2004）もパットナムの社会関係資本論における行為原理の特色として、自己利益を排除しない、合理的選択の側面を有しているという点を指摘している。

　また、本研究は、青年会議所をめぐる行為原理のすべてを互酬性を中心に解釈しようとするものでもない。合理的選択によって理論づけられる互酬性原理が想定されたとしても、それは他の主体的な利他性を伴う市民的規範の内面化のプロセスが存在しないということを意味していないし、合理性でも利他的規範でもない、別の参加の契機も想定される。実際に、ボランティアへの参加を説明しようとする既存の社会心理学の知見は、心理的報酬や外的環境への適応など、互酬的な規範と並存する様々な別の行為原理の要素を指摘してきた（Einolf&Chambre 2011）。

　特に、〈古い〉メンバーシップ結社への参加という行為は組織的な成果を目指す以前に、メンバーシップの獲得そのものと密接に結びつく場合がある。結社のメンバーシップには基本的に何らかの条件が存在するが、第3章以降で明らかになるように一定のエリート的性質を備えた青年会議所にはその影響はより大きいと考えられる。メンバーになることの意味は、結社の本来の定義上は集合的な目的達成と直結し、なんらかの合理性を持った集合的な目的の実現と結びつけられることとなる。しかし現実には、当然のことながら結社のすべての成員が組織的目標のためだけにそこに所属しているわけではない。仲間づくりなど個人的な動機に還元されることも少なくないし、強い目的意識を伴わずにある種のプレッシャーによって所属が決定され

28）　市場社会の登場で取引の場が離床（entbetten）して互酬性、モラルエコノミーの論理から完全に分断されたというポランニの『大転換』の見方に対しては、原始社会における利己主義（Eigennutz）の存在や資本主義におけるプロテスタンティズムの倫理の効果などの観点からも批判がなされてきた（Booth 1994）。

る可能性も否定はできない。この個人の参加行為の解釈にあたって注意すべきは、個別の動機の解釈の繰り返しだけでは地域や制度上の文脈を十分に考慮できず、限界に行き当たってしまうということだろう。したがって本研究は、可能な限りそうした個人的な行為の論理づけを、特定の場所にメンバーシップを生じさせる社会構造やネットワークと、その持続、およびそれがもたらす様々なものの内実と関連付けながら類型化することを目指す。

　その上で本研究は、個人や集団において固定的な行為原理を想定するのではなく、異なる行為の原理が個人や結社内部において緊張関係をはらみながら動的に結びつき、変化していくようなプロセスを重視する。経済活動の延長上に、自己利益を求めて行われる結社への所属は、互酬性やその他の行為原理を経由して結果的に利他性を目的とする集合的行為への深い関与を導く可能性がある。このような行為の位置付けは、固定的な利他性や対抗性といった限定を乗り越えるための視点として提示されるものである。

　第 6 章「メンバーシップから見る経営者の市民キャリアとライフヒストリー」では、個人のライフヒストリーに焦点を当てつつ、青年会議所への参加、参加の活発化、および青年会議所卒業後の市民活動の主観的解釈について、自己利益、互酬性、参加への規範と文化などに着目したインタビューの分析によって明らかにすることが目指される。集合的な視点からは捉えられない個人単位の行為の意味づけを主たる論点とするため、結社の所属を軸とする経営者層の動的な参加プロセスを市民キャリアとして捉え、結社での活動が主観的にどのように理解され、それはどのように解釈可能かの変化について問うこととなる。

　最後に各論の知見を踏まえて本論の中心的な問いとしての市民論の更新の可能性について終章で議論を展開する。それは理論的な更新であると同時に、日本の市民社会論において見過ごされてきた市民的参加の一部に対する歴史的な総括を含み、具体的には保守層における市民性の涵養の場としての経済人の市民結社の存在感にも言及することとなる。

　次章においては実証研究としての対象の設定や方法論について改めて説明を行った上で、本書第3章以降の章では、これらの視点を用いながら個別に問いを立て、分析を進めていくこととする。

第**2**章

調査データと方法

　本研究は日本社会において、結社を通していかに経済と市民社会が結び
ついてきたかについて、青年会議所という結社への観察を通して論ずるもの
である。以下では、この課題に対する適切の事例選択あり方についての若干
の方法論的な言及を行った上で、調査対象やデータについての説明を行う。

2−1　青年会議所という事例選択のプロセスと方法的特徴

　本研究全体を通して問われる結社を通した経営者層の市民的参加のあり
様は、青年会議所という1つの結社に焦点を絞った上で、組織内の構造、
地域社会、参加する個人といった異なる複数の次元における観察可能な含意
（Observable Implication）[1] を発見し、最終的にそれを統合的に検証するこ
とによって示されることとなる。第1章の内容と重複するが、まずは青年会
議所という対象事例の選択の本研究における方法論的な意味づけを以下に改
めて簡潔に示す。

　第1章に示したように、既存の日本の主だった〈市民〉の理論枠組みが包
摂し得ない経済領域に隣接した市民的主体の存在について、結社への参加と
いう観点から再解釈を行い、理論枠組みの更新を図ることが本研究の理論的

---

1)　ここではとりわけ、経済と隣接する参加の特質を示すような社会的事実の発見が目指
　される。観察可能な含意という用語については King et al.（1994：11-12）を参照。

な出発点である。そのため、本研究は当然ながら問いに適合的な何らかの結社への観察によって成立するものである。その結社は特に、以下のような性質を備えていることが求められた。

第一に、活動とメンバーシップにおいて、何らかの経済領域の特質を備えた市民結社であるというものである。これは〈非国家〉・〈非市場〉という理念の厳密な適用への批判を企図するがゆえに、領域的分類では中間的・媒介的に見える性質を備えた主体の選択が望ましいと考えられたためである。同様の理由により第二に、結社は集合的な経済的利益のみではなく、何らかの具体的な〈市民的〉価値、より具体的には参加者たちの閉じられた利益や経済領域に関わる働きかけ以上の公益[2]を強く指向したものである必要がある。第三に、それは運営においてメンバーが中心となるような結社でなければならないと考えられた。これは本研究が先の領域論ではなく自発的な結社への参加そのものや相互行為がもたらす市民化の作用を市民観の中心に据えるためである。そのため、単に名簿に名前を乗せるだけで実際の活動は専門スタッフが担い、会員同士の相互行為の比重が低いような結社は対象に含めることができない。

第一の条件によって経済領域的要素を含まない多くのボランティア団体が、第二の条件によって多くの業界団体や労働組合が、そして第三の条件によって職員の役割が相対的に大きい商工会議所などが除かれることとなり、ロータリークラブ、ライオンズクラブ、青年会議所などのいわゆる経営者層のサービス・クラブ[3]が残されることとなる。その中でも本研究は、商工会議所との協力関係に出自を持つなど経済との関係が明示的で、かつ国際的に共有された市民的な理念[4]や「まちづくり」などをテーマに地域への働きかけを行ってきた市民結社である青年会議所を選択することとした。青年

2) もちろんこれは当事者の考える「公益」であって、客観性は自明視されない。

3) 結社の分類上のサービス・クラブ（奉仕団体）の位置付けについては、Charles（1993）に詳しい。また伝統的奉仕団体の持つ市民的な価値観については Pothoff（2010）。

4) ここではホフマン（2003＝2009）の提示した以下のようなヨーロッパの伝統的市民結

会議所はアメリカ・セントルイス発祥の、125 カ国に展開し 20 万人の会員を抱える、コミュニティの改善や会員のリーダーシップの成長を磨くことを目的とする青年団体であり、のちの章で明らかにするように商工会議所や経済領域とも歴史的に深い関わりを有している。

　このような手続きに基づく事例選択には一定のリスクが伴っており、その扱いには慎重さが求められる。というのも対象が限定的でばらつき（偏差）がないが故に、見方によっては特定の結論を導くための事例選択とみなされ、また限られた事例を過度に一般化しているとみなされる恐れがあるからである（King et al 1994＝2004：139-180）。たとえば、本研究が単に「経済的な主体が市民的たり得る」という主張を行うだけなら、特にそのような批判に晒され得る。これに対し、本研究は経済に隣接した主体の市民性自体を強調するというよりも、様々なレベルにおいていかに経営者層の参加が成立しているかという記述的推論を強く志向する。そのようにして、①組織の（主に制度的な）成立条件、②組織構造と相互行為、③外部（地域社会）への影響、④主観的な行為の意味づけとキャリアの 4 つのレベルから、経済と市民の交点を考察することとなる。

社の典型的理念を念頭に置いている。

メイソンの会所は、政治紛争や宗教紛争のない、中立的な社交空間を目指した。この目的のために、公役や儀礼、行動規範が作り出された。それは、個々人が徳と社交、慈善を実践することを通じて、公共善を促進しようとするものであった。…会所の理念と社会的な慣行は、秘技的な儀式を除けば、同時代の他のクラブやアソシエーションと同じものであった。（29＝23-24）

後の章でも触れるように、日本青年会議所では、〈奉仕〉〈修練〉〈友情〉という三信条が重要な組織原理として共有されている。

2−2　用いられるデータ

　本研究では、主なデータとして 2013-2018 年にかけて行われた青年会議所の元会員・会員、職員、その他の関係者へのインタビューを中心的に利用し、情報の裏付けやインタビューでは得られない情報（たとえば、活動史の詳細や制度的な規定など）に関しては青年会議所が発行した様々な刊行物を資料として用いる。

　各論を通して青年会議所の組織全体に目を向けるため、データは国際青年会議所（JCI）、日本青年会議所、地域青年会議所という異なるレベルで収集された。その中でも、中心的なデータはローカルレベルのものである。これはのちの章でも詳しく論ずるように、すべての青年会議所会員が基礎自治体程度の範囲を統括する地域組織に所属してなんらかの地域レベルの活動を行なっており、その延長上に地域を超えた活動が位置付けられるためである。

　特に本研究が主たる地域レベルの観察対象としたのは福岡県飯塚市の飯塚青年会議所である。飯塚青年会議所は 1953 年に設立され、1980 年代より一貫して 100 人前後の会員数を有する青年会議所である。飯塚青年会議所が全国で約 700 にものぼるローカル組織の多様な活動を客観的に代表するものであると示すのは困難であり適切でもないが、以下の特徴から、地域社会から全国、あるいは世界に連なる組織体を分析する際の足場となる結社としての特徴を有していると考えられる。第一に、組織およびそれの立地する都市が中規模であるという点である。図 2-1（p38）に示されるように、全国の青年会議所のうち半数は 30 人以下の小規模の青年会議所が占めている。しかし、小都市では組織的な資源の限界から、観察可能な活動が多くの青年会議所が制度上有するものと比べて限定的である可能性がある。例えば、会員数が少なければ地域を超えた活動に関して十分な人的リソースを割けない可能性もあるからである。そのため、小規模すぎる組織は青年会議所の包括的

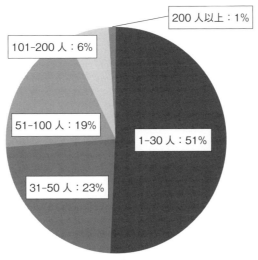

200 人以上：1%

101-200 人：6%

51-100 人：19%

1-30 人：51%

31-50 人：23%

図 2-1　青年会議所の地域組織の会員数規模
（2018 年度青年会議所公開資料をもとに筆者作成）

な分析を重視する本研究の主たる観察対象としては不十分であると考えられた。

　その一方で、大都市の青年会議所は地域組織単位であっても数百人の会員を抱え、相互行為の全体を見渡すのが相対的に困難である。また、小規模青年会議所が全体の多数を占める中では、活動実態の乖離が大きすぎる大都市の青年会議所を代表的なデータとして扱うことの問題も想定された。加えて、第 1 章でも示したように本研究は結社と伝統的な意味での地域社会との関わりにも着目するものでもあり、そうした関係も中小都市の方が観察しやすいと考えられた。すでに矢部（2000）や高木（2002）などの中都市における青年会議所の事例を扱った先行研究において、都市全体の中核をなす伝統的な構造と青年会議所との動的な接続が示唆されてきている。調査データの限界から様々な規模における地域の青年会議所の多様性に関しては本書の範疇に収めることができないが、それ自体は今後の重要な課題として位置付けられるものである。この規模の観点に加え、飯塚青年会議所が 1950 年代

表 2-1　飯塚におけるインタビュー対象者

ID	役職経験	調査日	在籍期間	職業
飯塚 A	理事長	2013.05.18	1964-1976	機械製造業経営
飯塚 B	理事長	2013.08.17, 08.23, 2018.08.17	1962-1975	石油卸経営
飯塚 C	役員	2013.09.26	1974-1988	福祉施設経営
飯塚 D	理事長	2013.08.07	1970-1984	建設資材卸経営
飯塚 E	理事長	2013.08.30, 2018.08.18	1969-1982	印刷業経営
飯塚 F	理事長	2013.05.15, 2012.03.16	1981-1993	小売業経営
飯塚 G	理事長	2013.08.06	1981-1993	ガス業経営
飯塚 H	理事長	2018.8.22, 2018.12.22	1984-1998	薬品卸・小売経営
飯塚 I	役員	2013.08.23	2010-	小売経営
飯塚 J	役員	2013.09.02	2001-	小売経営
飯塚 K	特になし	2013.01.14	2014-	地銀会社員
飯塚 L	理事長	2013.09.03, 2018.08.17	2004-	印刷業役員
飯塚 M	事務職	2013.08.19, 10.25	1964-1970（事務）	元商工会議所事務職員
飯塚 N	在籍なし	2013.08.09	（商工会議所議員）	工業資材卸経営
飯塚 O	在籍なし	2013.08.08	（商店街連合会）	小売業経営
飯塚 P	在籍なし	2013.08.08	（商工会議所議員）	IT 経営
飯塚 Q	在籍なし	2013.08.26	（商業団団長）	小売業経営
飯塚 R	在籍なし	2013.08.18	（山笠西流役員）	小売業経営
飯塚 S	在籍なし	2013.03.18	（山笠西流役員）	市役所職員
飯塚 T	在籍なし	2013.08.12	（環境ボランティア）	元飯塚市役所職員

からの歴史を有していることも重要な点である。これは本研究が運動論や新しい市民社会論中心のアプローチに対するオルタナティヴとして一定の歴史的持続性を持った結社に着目しているからである。

　飯塚におけるインタビュー対象者は、幅広い年代の役員経験者が主だったものであり、12 人の会員・元会員に対して入会の経緯や印象に残った活動、組織内の人間関係などについて 2-4 時間程度の聞き取りを行った。また、会員以外にも青年会議所が商工会議所と連動して活動していた 1970 年までの時代に、商工会議所の事務職員として青年会議所の事務局の一部を担った M にも聞き取りを行ったほか、外部者として青年会議所に関与した

商工会議所や市役所、青年会議所と関わりの深い地域祭礼山笠の関係者に
も、青年会議所の関与した事例についての聞き取りを行った。

　くわえて、活動に関する客観的な情報を得る手段として、10 年ごとに発
行され、各年度の活動を振り返る記述が多くを占める 100-150 ページ程度
の周年記念誌（『飯塚青年会議所創立 20 周年記念誌』、『飯塚青年会議所創立
30 周年記念誌』、『飯塚青年会議所創立 40 周年記念誌』）や飯塚青年会議所
の中心的な活動の一つである地域祭礼「山笠」について詳しく書かれた『飯
塚山笠史』（2003）、および飯塚青年会議所内の月ごとの活動報告の小冊子を
参照した。

表 2-2　飯塚以外の国内のインタビュー対象者

ID	組織名	役職	調査日	在職（在籍）期間
日本 A	日本青年会議所	事務局長	2015.10.16, 2016.2.16	1985-2016
東京 A	東京青年会議所	事務局長	2015.10.08	1976-2015
深谷 A	深谷青年会議所	元理事長	2014.08.10, 2014.09.25	1987-2002
深谷 B	深谷青年会議所	元理事長	2015.09.04	1969-1989
深谷 C	深谷青年会議所	元役員	2014.08.02, 2015.01.28	1996-2007
深谷 D	深谷青年会議所	元役員	2014.09.25	1992-2004
深谷 E	深谷青年会議所	元職員	2015.09.04	1980-1984
深谷 F	深谷商工会議所	職員	2015.09.04	1985（青年会議所担当）

　この飯塚市での調査に加え、事例の一般性と特殊性についての参照点
を加えることを目的とし、もう一つの地域レベルでの事例として、2014-
2015 年にかけて埼玉県の深谷青年会議所でも調査を行なった。6 人のイン
タビュー対象者は飯塚同様に元役員を中心とし、入会の経緯や青年会議所で
の活動を中心に 2-4 時間程度の聞き取りを行なった。深谷青年会議所もま
た設立初期には商工会議所の事務局が事務機能の多くを担ったため、当時の
青年会議所の様子に対する知見を深めるための聞き取りを行なった（深谷 E
-F）。文献資料としては、飯塚同様に活動を振り返った 200 ページ程度の刊
行物である『深谷青年会議所 30 周年記念誌－源流』（2001）と、深谷市観

光協会の役職者からの提供を受けた深谷青年会議所との関わりが深い「深谷祭り」の設立時の内部資料も参照した。深谷青年会議所は 1964 年に設立され、会員数は 90 年代から 80-100 人程度と飯塚と同規模で推移する青年会議所であるため、データの多寡などの制約から完全な比較研究のための事例としては位置付けないが、地域レベルにおける有効な参照軸としてこれらのデータも利用することとなる。

　また、日本青年会議所についての知見は、青年会議所の刊行物、文献資料を中心として収集された。特に『バイブルオブ JC』は 584 ページにわたって日本青年会議所の歴史や様々な規則、活動の心構えなどについての詳細な記述がなされた青年会議所運動の手引書であり、中心的な資料として用いた。なお、この資料は日本青年会議所によって 1983 年から発行され、改定を重ねたものであり、参照したのは 2011 年に発行されたものである[5]。加えて、東京青年会議所の 10 年ごとの記念誌（『東京青年会議所 20 周年記念誌』(1970)、『東京青年会議所 25 年記念誌』(1975)、『東京青年会議所 30 年記念誌』(1980)、『東京青年会議所 45 周年記念誌』(1995)）も日本青年会議所のことを知るための資料として用いた。東京青年会議所は日本最初の青年会議所として日本青年会議所設立を主導した、いわば母体の一つとでもいうべき存在であり、設立者たちが記念誌発行のたびに歴史記述の編纂に協力していることから全国レベルの青年会議所のありようについても詳細な内容を読み取ることができる資料となっている。とりわけ、『東京青年会議所 20 周年記念誌』、『東京青年会議所 30 周年記念誌』については初代東京青年会議所理事長で日本青年会議所会頭も務めた三輪善雄、同じく東京青年会議所と日本青年会議所会頭を歴任した黒川光朝、堀越善雄、牛尾治郎や当時の現役会員たちによる座談会が収録されており、設立から展開期においての

---

5) 『バイブルオブ JC』の趣旨は「①運動の理念を明確にし、②会委員のクオリティ向上に有用なマニュアル・フォーマットの確立、③日本 JC 開発プログラムの紹介、④各地青年会議所の実際の運動・活動の紹介」とされ、2011 年度のバイブルは各地の青年会議所からの出向者からなる「世界に輝く日本創造会議」のメンバーによって編纂された。

様々な経験談を振り返り、当時の現役世代との違いなどについても語られているほか、『東京青年会議所 25 周年記念誌』においては三輪の日本青年会議所設立にあたっての状況の回顧録「25 年前の心配り」が掲載されており、これらの一部は設立者たち本人の貴重な語りの資料として、用いることとした。さらに、これらの情報を補足する手段として、東京青年会議所への事務担当者への 3 時間程度のインタビューも行い、東京青年会議所の成り立ちや日本青年会議に関する理解を深めた。

　最後に、日本の青年会議所の特徴を理解する参照点として、また日本青年会議所を含め世界 125 カ国の青年会議所を統括する国際青年会議所（Junior Chamber International: JCI）という組織のありようを把握するため、ドイツ・アメリカの 2 か国での海外調査も行なった。アメリカは青年会議所発祥の地でありアメリカ青年会議所と建物を共有する形で JCI の本部を擁するものであり、ドイツはヨーロッパ最大の青年会議所で、かつ第二次大戦後にアメリカの影響下に設立されたという点で日本と似た背景を持っていることからとして取り上げることとした。ここでの調査も刊行物とインタビューの両方を資料として用いることとした。

　アメリカの文献資料としては、アメリカ青年会議所 75 周年を記念して発刊し、その歴史について書かれた "A Legacy of Leadership. The U.S. Junior Chamber of Commerce Celebrates 75 Years" とアメリカ青年会議所の財務を支援する補助団体の Jaycee Foundation ホームページに掲載されている詳細なアメリカ青年会議所の歴史（2018 年 4 月 2 日最終閲覧）を用いた。ドイツについてはドイツ青年会議所がケルン青年会議所の資料編纂担当者に依頼して歴史をまとめた "Ursprünge-Entwicklung-Wandlung, Wirtschaftsjunioren Deutschland"（1993）と『ケルン青年会議所 40 周年記念誌』（2004）、およびパンフレットとホームページ（https://www.wjd.de/2018 年 6 月 2 日最終閲覧）を参照した。国際青年会議所の展開については国際青年会議所がその成立経緯を述べた書籍として刊行した "Men of Visions"（1976）を主たる資料として用いた。

表 2-3　海外におけるインタビュー対象者

ID	組織名	役職	調査日	在籍期間
アメリカS	アメリカ青年会議所	役員 元国際青年会議所事務局役員	2016.05.19	2003-（会員としては 1974-）
国際 A	国際青年会議所（JCI）	事務局役員、元事務総長	2016.05.19	2004-2013
国際 B	国際青年会議所（JCI）	事務局役員	2016.05.19	
ドイツ A	ドイツ青年会議所	事務局役員	2014.09.03	2008-
ドイツ B	ベルリン青年会議所	元理事長	2014.09.03	1991-
ドイツ C	ハレ青年会議所	元事務局役員	2014.08.31	1991-
ドイツ D	ケルン商工会議所	職員　資料編纂担当	2015.02.15	1993-
ドイツ E	ハレ青年会議所	元事務局長	2014.08.31	1991-
ドイツ F	フランクフルト青年会議所	元理事長	2016.08.05	2011-

　さらに上記の知見を補足するものとして、2014-2016 年にかけて各国の青年会議所の会員や事務局担当者への聞き取り調査も行なった（表2-3）。これらの調査は組織の成り立ちや運営体制について主に問うことを目的としたものであり、組織の歴史、意思決定のシステムや活動の方向性、事務局の役割などについて、1-2 時間ほど尋ねたものである。ここで得られた知見は主に第 3 章に用いられたものであるため、インタビュー内容については第 3 章に詳述することとする。

　なお、上記の全てのインタビューは、公開が前提となる論文への使用という趣旨を説明して合意を得たものであり、特に以後のコメントの直接的な引用は当事者の内容確認を経たものである。

　最後に以上のようなデータと並行して、より妥当なデータ解釈や適切な問いの構築を目的として、各レベル、地域の青年会議所のいくつかの活動に実際に参加し、参与観察を行なった。具体的には、2013 年に飯塚青年会議所の飯塚青年会議所 50 周年式典を見学し、2014 年に日本青年会議所が開催

表 2-4　青年会議所ミシガン州大会におけるインタビュー対象者

ID	所属	聞き取り日	在籍期間	職業
アメリカ A	グランドラピッズ青年会議所	2015.05.14	2001-	学校カウンセラー
アメリカ B	グランドラピッズ青年会議所	2015.05.14	2004-	コンサルティング会社
アメリカ C	コロラド青年会議所	2015.05.14	1988-1999	ホテル勤務, ラジオ局勤務
アメリカ D	カラマズー青年会議所	2015.05.14	1999-2013	業界団体職員
アメリカ E	タルサ青年会議所	2015.05.14	2009-	教育関係 NGO 職員
アメリカ F	フランケムース青年会議所	2015.05.14	2007-	保険会社職員
アメリカ G	アノーバーミシガン青年会議所	2015.05.15	1998-2015	人材会社
アメリカ H	グランドラピッズ青年会議所	2015.05.15	1991-2008	コンサルティング会社
アメリカ I	ランシング青年会議所	2015.05.16	2004-	保健関係 NPO 理事長
アメリカ J	プリマス青年会議所	2015.05.16	1967-	元自動車関係会社職員
アメリカ K	ライヴォニア青年会議所	2015.05.16	2008-	弁護士
アメリカ L	プリマス青年会議所	2015.05.16	2000-	医療会社経営（起業）
アメリカ M	インディアナポリス青年会議所	2015.05.17	1999-	弁護士
アメリカ N	グランドラピッズ青年会議所	2015.05.17	2006-	コンサルティング会社
アメリカ O	グランドラピッズ青年会議所	2015.05.17	1982-1999	保険会社経営（起業）
アメリカ P	グランドラピッズ青年会議所	2015.05.17	1979-1993	弁護士
アメリカ Q	ライヴォニア青年会議所	2015.05.17	1986-2000	弁護士
アメリカ R	セントルイス青年会議所	2015.05.18	2010-	団体職員

したまちづくりの方法論についての“地域リーダー育成塾”（全 5 回と鹿児島県での合宿）に一般参加者として参加したほか、飯塚青年会議所の一部メンバーによる企画会議にも同席させてもらう機会を得た。2015 年 5 月には東京青年会議所の年次計画のための会議に参加、2016 年 5 月にはアメリカ・ミシガン州において州大会を見学した。この州大会の際には表 2-4 にあるように 18 人の参加者および参加者から紹介された元会員に対して、入会の経緯や普段の活動、ビジネスとの関わりなどを問う 30 分 -1 時間程度のインタビューを行う機会を得た。この聞き取りで得られた知見は、それぞれの会員が所属する地域レベルの青年会議所についての理解が不十分であることから、飯塚や深谷のような形での直接的な参照データとしては用いられないが、日本の青年会議所の分析を相対化するための重要な前提知識を得ることとなった。

　加えて、つくし青年会議所、岡山青年会議所、東京青年会議所、浦安青

年会議所、熊谷青年会議所などに所属する会員とは一定の交流を持ち、正式なインタビュー対象とはならなかったものの日常的なやり取りの中で組織の実態について話を聞かせてもらったり、特定の事例が特殊なものか、青年会議所一般に起こり得るものなのかを確かめるための機会を得ていた。

　これらの経験は研究本文における正式なデータとして言及されることはないが、インタビューや文献データを適切に解釈したり妥当な問いの設置を行うために必要な組織文化の理解[6]を得るのに一定の意義を持ったと考えられる。また、補足的に東京青年会議所設立者の一人である黒川光朝の自叙伝『菓子屋の戯れ言』（1970）も参考とした。

　以下の章では上記のデータのうち、各論に必要なものを用いて、分析・議論を展開することとなる。そのため、各論においてどのデータをどのように用いるかの詳細については、各章において改めて論ずることとする。

2-3　主たる調査地・福岡県飯塚市と青年会議所

　本章の最後に、最も主要な調査地である福岡県飯塚市に関して、背景となる地域の状況についての記述を行う。なお、具体的な青年会議所と地域社会との関係性に関しては第5章において特に詳しく論ずることとなる。

　飯塚市は福岡県の中央部に位置する筑豊地方の中心都市である。この地域は江戸時代は長崎街道の宿場町（飯塚宿、内野宿）として栄え、19世紀末ごろより筑豊炭田の中心地として発展してきた。筑豊炭田の開発は特に明治20年代（1890年ごろ）より地場資本と中央資本の両者によって本格化し、1903年に500万tの出炭を記録して以降は全国で最大の産出量を誇ってきた。しかし、1950年台半ばより進んだエネルギー革命によって急速に石炭産業は衰退し、1973年までにすべての炭坑は閉山することとなった。

---

6)　文化の理解がもたらす対象への直感と研究者のデータ解釈の関係についてはPutnam
　（1994：12）

また、多くの中央大資本の石炭関連企業が撤退し、地場資本の炭鉱も閉業が続いた。この基幹産業の崩壊により、市当局や地域財界は一貫して新しい生き残りの道を模索し続けることとなった。

　市の財政上は石炭六法（旧産炭地特別振興法）による補助金の恩恵を受けつつ、市や商工会議所を中心として徹底した企業誘致を進め、機械・食品関連の工場誘致に成功した。

　そのような中、地域経済における大きな存在感を維持し、あるいは相対的に地位を向上させることとなったのが飯塚市を中心に多業種で事業を展開し、石炭産業から化学工業へと転換を果たした麻生グループである。その中核を担う麻生鉱業の社長で衆議院議員も務めた麻生太賀吉は 1946 年から 1980 年まで飯塚商工会議所の会頭を務める地域最大の名望家でもあった。また、その長子であり 2008 年に内閣総理大臣となった麻生太郎は 1970 年代に飯塚青年会議所に入会し、1978 年には日本青年会議所の会頭、また 1990 年から 1997 年にかけては飯塚商工会議所会頭も務めている。第 5 章でも触れるように、この麻生会頭体制下の商工会議所は青年会議所の設立に深く関わったのみならず、1960 年代後半の近畿大学第二工学部誘致を基点とし、特に 1980 年代からは九州工業大学情報工学部誘致とそれに付随する民間研究機関の誘致などを通した研究学園都市という構想の実現においても大きな役割を果たした。

　これらの経緯から分かるように麻生家は飯塚の政治・経済領域において特別な位置を占め、以後もその影響力に関して必要な記述を行うが、その正確な把握は本研究の重点的な目的ではなく、必ずしも詳細な分析には立ち入らない。個人の影響力を可視化するには声価法やネットワーク分析などの権力構造分析に特化した全くの別の研究デザインが必要とされるためである。あくまで本研究の主眼は顕著な個人からでなく地域経営者層のネットワークや相互作用から現象を分析することにあり、むしろ顕著な個人に依存せずにどの程度現象を説明できるかを問う試みでもある。実際のところ、以後の記述からも明らかになるように、結社内の相互作用や市民的規範の共有といった

本研究の最も重視する現象は、単に特定の名望家の権力から自明に導き出されるものとは言えない。市民間の信頼関係や内面化する規範のひとつひとつを拘束できるほどの強力な権力は想定し難いと、本研究は考える[7]。

　強力な財界リーダーを擁しつつ進められた誘致活動などの様々な振興策の成果と、古くからの商業地としての機能が依然として保たれていたこともあって飯塚の経済的衰退には比較的早くに歯止めがかかった。人口は最も多かった1958年時点の11万7千人から1970年の7万5千人までは大幅に減少したが、1975年を底に再び増加に転じ、1995年まで微増傾向にあった（図2-2）。この期間の炭鉱閉山後の産業別就業人口の推移を見ると、鉱業従事者が激減したにもかかわらず表2-3（p42）が示すように工場誘致の成果もあって二次産業全体の雇用はある程度維持され、商業関連も年間商品販売額は1968年から一貫して増加に転じるなど地場の産業界は致命的な衰退を迎えたわけではなかった（図2-3）。　その一方で生活保護率は1962年より

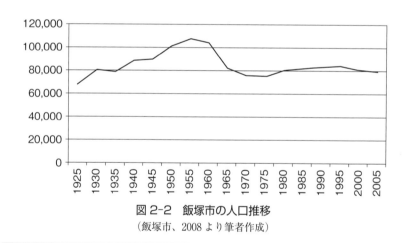

図2-2　飯塚市の人口推移
（飯塚市、2008より筆者作成）

7)　一般的に、地域社会学においては地方の経済的強者の個人的権力やネットワークの凝集性は過大評価されてきたきらいがあると本書は考える。飯塚を含む筑豊の戦後政治では、経済的基盤とは関係なく保守政治家同士が激しく争ってきた歴史があり、日本の青年会議所内でも、保守・革新両陣営の政治家が輩出され、イデオロギーにおいて組織内部に競争的な環境が存在してきた。

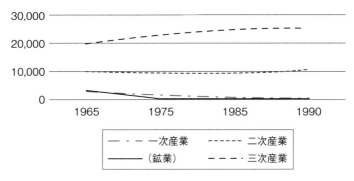

図 2-3　飯塚市における産業別人口の推移
（飯塚市（1976；1986；1993）より筆者作成）

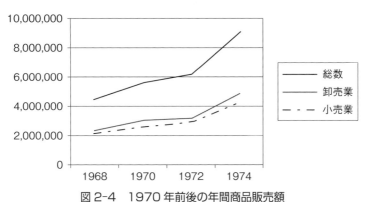

図 2-4　1970 年前後の年間商品販売額
（飯塚市（1976；1986；1993）より筆者作成）

10.23%（同年全国平均 1.76%）に達して以降、1985 年まで 10%を下回らず（福岡県　2016）、石炭産業衰退期からの労使紛争の激化など、貧困や労働の問題が公共的な世界の無視できない問題として横たわっていた。

　致命的な衰退を免れたという意味において旧産炭地の中では相対的に恵まれた経済的環境と、基幹産業を失ったことによって顕在化した社会問題がもたらす政治上・ビジネス上のリスクは地域の経営者層の地域社会への積極的な関与を促した可能性がある。行政や商工会議所を中心とした連合体は閉山前後から積極的に地域の盛り上げや地域外への地域の価値の発信を目指す

試みを積極的に進めてきた。誘致活動以外にも、炭鉱閉山によって伝統行事の山笠の復興運動が石炭町からの脱却のシンボルとして展開され、街全体が参加するコミュニティのイベントとして成長した（本書第5章参照）。その他、パラリンピック代表選考を兼ねた車椅子テニス世界大会や飯塚新人音楽コンクールなど、それぞれの分野では全国屈指の規模を誇る催しが町おこしとして意識的に開催されてきた。2000年代には後に国の名勝に指定される石炭王旧伊藤伝衛門邸の保存運動が展開され、観光地として年間20万人の来場者を達成するなど炭鉱遺産の観光への利用にも注目が集まった。

　これらの動きに様々な形で関与してきたのが地域の経済人の自発的なネットワークであり、その中核の一つが飯塚青年会議所である。地場企業や商業を中心とした炭坑閉山後の飯塚の経済的な生き残りと地域経営者たちの活発な活動は相互に深く関連し、利益追及の典型的な成長マシーンの状況を示しているようにも見えるが、他方でそれは様々な面で市民的な活動形態や原理に支えられるものであり、一般的に認識されやすい左派的な市民運動とは別の、飯塚の市民的参加の重要な側面を形成してきた。以降ではその市民的側面としての結社への理解を深めるための分析を進め、地域との関連においては特に第5章において詳しい議論を進めることとする。

第**3**章

日本青年会議所の展開とその諸特性

― 海外との比較を交えて ―

　本章では、青年会議所がいかなる制度的な条件のもと、いかなる組織的アイデンティティを確立させてきたのかを明らかにすることを目指す。そのための方法として、青年会議所の結社としての形成過程と諸特性を記述し、制度的環境からの影響に着目しながら、他国（アメリカ、ドイツ）との比較の中で、日本の青年会議所がその組織的拡大を可能とした背景についての検討を加える。

　論点となるのは、青年会議所が全国規模の組織として自己形成をする過程において、どのように国家（制度）・経済領域との関係性を築き、また市民結社としての集合的なアイデンティティを背負い、主体的に位置付けし直してきたのかという点である。この点にアプローチするために、他国（アメリカ、ドイツ）と比較しつつ青年会議所が存在する前提となるの制度的環境に言及した上で、各国の青年会議所の展開について論じ、加えてメンバーシップの特性と組織として掲げてきた活動理念について比較を行うこととする。

　その結論として明らかになるのは、①公益志向の強力な市民結社設立が制度的に困難であった日本において、特別法によって安定的な存立基盤を持つ商工会議所の後ろ盾や会員階層の資本力が相対的な強力さを発揮したこと、②商工会議所制度の中間的な位置付けが、青年会議所が経済団体と市民団体という2つの特性を同居させるための柔軟で動的なアイデンティティを

支えたこと、その最適化の成功が日本における青年会議所の特異な発展を促したということである。この青年会議所の規模拡大における成功は、日本の戦後市民社会における結社の発展過程を知る上で重要な知見の一部として提示されるものである。

3-1　問題の所在と本章の目的

本章は結社を単位に経営者層の経済領域に根ざした市民的参加のありようを理解するためのはじめの段階として、経済領域と市民社会にまたがる青年会議所を組織として成立させる制度的基盤と、その自己形成がいかになされてきたかを、国家と経済領域との関係性から明らかにしようと試みるものである。制度的環境という国家に基づく要素をより的確に理解するため、本章ではアメリカとドイツとの比較も交えながらこの問題を論ずることとする。また、このような分析から明らかとなる日本の青年会議所の独特の発展を理解するプロセスの一環として、会員数の趨勢に現れた、明確な3カ国の組織的展開の違い ― アメリカの激減と日本青年会議所の増加とその規模の維持、ドイツの一貫した現状維持 ― の説明も試みる。

すでに第1章でも論じたように、ペッカネン（2006＝2008）は、欧米と同形の団体配置が見られないことを以って日本の市民社会を弱いと断ずることの安易さを批判し、自治会など日本独自の地域組織から固有の市民社会の性質を再考することの重要性を指摘した。このペッカネンの立場は基本的に筆者も同意するものであるが、ここで注目したいのは彼ですら西欧と同じ市民社会が、戦後においてすら日本に存在しない、という前提に立っているという点である。確かにその前提は歴史的・文化的にほとんど疑いようがないものに見えるが、留意すべき点もある。それは、フリーメーソン、商業会議所、YMCA、ボーイスカウト、PTAなど少なからぬ欧米起源の伝統的大規模自発的結社が近代以降日本に設立され発展していったという事実である。このことは市民社会を自由な自発的結社のフィールドとして捉えるとき、見

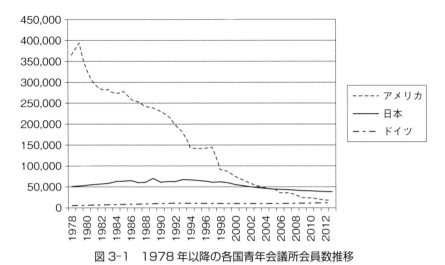

図3-1　1978年以降の各国青年会議所会員数推移

逃せない西欧との共通項を示し得るとともに、その差異を検討するにあたっても重要な参照点となり得るだろう。

　特に西欧由来の結社の中でも日本での発展が目立つものが、ロータリー、ライオンズ、青年会議所といった経済領域に隣接した、経営者層を中心とした自発的結社である。世界的に展開しているこれらの結社にあって日本のロータリークラブとライオンズクラブは世界第3位の、青年会議所は世界第1位の会員数を擁し、地域社会において一定の存在感を有してきた[1]（図3-1）。にもかかわらず、このように日本の地域社会に根付き発展した自発的結社の形式が、どのようにして展開したものなのか、また市民社会というフィールドにおいてどのような性格を持っているのかについてはほとんど明らかにされてこなかった。

　この分析において重視するのは、日本において自発的結社を成立させるための制度的な前提と、歴史的に密接に関係のある商工会議所との関係性で

1)　パットナム（1994）が外部から移植された結社の地方組織が機能しない傾向にあることを論じたのを考えると、外来結社の成功自体が重要な考察の対象となり得る。本章はそのための一定の知見を与えることができよう。

ある。商工会議所は青年会議所と深い関係性を持った経済団体であり、また
その存立基盤は国家の制度に大きな影響を受けている。そのため、商工会議
所と青年会議所との関係性を明らかにすることは、青年会議所の国家や経済
領域との関係性を明らかにすることにもつながる。加えて重要なのは、海外
の青年会議所に目を向けるとき、商工会議所制度の多様性にもかかわらず、
のちに見ていくように多くの国において両者は親密な関係にあり、他方でや
はり制度的に規定される背景によってその関係性が国ごとの独自性を有して
いるという点である。このため、本章の問いは他国との比較によって、より
良く探求されることとなるのである。

3−2　分析視角と問いの設定

　前述の文脈に則り、結社という単位の社会学的分析を行う際、既往研究
との関係の中で論ずる必要があるのが、本章の主要な分析枠組みとしての制
度論と結社のタイポロジーである。

図3-2　本章における制度と結社のタイプの関係性

　パットナム（1994：7-12）やスコッチポル（2003＝2007：17＝14）は、そ
の市民社会研究において、市民文化や結社のありようへの制度（Institution）
の影響を指摘してきた[2]。これまで日本の市民社会と結社の特徴を海外と
の比較から実証的に分析しようという試みは、主に政治学者や政治社会学
者によってなされてきた（Salamon & Anheier 1994＝1996；辻中 他 2010；
Inoguchi2002＝2013；Pekkanen 2006＝2008）が、これらの研究が共通して

---

2)　彼らの依拠する新制度論については March & Olsen（1989）。

明らかにしてきたのは、日本の市民社会を取り巻く制度が、自発的結社を存立させるのに困難なものであったという点である。しかし、この重要な指摘は、「不利」な制度的環境にもかかわらず日本において発達した何らかの具体的な結社との関係性に関する議論にほとんど関連づけられてこなかった。数少ない例を挙げるならば、この制度論的な示唆を発展させた試みとしてペッカネンと辻中ら（2010）は自治会の研究を展開してきたが、それ以外の個別の結社研究との接続はまだ十分になされていない状況がある。

　さて、他国との比較も交えながら日本の青年会議所の展開を検討する時、この制度論的視点はひときわ重要性を帯びている。というのも、青年会議所は公益性を志向する市民結社という側面と、商工会議所から援助を受けて成立した経済団体という両側面をもち、そのいずれのあり方も、国ごとの多様な制度に依存しているからである。従って、本章の第一の分析視角は、制度に関わるものとなる。具体的には、青年会議所を取り巻く制度によっていかなる性質が備わってきたのか、あるいは何らかの性質は制度との関係において、青年会議所の展開にどのような影響を及ぼしたのかが問われることとなる。

　さらに、制度との関連の中で分析される第二の観点は、結社そのものの性質をどのような枠組みによって理解すべきかという問題である。本章の目的は、日本の青年会議所の結社としての特質を理解した上で制度との関係からその組織的展開の背景を明らかにすることにあり、そのためには特質を記述するためのタイポロジーが必要となる。本章では、すでに用いている〈経済団体[3]〉と〈市民結社[4]〉という２つの結社の特質を説明概念として用いることとする。その用語の意味は、基本的に以下の２つの要素によって構成されるものとして位置付けたい。

---

3)　辻中・森（2010）の経済団体の定義「営利企業や職業、生産と直接関連して存立する団体」（同書：34）も参照。

4)　ホフマン（2003＝2009）を参考に、民間領域の、人格の陶冶と公共善を志向する伝統的な自発的結社として定義。

3−2−1　メンバーシップの包括性

　市民的結社において、メンバーシップの包括性は重要な要素として理解されてきた。ドイツの結社（Verein）に関する歴史社会学的な分析を行ったニッパーダイは、19世紀後半以降から登場した自由な個人の結合である結社が、原理的に身分や地縁などの限定性を超越して成立するという点に18世紀までの組織体との最大の差異を見いだした（Nipperdey 1976）。従って、メンバーシップの包括性は市民的結社としての基準の一つとみなすことができる。ただし、初期の近代市民結社の担い手が、ブルジョワジーに限定されていたことも事実であり、ニッパーダイも結社の範囲から職業集団によって区切られた結社組織を排除はしていない。階級横断的な結合によって特徴づけられるアメリカの市民結社においても長い間人種的な排除・分断が存在していた。それゆえ、ここでの包括性は市民社会の結社としての絶対的な条件ではないが、結社の特徴の一つとしてその傾向を問うことはそこで構築されていく社会関係の質を分析する上でも意味を持っている。逆に、経済団体は本質的には一定の経済的利害を共有する人々による組織体として位置付けられるものであり、従ってそのメンバーシップが経済領域における身分によって厳格に規定されればされるほど、経済団体的な特性が強いものとしてみなすことが可能となる。

3−2−2　組織をまとめる原理と志向性

　ウェーバーやマッキーバーの有名な定式化にあるように、結社という組織体を特徴づける最も重要な要素の一つは、それが共通目的への合意に基づく結合であるという点である。経済団体と市民結社という2つの性質を共通目的から解釈するとき、もっとも単純な方法はそれが会員の集合的利益を追求するのものなのかという点に経済団体的な特質を見込み、より広範な公共の利益を追求するものを市民結社的な特質とする、ということになろう。したがって、青年会議所の目的を解釈する際、この枠組みが最も基本的な基準として用いられることとなる。

　ただし、本研究における〈市民結社〉の位置付けはもう少し歴史的・伝統的な含意も持っている。この伝統的な価値の要素は、本研究全体の論点として、市民運動の流れを汲み、NPO 論とも接続される〈新しい結社〉に対置される、1960 年代以前に西欧を中心に隆盛した〈古い結社〉に着目しているがゆえに意識されるものである（第 1 章　表 1-1 参照）。ホフマン（2003）やスコッチポル（2003）が指摘するように、伝統的な結社は特定の政策目標ではなく、公共性への奉仕や友愛、良き市民たるための自己修養など何らかの市民的価値の体現自体が目的となる傾向にある。青年会議所の結社としてのカテゴリとして用いられることのある〈奉仕団体〉は、ノブレスオブリージュの精神に基づく公益一般への奉仕を目的としており、より狭い意味での〈市民結社〉の共通目的を指すものとして解釈されるものである（Charles 1993; Pothoff 2010）。

　もう一つの確認すべき点は、この組織的な目的設定は必ずしも相互に排他的ではなく、また一定の流動性が見込まれるということである。マーチとオルセン（1976）が言うように、組織は曖昧性（ambiguity）によって支えられており、複数の相矛盾する一貫性のない目的を常に抱えるものでもある。また、2 つの要素が排他的でないことを示す一つの例として、経済同友会や経団連といった最も典型的な経済団体が、公益への貢献を第一の目的として掲げ、法制度上も公益法人として認められてきたという事実を示すことができよう。本研究は、経済団体的な論理自体が市民的公共性を毀損するという前提には必ずしも立たず、むしろ経済的な論理と接続した公共性への志向がいかなる文脈や論理によって示されてきたかによって、青年会議所の組織的な志向性を説明しようと考えるものである。

　なお、ここで問われる集合的目的は、制度上規定されたものと実際の活動においてその都度具体的に表出されるものとが想定され得るが、次章で青年会議所の対外的な活動を直接扱うため、本章においては前者の分析に重点が置かれる。

　以上の2つの観点から説明される市民結社と経済団体という属性が、本章の青年会議所の展開の解釈の重要な枠組みとなる。経済団体に対する社会学的分析は伝統的に功利主義的な権力構造や権力ネットワークという側面に重心が置かれ[5]、結社としての分析アプローチは確立されていないが、本章では制度枠組みとの関係からそれを試みることとなる。

　制度枠組みとの関係性の上で作業的で問われるのは以下の3点である。

① 　日本の青年会議所は、その歴史的展開において、他の経済団体との関係の中でどのように組織としての独自性を確立してきたか。そのプロセスは他国の青年会議所と比較してどのような特徴を持つか。

② 　日本の青年会議所のメンバーシップのあり方にはどのような変遷が存在し、他国のそれと比較してどのような特性があるか。

③ 　日本の青年会議所の掲げる価値、活動目的にはどのような変遷が存在し、他国のそれと比較してどのような特徴を持つか。

　それぞれの問いは最終的に日本の青年会議所が埋め込まれた制度枠組みとの関連性の中で検討がなされ、国家と経済領域との関係の中で、各国の青年会議所がどのように位置づけられるかを整理し記述することで応答されることとなる。

3−3　調査データ

　本章では、前章で詳しく論じた2013年から2018年にかけての様々な調査データのうち、東京において日本の青年会議所についての資料収集調査とインタビュー、およびアメリカとドイツのそれぞれの統括青年会議所の本部のあるセントルイスとベルリンにて収集した資料、事務担当者へのインタ

---

5)　典型的なものとして、秋元（1971）。

ビューを中心的に扱うものである。アメリカは青年会議所発祥の地であり、ドイツはヨーロッパ最大の青年会議所で、かつ第二次大戦後にアメリカの影響下に設立されたという点で日本と似た背景を持っていることから比較対象として取り上げることとした。

　参照した文献資料は日本においては日本青年会議所発行の『バイブルオブJC』（2012）と前章で取り上げた東京、深谷、飯塚それぞれの青年会議所の周年記念刊行物、および対外向けのパンフレットである。これらの刊行物においては、地域における設立の経緯についてもその年の編纂委員会が一定の記述を行なっている。前章でも触れたように、『東京青年会議所 20 周年記念誌』、『東京青年会議所 30 周年記念誌』については初代東京青年会議所理事長で日本青年会議所会頭も務めた三輪善雄や当時の現役会員たちによる座談会が、『東京青年会議所 25 周年記念誌』においては三輪の日本青年会議所設立にあたっての状況の回顧録「25 年前の心配り」が掲載されており、これらの一部は設立者たち本人の語りとして一部直接的にデータとして用いることとした。

　アメリカについてはアメリカ青年会議所の歴史について書かれた "A Legacy of Leadership. The U.S. Junior Chamber of Commerce Celebrates 75 Years" とアメリカ青年会議所の財務を支援する補助団体の The Jaycee Foundation ホームページに掲載されている詳細なアメリカ青年会議所の歴史（2018 年 4 月 2 日最終閲覧）、ドイツについてはドイツ青年会議所がケルン青年会議所の資料編纂担当者に依頼して歴史をまとめた "Ursprünge-Entwicklung-Wandlung, Wirtschaftsjunioren Deutschland"（1993）と『ケルン青年会議所 40 周年記念誌』（2004）、およびパンフレットとホームページ（https://www.wjd.de/　2018 年 6 月 2 日最終閲覧）、フランクフルトとヴィースバーデンの青年会議所の記念誌も参照した。

　インタビューに関しては本章の題材となる各国の青年会議所の成り立ちと、とりわけ商工会議所や経済団体との関係性の中での展開の過程についての知識・経験を持った各国家青年会議所本部の事務局勤務経験者を中心に 1

-2時間ほどのインタビューを行った。具体的には前章表2-2のID日本A、東京A、および表2-3に掲載した各国の事務担当者が中心的な聞き取り対応者である。日本A、東京Aは事務職として青年会議所に長く在籍し、その歴史を支えてきた人物である。事務職の役割については別の場所でも論ずるが、とりわけ規模の大きな日本青年会議所、東京青年会議所ではフルタイムで様々な事務処理を行い、かなりの部分の会議に同席できる事務局長は少なくない役割を果たしてきたため、公式的な刊行物に記された出来事についての現場の視点からの補足的な説明を依頼することができた。飯塚、深谷の事務局については、本来日本青年会議所についてのデータ収集のための調査として聞き取りを行ったわけではないが、日本青年会議所の展開を理解する上で青年会議所の地域への広がり方を考慮に入れるため、本章での記述にも参照できる点は含めることとした。

　アメリカの調査において対応者であった表2-3のアメリカSは長くセントルイス青年会議所の幹部役員であり、その後アメリカ青年会議所、国際青年会議所本部の事務局職員を長く務めた人物で国際Aはブラジル青年会議所で会員として活動した後に、国際青年会議所に事務職として就職した人物であり、どちらも現場レベルで長年の経験があるほか、資料編纂にも関わってきたため、歴史や組織の全体像について文献資料外の補足説明も聞くことができた。

　ドイツ青年会議所事務局のドイツBからは商工会議所との関係や組織運営について、ハレ、ベルリン青年会議所でのインタビューでは東ドイツへの展開の事情についての聞き取りを行った。また、ケルン商工会議所職員のドイツDはノルトライン・ヴェストファーレン経済図書館の資料担当者でもあり、ドイツ青年会議所史 "Ursprünge-Entwicklung-Wandlung, Wirtschaftsjunioren Deutschland" (1993) の編纂を行い、現地経済史に明るいため、文献資料の補足的な聞き取りを行った。ドイツFはフランクフルト青年会議所に所属しつつドイツ青年会議所の活動に参加しているため、会員の立場から活動の方向性についての聞き取りを行った。なお、ドイツF

のみ対面ではなくオンライン電話を用いたインタビューを行った。

3−4　制度的前提：自発的結社の法的基盤と商工会議所制度

　以下の分析においては、すでに言及してきたように3カ国の青年会議所の成り立ちとの検討をする前段階の作業として、青年会議所を成立させる上で前提として存在する、2つの制度的な前提について論ずることとなる。

　第一に、青年会議所の市民結社としてのありようを制度的に規定する、非営利法人をめぐる法制度である。具体的には、公益社団法人である日本青年会議所が公益志向の自発的結社として存立するための法的な条件を説明することとなる。国が認める法人格を有することは、事務所を構えるための不動産取引や、事務職員を雇用するなど基本的な組織活動を成り立たせる際に役立つほか、活動によって生ずる様々な個人のリスクを減らす有限責任を選択することが可能となるなどの活動に有利な前提を構成するため、非常に重要な意味を有している（岡本　2015）。

　第二の前提は、経済団体としての側面を規定するもので、青年会議所成立において実質的に主要なスポンサーとなった商工会議所の制度上の特殊なありようと、その国家ごとの多様性についての制度的基盤である。この商工会議所は多くの国において経済団体の中でも特殊な位置付けを持っている存在であり、その制度のあり様は、それぞれの国の青年会議所のありようとも密接に関わってきた。

　以下では、日本のそれを中心に、比較対象としてのドイツとアメリカに言及しながら法的前提と商工会議所の成立経緯とその特色を論ずる。

3−4−1　自発的結社の法的基盤
① 　日本における結社の制度的環境
　日本における非営利法人の法制度は伝統的に抑制的であり、1998年のNPO法以前まで法人格を得られる民間団体はかなり限定されてい

た（Salamon&Anheier 1994=1996; Pekkanen & Simon 2003; Pekkanen 2006=2008；岡本 2015）。民間の公益団体の設立が抑制されてきたことを最も直接的に示す要素は、非営利法人（社団法人・財団法人）の法人格取得のシステムである。

日本では 1896 年の民法 34 条制定時より NPO 法制定までの約 100 年にわたり、公益志向の法人を設立するにあたっては一貫して主務官庁の法に基づく許認可を必要とする制度を取っていた。これは法人が基準を満たして登記を行うことによってほぼ自動的に成立する準則主義と対置される制度であり、社団法人や財団法人は主務官庁の、民法に基づくより厳格な審査を経たものだけが、設立を許可されていた。審査基準は民法 34 条の「学術、技芸、慈善、祭祀、宗教その他の公益に関する」「営利を目的としない」というものであるが、所轄官庁の判断の裁量は大きく、また認可にかかる時間の規定もないため、そうじて公益団体の法人格取得のハードルは高い傾向にあった。

さらに、設立後の主務官庁による指導監督も厳格で、会計・財務報告義務を果たすには一定以上の事務処理能力とマンパワーが必要とされた。加えて、公益法人として認められたとしても税制上の優遇はそれほど大きくなかったことも指摘されてきた（Pekkanen 2006=2008; 92-93）。この相対的に大きくはない税制上の優遇（例えば寄付への控除や法人の収入に対する税率の減免）が、公益法人格を条件とするということ自体も、日本の非営利活動への厳しさの現れとして指摘されてきた（雨宮 1993）。アメリカやフランスなどは法人格がなくとも非営利活動への非課税制度を有し、ドイツは免税措置には法人格が重視されるものの、その範囲は財団や会社法に基づく非営利会社など、日本よりも広範囲の団体に認めてきた経緯があるからである。

このように日本における公益法人をめぐる法制度は厳格で、民間の非営利活動にとっては高いハードルを設定してきた。こうした状況が変化したのは 1998 年に NPO 法が定められてからのことである。この法によって新た

に定められたNPO（特定非営利法人）は準則主義に則った簡略的な手続き
で申請することで設立することができ、活動の分野によって個別の主務官庁
を決定するのでなく一括して経済企画庁（のちに内閣府、さらに2012年か
ら所在する都道府県へ変更）が所轄となるという点も手続きプロセスの簡易
化につながり、以後は日本において法人格を持った非営利団体が急増するこ
ととなった。それ以後も非営利団体の法人格取得の選択肢を広げる法改正が
続いている。2000年には同窓会や業界団体など、必ずしも公益を目的とし
ないが非営利の団体として中間法人という法規格が定められた。2008年に
は公益法人制度も改革され、NPOと同じく準則主義によって設立が可能な
一般社団法人・一般財団法人と、それまでの認定制度に基づき税制上の優遇
が得られる公益社団法人・財団法人という新たな区分が整備され、税制上の
格差はあるにせよ社団法人格へのハードルも下がることとなった。日本にお
ける青年会議所の成立・展開期はこうした制度が整う以前の環境下で行われ
たことに特徴があり、本章の考察においてはこのことを踏まえた分析を行う
こととなる。

②　アメリカとドイツにおける結社の制度的環境

　ドイツにおける結社（Verein）の法的基盤は結社法（Vereinsgesetz）と
民法（Bürgerliches Gesetzbuch BGB）[6] に定められたものである[7]。結社
法は憲法で保障される結社の自由に関する規定とそれに対する限界を設ける
ためのものであるのに対し、民法には法人格や公益的な民間活動の税制優遇
の規定があり、いずれも100年以上の歴史を持つ（Adloff 2005：122）。法
人としての登録は準則主義によってなされ、公的監督も最小限であるため、
一般にその設立条件は日本に比べると容易であった（雨宮　1993）。民法52
条に定められた税制上の優遇対象となる公益性（Gemeinützigkeit）の範囲

---

6)　21条が非経済的結社（Nicht-wirtschaftlicher Verein）の条件、51-54条が税制優遇、
　　59条が登録規定など。
7)　他の典型的な非営利組織の法的属性としては財団（Stiftung）がある。

はかつての日本の公益法人のそれと比べると広範であり[8]、その上で結社の法人としての登録や公益性を持った活動への税制優遇が定められている。

法的な結社の存立様式はナチス時代・戦後の連合軍占領期に断絶はあるものの19世紀の民法との連続性を有するが、現在の制度は1960年代までに確立されたものである。また、ドイツの非営利セクターに特徴的な点として、ワイマール期に国家制度との連携が確立された大規模な6つの福祉団体（法制上はいずれも法人格を持った結社：eingetragener Verein）の連合体である自由福祉協会（Freie Wohlfahtspflege）の存在に代表されるような、国家機構と連動する福祉セクターの比重の大きさがある。1960年代以降スポーツ団体や環境団体などの伸長も見られたが、相対的にその他の分野の非営利組織は伝統的に他の先進国と比べると大きくない傾向にあった（Anheier & Siebel 1993）。

アメリカにおいては慣習法の伝統のため結社の法人格に関する明確で体系的な法制定が進まなかった歴史があり、その分法人格を持たない結社も税制上の優遇を受けやすい環境が作られてきた。州ごとの多様性もあるが、内国歳入法（Internal Revenue Code）501条の定める団体の税制優遇の制度があり、その範囲は日本・ドイツに比べてもさらに広範で、単なる親睦団体に対しても優遇は適用される。

非営利団体の制度的側面はニューディール政策以降の福祉政策を民間団体が補うという文脈の中で整備されてきた。財政規模の点から言えば、公益志向結社は特に1960年代以降、国家と非営利団体とのパートナーシップが深まることによって拡大していった。国による非営利団体への委託事業や補助金による奨励の増加（Smith & Lipskz 1993）、免税措置を受けた民間財団がその活動趣旨に沿った結社を支援するなどの結社を支える環境の変化は、この状況を招来した、あるいは環境に最適化されたタイプの専門化され

---

8) 52条に明記された公益性の認められる目的として学術研究、宗教、医療・保健、青少年・高齢者支援、文化芸術、記念碑などの保護、教育、自然保護、難民保護、災害救助など22の広範な項目が存在する。

たアドヴォカシー団体が成立しやすい状況を導く一方で、伝統的な参加型の
メンバーシップの衰退をもたらすこととなった（Skocpol 2003）。

3−4−2　商工会議所制度

①　日本の商工会議所制度と地域社会における実態

　現在の商工会議所は1953年施行の商工会議所法で定められた経済産業省
所管の特別民間法人である。しかし商工会議所制度はここに至るまでかなり
の変遷を経ている。

　商工会議所の組織としての起源は地域ごとに異なるが、日本における商
工会議所の先駆は渋沢栄一を中心として1878年に東京、大阪、神戸で設立
された商法会議所であるとされている。これら商法会議所の設立は江戸時代
の商業者の自助的な組織であった町会所組織が解散し、相互協力の基盤を欠
く経済界の状況にあって欧米に倣った近代的商工会議所制度の必要性を感じ
た政府の勧奨によるものではあったが、国家的に標準化された規則などはな
く、あくまで各地で任意に設立・運営されていた。その後1890年に商業会
議所条例が、1902年に商業会議所法が成立する中で、商工会議所の公的な
性格が強調されるとともに設置部会・委員会の規定など一定の形式が法的に
定められ、また当該地区の商工業者についての強制加入の原則が導入される
など、自発的な結社としての側面は後退することとなった。

　飯塚の事例を挙げれば、飯塚商工会議所の起源である飯塚商工会は1908
年設立であり、公的な制度基盤の上に成立したということができる。ただ
し、このような法制度は設立された組織を商工会議所として国が承認すると
いう形で適用されるもので、飯塚においても商工業が発展する中で商工業者
たちが必要性を感じて設立へと動いた経緯があり、設立自体は中心的な構成
員の意思に基づくものであった。1932年に市制導入に伴い新たに飯塚商工
会議所が成立した際も、あくまで商工会の構成員の意思が強く働いていたよ
うだ。飯塚商工会議所の100年記念誌にはその設立経緯について、以下の説
明がなされている。

　　時代の趨勢と商工業界の進展に伴い、商工会組織の現状のままでは、その機能を十分に発揮し得ない不利不便があり、かつ、かくも財界不況時に当面したときでもあつたので、これを積極的に打開すべく、速やかに法に基づく商工会議所を設置すべしという要望が、業者間にたかまり、ついに商工会関係の人々が主となって立ち上がり、市制施行の旗を振るうことになった。(飯塚商工会議所　2008)

　このことは少なくともある当事者の感覚において商工会議所設立の機運が市制施行に先行していたことを示しており、自発的に議論し行政に働きかける集団としての商工会議所の像が浮かび上がる。こうした商工業者の自治組織としての商工会議所は、戦時体制の中で統制経済への協力を求められる中で1943年にはついに解散となった[9]が、戦後ほどなくして飯塚では旧会議所の役員を中心に再び設立された。各地に再設立された商工会議所は、当初は任意の社団法人であったが、1950年の商工会議所法と1953年の改定を経て戦前とは違った形で再び公的な性格が付与され、2016年現在で515の市に設置されている。現行商工会議所制度は自由加入制という点では自発的結社の性格が強い英米型の商工会議所制度を、国の法的規定に基づくという点では独仏型の制度を取り入れており、自発的結社と国の設置する官営社団の中間的な存在と位置づけることができよう。

　財政基盤については、基本的に会費と各種検定試験や証明書手数料、会議室運営による家賃収入をはじめとする事業収入を中心としつつ、県・市からの補助金も受けている。こうした補助金は小規模事業者支援促進法など、商工会議所を媒介することを定めた経産省からの小規模事業者支援のための法に基づくもので、中小企業への経営相談事業など、行政の下請け的事業に対して出されている。補助金は大部分の職員の給与に適用され、給与に関す

---

9)　会議所に変わり、行政機構の下部機構として「産業経済ノ円滑ナル連絡ヲ図ルト共ニ其ノ改善向上ニ努ムルコトヲ目的トス」る商工経済会飯塚支部が設置された。組織の構成員などは実質上ほとんど変わらなかったが、活動内容は実態としても地区内の産業経済統制への協力を中心としたものに移行した。

る支出の4分の3ほどを占めている（飯塚における聞き取り、飯塚M）。この点で、事務職員の雇用に関しては行政からの補助金が大きな役割を果たしているといえる。その他、調査や企業誘致やイベントなどの会議所独自の活動については自主財源からの自主運営となっている。このため財政基盤に関しては、会費を払ってくれる会員集めと、事業に対する行政からの補助金獲得が常に課題となっている。

② ドイツとアメリカにおける商工会議所制度

ドイツにおける商業者の自発的な利益団体としての商業会議所は17世紀ごろから各地に存在していたが、現行の商工会議所制度の原型はプロイセン期の1870年にフランスに倣って制定された商業会議所法（Handelskammergesetz）に基づくものである。この法に基づくドイツ商工会議所は単なる結社とは異なる公法上の社団（Körperschaft des Offenthchen Rechts）である。その特徴はすべての商業者（1920年以降は工業も含む）の強制加入という原則であり、これには後発の資本主義国であったプロイセンの産業化において、国家による市場のコントロールが要請されたという背景が存在した。こうした国家との距離の近さはナチス時代にさらに進行して、会員たちによる自治的な機能が失われ、国家の統治機構の完全な一部となった。

第二次大戦後の西ドイツにおいては、アメリカ軍政の地区では特別な法的な取り扱いを受けない自発的結社という位置付けに切りかわった一方で、フランス・イギリスの軍管区では義務的な側面が残存するなどの混乱があった。その後国家としての再独立を果たした翌年の1956年に新たな商工会議所法が施行され、再び一定の自治性を備えることとなったが、その際に強制加入性の、国家と緊密な関係を有する経済団体としての性格も取り戻すこととなった。従ってドイツにおける個々の商工会議所は日本同様に法によって公式化された様式にの則って存在している。特徴的なのは、経営相談窓口に加え、公教育における職業教育のカリキュラムに必須のものとして組み

込まれたインターンシップの企業への仲介や中小企業による職業継続訓練（Weiterbildung）に対する援助窓口など、公的事業の委託を多く請け負っているという点である。このため、その運営上の財政基盤は会費以外に、個別の公的事業に対する国家からの補助金に依存している。

このように、ドイツの商工会議所は日本以上に国家との緊密な関係の元、強制加入制という非自発的な側面を備えて成り立っているが、これと対照的なのがアメリカの状況である。

アメリカにおける商工会議所の起源は、1773年にチャールトン、ボストンで設立された会議所とされており、あくまで私的な経営者の結社として、他の自発的なビジネスグループと並行して各地の会議所がそれぞれに独立して組織活動を展開してきた（US chamber of Commerce 2012）。全米の会議所を統括する組織も20世紀になるまでは存在しなかったが、1860年ごろから徐々に地域ごとに経営者組織のまとまりができるようになり、20世紀初頭の段階で存在していた3つの大きな経営者団体が、商業労務省書記官や当時のタフト大統領の働きかけもあってまとまったものが1912年設立の全米商業会議所である。

したがって私的な結社としての性質を持つものの、全国的な統括団体設立にあたっては国家との関わりは初めから強く意識されていたのであり、設立直後の第一次大戦期においては価格統制に協力するなどの国家の補完機能も果たした[10]。しかし国家との関係は固定的なものではなく、先述の全米商業会議所設立への政府担当者の関与も協力と緊張関係が動的に並存する中でなされたものであった（Werking 1978）。あくまで私的な自発的結社としての性質から、アメリカの商工会議所は財政上も基本的には国家からの制度的な援助を受けておらず、会費を中心とした収入によって運営されてきた。現在に至るまで行われている商業政策に関する様々なロビー活動やコミュニティへの貢献の活動も法的な規定によってなされているものではなく、各地

---

10)　ただし戦時体制下における自発的結社の国家への協力は商業会議所に限らずアメリカでは広く見られたものであった。（Putnam 2000）

の商業会議所の独自性の中で成立しているものである。

3−5　各国における青年会議所の歴史
― 設立の経緯と商工会議所との関係 ―

　上記のような制度的前提の上で、青年会議所は各国において独自の形で展開されてきた。以下ではアメリカ、ドイツ、日本における青年会議所の設立の経緯と以後の展開を商工会議所との関係を中心に記述し、その後に経済団体としての側面と市民結社としての側面がそれぞれどのような形で組織に取り込まれてきたかについて、比較しつつ論ずる。

3−5−1　アメリカ

　今日世界に広がる青年会議所の起源は、アメリカのセントルイスで銀行員ヘンリー・ギッセンバイヤーを中心として 1915 年に設立された進歩的青年市民協会（Young Men's Progressive Civic Association）である。この組織は駅周辺の清掃活動を活動の端緒とし、アクティヴな青年による社会改良と自己修養を目的としたものであったが、同時にビジネスマンたちの社交場としての意味合いを持っていた[11]。そうした中で、青年組織を作ることを構想していた地元商工会議所会頭に共感したギッセンバイヤーは商工会議所と提携して財政上の、また場所の提供などの物的な支援を受けることを決め、青年協会は 1918 年に青年商工会議所（Junior Chamber of Commerce）

---

11)　1915 年発行のパンフレットには「この組織の目的は宗教や政治に関わらず、ビジネスや国家的市民的問題、あるいは他の会員の人格と能力を高める主題についての研究と議論を通して、会員を教育することである」とある。さらに、「この組織はあなたを、あなたと同じ年代の隙のない若いビジネスマンたちと結び付ける。彼らとの知己はあなたにとって計り知れないほど貴重なものである。」「この組織はあなたにビジネスと市民的重大事に関する広範な知識を与えてくれる。」といった宣伝文がある。（Clark 1995：13-14）。

へと改称された[12]。その後青年（商工）会議所運動はセントルイス青年会議所会員の積極的な広報活動と各地商工会議所の支援もあってアメリカ全土に広がり、1920年には統括組織としてアメリカ青年会議所が設立された。

　商業会議所との協力関係は全国規模で非公式に、あるいは個別の活動ベースにおいて広がっていった[13]が、1930年には公式的なアメリカ商業会議所との提携文書が取り交わされ、その関係性が確立された[14]。この時点で、商業会議所という経済団体の支援のもと、若者たちが自己の成長と社会的活動に取り組むという、後に世界的に拡散する市民的社会参加のパターンもまた確立されたと言える。ただしこのアメリカ商業会議所との関係は第二次世界大戦前後から徐々に薄れていくこととなる。その大きなきっかけは青年会議所運動が海外へと波及し1944年に国際青年会議所が設立された際、この組織の正式名称を商工会議所から区別し、Junior Chamber of Commerce ではなく単に Junior Chamber とすることをアメリカ主導で決定したことであったとされる[15]。これ以降少なくともナショナルなレベルでは青年会議所は商工会議所から距離を置くこととなり、相互の関係はほとんどなくなっていった。地域レベルにおいてはしばしば一定の協力関係が築かれているケースもあるが商工会議所が青年会議所の運営に直接関わることはなく、コミュニティ改善の市民運動という当初の出自の連続線上にあって、商工会議所に連なるビジネス団体としての側面は薄れていった。

---

12)　その後名称は1965年に青年会議所（Jaycee）へと変更、1990年に再び青年商工会議所となり、現在では青年会議所（JCI USA）の名称が使われている。本稿では基本的に一貫して青年会議所の名称を用いることとする。

13)　例えば1920年の第一回アメリカ青年会議所大会はアメリカ商業会議所の支援を受けて開催されたものであった。

14)　この協力関係締結に際し、当地の商工会議所と協調的な関係にない青年会議所をアメリカ青年会議所として受け入れないこと、青年会議所はアメリカ商工会議所の方針から外れた方針を持たないことが取り決められた（Clark 1995 : 25）。

15)　アメリカでの国際青年会議所職員へのインタビュー（国際B）。

3−5−2　ドイツ

1930 年代にはドイツにもアメリカの青年（商業）会議所の影響を受けた青年活動を行おうという動きがケムニッツやハーゲン、クレーフェルトなどで生じた。計画倒れに終わった動きもあった中で、ザクセン産業連盟の下部組織として作られたケムニッツの「青年委員会（Juniorenausschuß）」、アメリカで教育を受けた企業後継者の青年に主導され他の経済団体への依存関係を持たない組織として構想されたハーゲンの「南西ヴェストファーレン企業家青年協会（Juniorengemeinschaft Südwestwestfälischer Unternehmer）」は設立が実現した。こうして設立された最初期のドイツの青年会議所は全国的なうねりとなる前にどれも消滅してしまった。その原因ははっきりしないが、ナチス期における産業統制に伴う経済団体の再編や私的結社の制限が大きく影響したということが考えられる（Weise 1993）。

　第二次大戦後、ドイツの青年会議所運動は戦前のそれとは無関係に、各地に新たに始動した。その起源や展開には各地で様々なバリエーションがあったが、やがては商工会議所の傘下に入る形に収斂していった。

　留意すべきはこの商工会議所との関係は初めからすべての地域で見られるものではなかったということである。むしろ一部の商工会議所はドイツの商工会議所制度に合わない外来の商工会議所の付加物としての青年会議所が進出してくることへの警戒心すら示した。1949 年 12 月、1950 年 2 月、12 月の各地の商工会議所を統括するドイツ商工会議所の会報ではドイツの事情に合わないこと、経済に関わる実用的な仕事が後景に退いてしまう恐れがあることから、"青年商工会議所（Junioren-Handelskammer）"への反対が表明されていた（Weise 1993：24）。しかし他方でドイツ商工会議所は、1951 年に経営後継者を世話し、彼らが経済政治的課題について習熟するようにすることへの使命感を表明するなど、戦後の荒廃の中での経済の担い手育成を行うこと自体には意欲を見せ始めていた。そうした中で、徐々に商工会議所による青年組織の後見が広がっていったのである。

　たとえば戦後ドイツ最初の青年会議所の 1 つであるケルン青年会議所はア

メリカの青年会議所を範とし、1947年に若手経営者・経営後継者の交流と
経済・社会問題について議論を深める活動として設立されたが、それを当初
支援したのは商工会議所ではなく鉄鋼業経営者協会（Arbeitsgeberverband
Metall）であった。しかし、この青年会議所は多様な業種の会員を集めるこ
との困難に直面し、1952年頃からケルン商工会議所に協力を求めて接近す
るようになった。当初商工会議所はあくまで鉄鋼業経営者組合の傘下にある
青年会議所との接近について慎重であったが、青年会議所の代表者が青年会
議所の独立性を説明するなどして理解を得、会員募集における支援や、商工
会議所内の諸会議への参加などの協力関係が築かれることとなった。さら
に、自主運営の困難さによって活動が低調になっていた[16] 1958年には完全
に事務局を商工会議所内に移して正式名称を"ケルン商工会議所内青年会議
所（Juniorenkreis der Koelnerwirtschaft bei der IHK zu Köln）"へと改称
した。

　他方では1950年のフランクフルト青年会議所、1952年のベルリン青年会
議所のように、当初から商工会議所内の若手経営後継者の集団として設立さ
れ、戦争によって荒廃した社会状況の中で、商工会議所にとって大きな問題
となっていた企業経営後継者の育成の場としての機能から始まったケースも
多く見られた[17]。

　商工会議所による青年会議所の後見が全国的に浸透したことは、青年会
議所の形態としての標準化と全国組織の確立に対して、一定の役割を果たし
たと考えられる。1952年に行われた初めての青年会議所の全国会議はドイ
ツ商工会議所の提案によるものであった[18]。1953年にはドイツ商工会議所

---

16)　会員数維持に失敗し、10人ほどが不規則に会っているだけのような状況になってい
　　たとされる（Weise 1993：24）。
17)　ベルリンでのインタビュー（ドイツB）、およびフランクフルト青年会議所50周年
　　記念誌。
18)　ただし、当時商工会議所から独立した青年会議所主導での全国会議の企画も存在し
　　た。1952年に約30の独立した青年会議所（Juniorenkreis）が全国青年協議会を計画し
　　ており、ここにおいてはアメリカ型の青年会議所のような、商工会議所から独立した体

内の青年部門（Junorengeschäftsstelle）に全ての青年会議所が登録され、相互の調整が定められた。さらに、1955年にはドイツ商工会議所内に全国の青年会議所を統括するべくドイツ青年会議所事務局が開設された。ノルトライン・ヴェストファーレンなどが中央集権的な組織体制への拒否感を示してこの管理体制に組み込まれない状況が続いたことなどがあり、各地域の青年会議所全体を代表する存在としての全国組織を作るにはかなりの時間を要した。特に国家レベルのドイツ青年会議所会頭職が不在であったことは1957年に世界青年会議所（JCI）への加盟が認められない原因となった。初めての国家レベルの統一代表が選出されたのは、1958年のことであった。

　全国組織としての形が整っていくのと並行し、組織体制も標準化されていき、商工会議所の青年部門の職員が青年会議所事務局を統括するというスタイルが確立されていった。以上の全国組織整備の結果として、1958年にドイツ青年会議所の国際青年会議所（JCI）加盟が認められたが、これは日本から7年遅れてのことであった。

　青年会議所の側では独立性を維持しようという動きも存在したが、徐々に拡大されていく組織の規模と商工会議所側の積極的な関与によって、商工会議所への依存は以後も高まっていった。全国レベル・地方レベルを問わず事務局機能はすべて商工会議所が担うこととなり、1960年から始まった商工会議所における正式な青年会議所用の予算配分は、財政的な結びつきを強化した。

　1990年に東西ドイツが統一されると、西側の青年会議所がスポンサーとなることで東側の商工会議所内に相次いで青年会議所が設立されていった。当初は旧東ドイツの経済体制上の問題から、組織を担う会員たちの主体は、経営者というよりも、旧体制における市民運動家を多く含んでいた。例えばその最初期の例であるハレにおいては、設立当初にはそもそも青年会議所の担い手となるべき経営者層が基本的に存在しておらず、当地の商工会議所が

制が志向されていた。しかし、商工会議所の影響力に淘汰されるような形で、結果的にはこの計画は実現しなかった（Weise 1993：6-18）。

窓口になりつつも、初期のメンバーは東ドイツ体制下に民主化活動を行なっていた若者たちであった。しかし、組織体制が確立され、一定の地域の産業基盤が確立されると、そうしたメンバーはフェードアウトしていき、西側同様、商工会議所の元に公式化された経済人団体としての青年会議所が確立していった[19]。

　ここまで見てきたように、戦後のドイツにおける青年会議所運動は先行するアメリカのそれとは異なり、青年会議所が商工会議所内へと埋め込まれるプロセスの中で発展し、やがては商工会議所が全面的に事務局を請け負うこととなった。このプロセスの当初においては、ドイツの商工会議所側からのアメリカ型の青年経済人組織に対しての警戒があり、それゆえに商工会議所が積極的に関与して市民団体ではなく経済団体としての性質を持った青年組織へとコントロールすることで組織が形作られてきたという点で、アメリカのそれとは一線を画している。加えて、個々の地方レベルのみではなく、全国レベルの統括組織であるドイツ商工会議所が全国レベルの青年会議所に対して積極的な関与を行い、青年会議所への関与を標準化したことも特筆される。

3-5-3　日　本

　日本において最初の青年会議所の設立は、1949年に東京において行われた。そのきっかけは財界において公職追放や財閥解体といった戦後改革によって空洞化が進み、先行きが見えない状況に危機感を抱いた青年経営者の三輪善雄が新たな運動の必要を感じ、知人であった商工会議所総務課長の藤岡清則に助言を求めたことであった。藤岡はアメリカにおける青年会議所運動を参考とすることを勧め、東京商工会議所の支援を得ながら若手経営者仲間を集めて東京青年商工会議所を設立されることとなった。その際に最も強く意識された問題は、日本の経済の再建であった。東京青年会議所の設立趣

---

19)　ハレ青年会議所におけるインタビュー（ドイツE）。

意書の以下のような一節はそれをよく表している。

　　　新日本の再建は我々青年の仕事である。更めて述べる迄もなく今日の日本の
　　実情は極めて苦難に満ちている。この苦難を打開してゆくため採るべき途は先
　　ず国内経済の充実であり、国際経済との密接なる提携である。…既に欧米の各
　　地においては青年商工会議所が設立され、1946年にはこれらの世界的連絡機
　　関として国際青年商工会議所さえ設置されておる。われわれはこれ等の国際機
　　関との連繋は素より、青年の持つ熱と力とを以って産業経済の実勢を究め、常
　　に認識を新たにして、その責務の達成を期したい。…

　日本青年会議所の設立趣意書（1951）にも、同様の文脈で、経済団体的
な趣旨を見いだすことができる。

　　　日本経済の建設に携わる我々青年が、同志相寄り、相互の啓発と社会への奉
　　仕とを通じて、広く全世界の青年と提携し、経済社会の現状を研究して、その
　　将来進むべき方向を明確にし、経済界の強力な推進力となり日本経済の発展に
　　寄せんとして設立した青年会議所は…

　また、以下のような記念誌での三輪の言葉からは初期の青年会議所の商
工会議所との協力関係の実態と、青年会議所が比較されるべき対象が経団連
や経済同友会といった経済団体であったことが伺える。

　　　どの経済団体にも属さない、即ち経団連・同友会・日経連・商工会議所に
　　も、一歩離れた『色のついてない青年の団体になる』など、当時としては生意
　　気千万な進め方をしていたわけで…しかし…米国JCの資料を取ってくださっ
　　たり、われわれに東商ビル内に事務所を設けさせてくださったりするようにな
　　り、そのために日本各地にできたその後のJCビルのほとんどが、東京JCに
　　ならってその土地の商工会議所と密接な関係を持って現在の姿に至ったのであ
　　ります。（『東京青年会議所30年記念誌』1980：42）

　このように、事務局の商工会議所内への設置は、多くの地域の青年会議
所において一般的に見られる形として定着し、設立初期段階での両者の深い
関係性を物語るものとなっている。ただし、三輪をはじめとする設立者たち

にとって、年長の経済人たちとは一線を画した独自の活動を行うことも重大なテーマとして捉えられており、商工会議所との緊密な関係を以って青年会議所が安易にその一部とみなされてしまうような状況には危機感が表明されていたことは、引用の通りである。

さらに全国レベルの組織の拡大もまた、商工会議所を足場として行われた。東京青年会議所の会員たちは、各地の商工会議所を回ることで当地での青年会議所設立の意義を訴えていったからである。東京青年会議所側の普及活動と、大阪などの独自の動きが連携した結果として1951年には統括団体としての日本青年会議所が設立され、同年に世界青年会議所（JCI）に加盟することとなった。

各地域の青年会議所において、地元の商工会議所と青年会議所の関わり方には多様性があるが、少なくとも設立の段階においてはなんらかの関係性の中で展開されたケースがほとんどであった。これは先行の青年会議所から全国へ設立の勧誘を行う際に商工会議所が窓口になってきたこと、事務局を商工会議所に設置するという方法が一般的に新規の会議所の設立手法として共有されていたことからも明らかである。

例えば、飯塚青年会議所の設立は、1954年に飯塚商工会議所の工業部会長を務めながら福岡青年会議所にも所属していた伊藤博之祐が、飯塚商工会議所の事務局長に相談をもちかけたことがきっかけとされており、この当時の事務局長は青年会議所の事務局長を兼任するなど、黎明期の飯塚青年会議所を支える存在であった。また、以下のような飯塚青年会議所の記念誌に掲載された、商工会議所職員の当時を振り返る記述は、設立当初の会員の勧誘も商工会議所事務局が有する一定の情報に依存していたことをうかがわせる。

> 商工会議所の事務局で、…鳩首会談をされていたのを覚えています。（設立のための）打ち合わせはスピーディに行われ、次の会合日を決めてさっと散会、メモには会社名、代表者名、電話番号がぎっしり書き込まれ、新しい人が紹介されて会員作りの打ち合わせに加わってくる、このようなかたちが何回か繰り返されて、会員作り、組織作りがすすめられました。（『飯塚青年会議所20

周年記念誌』1976）

　1964 年に設立された深谷青年会議所もほぼ同様に、熊谷青年会議所の会員たちの働きかけと商工会議所の助力によって成立し、その事務局機能は長きにわたって商工会議所が担うこととなった。

　しかし、全国的に見て、それぞれの地域の文脈に則りながら多くの青年会議所は商工会議所からの自立の度合いを深めていった。単に場所を貸すだけでなく職員が青年会議所の事務局スタッフを兼ねる例が多く見られたが、飯塚では 1971 年に事務局機能が独立し、1977 年に社団法人格を取得、1987年に事務所を商工会議所の建物外へと移転することで、一層の分離が進んだ。その結果、事務局を共有していた時代は親子会議所と呼ばれた密接な関係は薄れ、2000 年代に入ると商工会議所との関係をいかに再構築するかが問題として浮上するほどの距離感に至ったのである。

　深谷では 1981 年に社団法人格が取得されて以降徐々に自立への動きがあり [20]、1991 年に商工会議所直属の若手の団体である商工会議所青年部設立が設立されたことを背景として、事務局が完全に独立（場所は商工会議所の建物内）するに至った。社団法人格の取得については、その要件としての公益性を担保するために、活動内容をまちづくりを意味する「社会開発」（Community Development：CD）を全面的に打ち出したものにする必要が生じた。このことは、商工会議所から独立した、自覚的な活動のコントロールにも繋がり深谷青年会議所の理事長選挙の争点になるなど、会員自身がその重要性を意識するようになった [21]。なお、この CD については東京青年

---

20)　1980 年前後に会員数が 100 人を超えたことを機に、法人格取得の動きが加速したという。独自職員を雇うなどの予算の関係上一定の会員ボリュームが独立の前提と考えられていたためである（深谷　B）。

21)　会員の回想「社団法人を取るための CD 系を進める T さんと、LD 系を進める S さんに別れ選挙となります。…結局、T さんが理事長になったわけですが、当時はかなり後味の悪い選挙になってしまいました。」（深谷青年会議所　2003）。CD（Community Development）に対する対抗軸の LD（Leadership Development）についても後述。ただし、この対立は一時的なものであったという（深谷　B）。

会議所を震源地とした全国的な青年会議所の活動方針の議論の一部を形成していたものであり、のちにもう一度詳しく触れる。また、この時期には青年会議所埼玉ブロック内で社団法人格取得を促進する委員会が設置されており、地域を超えた青年会議所の動きとしてそうした自立への志向が存在したことが推察される。

　東京に加え、以上の2つの地域の青年会議所はともに、法人格の取得に合わせて一定の組織的自立の要件を揃え、事務局を独立させていったと結論づけることができ、日本における多くの青年会議所の組織的展開のパターンとみなすことが可能であろう。

　以上、商工会議所との関係を軸として、3か国の青年会議所の展開の違いを記述してきた。初めに留意されなくてはならないのは、日本・ドイツともに先行する別の国の青年会議所が設立に働きかけたのではなく、それぞれの国の若い経営者層や商工会議所職員たちがアメリカの青年会議所をモデルに設立を行った上で、後からJCIによる青年会議所としての認定を受けたという点である。すなわち、設立段階においては3カ国共に、現地の自発的な運動として成立している。その上で、日本の青年会議所の他国との比較における特徴は、以下のように簡潔にまとめることができる。

　第一に、設立時の結社としての特質について、アメリカにおいては経済団体色の薄い市民結社としての誕生したのに対し、日本はドイツと同様に経済人の団体としての性格が当初より強く、特に設立の過程において商工会議所との強い関係が見られた。ただし、ドイツとの違いとして、日本においては商工会議所の完全な傘下に設立されることにも抵抗があり、一定の距離が意識されつつ組織を確立したという点が挙げられる。第二に、商工会議所との関係性の変遷について、ドイツにおいては様々な出自を持った青年会議所が商工会議所による運営に収斂していったのに対して、日本はアメリカと同様に、商工会議所からの独立が進んできた。このため、経済団体色を持ちながら、商工会議所とは異なるアイデンティティを持ち得る素地が獲得された

といえ、これが日本の青年会議所の特徴的な点として理解される。

3−6　メンバーシップの経済団体性についての変遷

　設立からの歴史的展開に続き、メンバーシップにおいても経済団体性と市民結社性の配分の相違が国ごとに見られる。

　アメリカにおいては、既に歴史的経緯でも触れてきたように、その起源からアメリカの青年会議所は一種の市民結社としてスタートした経緯があり、伝統的にそのメンバーシップは広く開かれてきた。しかし商業会議所が様々な形で支援してきた[22]という事実や、"青年商業会議所" という名が示すように、ビジネスマンが多く集まる経済団体としての要素は一定程度含まれていた。その一方で、メンバーシップを意識的に開こうという動きもしばしば見られ、その流れの中では青年"商業"会議所という名称は足枷とみなされた。アメリカ主導で国際青年会議所（JCI）が設立された際に、その正式名称が先述の通り "of Commerce" を外した "Junior Chamber International" となったほか、1960 年代にはすでに一度 Junior Chamber of Commerce USA を Jaycee に改称するという動きがあった。1970 年代にはブルーカラーやマイノリティの積極的な勧誘が議題として上がるほど、他の階層の包摂には積極的であった（Clark 1995）。2018 年時点で、地域によっては経営者・自由業者の割合が多く、ビジネスクラブ的特性を持った組織もあるものの、特に近年では、全国組織アメリカ青年会議所に出向してくるよ

22）　具体的な例として、グランドラピッズやレッドフォードなど複数の街において伝統的に商業会議所の定例会に青年会議所の代表者の席が設けられている（アメリカ A、B、およびアメリカ L など）。なお、アメリカ L は以前所属していたレッドフォードでは商工会議所との関係があり、その後に移ったプリマスではそれがなかったと述べている。アメリカにおける全国の青年会議所のあり方はそれぞれにかなりの多様性があるため、その全貌を詳細な実証データベースで把握した上での立論が本来適切であるが、今回の調査で得られたデータは限定的なものであるため、個別の会員たちの主観に基づく推論として提示されるにとどまることを、本論の限界として確認しておく。

うなリーダー的な会員たちにおいても会社員が多い傾向がある[23]。また、ミシガン州大会におけるインタビュー調査（p43 の表 2-4 参照）では、1980年代にグランドラピッズ青年会議所に所属していたアメリカ O のような 3代目経営者で代々青年会議所に所属していた元会員が存在した一方でアメリカ B、アメリカ C、アメリカ N のように上司の誘いで参加する一般の会社員、ボランティア活動を目的として所属したアメリカ L など経営者層の経済団体と呼べない所属の事例が一般的であることが示唆された。

これに対して、ドイツにおいては経済団体的なメンバーシップの拘束は一貫して非常に強く、これに対する異論に基づく議論もほとんどされる余地がなかった。というのもドイツ青年会議所は先述のように、アメリカ型の青年会議所を淘汰しつつ商工会議所の管理下において初めて統一された全国組織を獲得し、一貫してその体制下で運営されてきた。この母体たる商工会議所は商工会議所法によって定められた準公的な経済団体（公法上の社団）であるため、青年会議所の会員が経営者やそれに存ずる人物に限定されることはむしろ自明であった[24]。実際定款において公式的に会員を原則的に経営者層および経営後継者に限定されることが定まっておりそれ以外の階層はそもそも所属することがない。むしろこうした原則はアメリカ青年会議所を中心に発足し、アメリカ青年会議所以上に市民団体性を強調してきた国際青年会議所（その英語表記は Junior Chamber International であり、Junior Chamber of Commerce ではない）との距離を意識させ、1950 年代に全国

23）　アメリカ青年会議所とも関わりの深い国際青年会議所職員（国際 A）への聞き取り。

24）　ダルムシュタット商工会議所の刊行物ではアメリカの Junior Chamber を皮肉の記事を以って疑問視しており、当時のドイツの商工会議所の典型的なスタンスが垣間見える（Weise 1993）。「アメリカの青年商業会議所は 21 歳から 35 歳までの『あらゆる良き人格を持った男性』を会員として受け入れている。会員は実業家でもいいし、バイオリニスト、銀行家、テニス選手、工場主、管理職の会社員でもいい。…つまりそれはあらゆるものを取り扱う若者のクラブなのである。なぜそれが"商業会議所"の名を選んだのかは、どうも見当がつかない。」（Nachrichten der Industrie und Handelskammer Darmstadt, Nr.3, 1.2.1950）

組織が確立されつつあったドイツの青年会議所は国際青年会議所への加盟に慎重であった。日本が1951年に東京青年会議所発足後わずか2年で加盟したのに対し、ドイツは1958年になってようやく経済大臣ルードヴィヒ・エアハルトや外交当局者たちの働きかけという政治的圧力にさらされて世界青年会議所（JCI）へと参加することとなった。

　この2か国の中間に位置づけられるのが、日本におけるメンバーシップである。すでに設立の経緯のところで述べているように、日本における青年会議所は青年経営者、経営後継者を中心に東京でスタートし、全国の商工会議所を主たる窓口としながら展開していったものである。その点において、少なくともインフォーマルには経済団体であるという意識共有がなされていた部分があり、ドイツと類似していると言える[25]。しかし、当初より形式上は公式的なメンバーシップは経営者に限定されず、幅広い階層に開かれていた。東京、日本の両青年会議所設立の中心人物であった三輪善雄は多様な会員を受け入れるという意図を持っており、折に触れてそのような発言を繰り返していた[26]。『バイブルオブJC』でも1951年の日本青年会議所初年度副会頭徳永博太郎の同様の趣旨の発言[27]を取り上げており、当時の日本青年会議所執行部の方針として一定のコンセンサスがあったことが推測される。ただし両者の発言とも、前提として多数派が企業経営者、経営後継者である

---

25)　2015年現在でも企業経営者・役員が会員の75％以上を占める。
　　http://www.jaycee.or.jp/junior_chamber/construct　2016年6月2日閲覧

26)　「単にファミリーカンパニー或は中小企業の後継者や二世でかためてはならない。設立の労をとるには、時間的に、物質的に許されるそのような人々が中心となることは止むを得ぬとしても、規模のちがう会社の幹部候補、自由業、更には、自由経済主義者以外の参加も要請しよう。さもなくば、JCは純血化によって本来の学習する団体の魅力を失う。」（東京青年会議所25周年記念誌内　三輪の手記「25年前の心配り」1970）『30周年記念誌』（1975）においても三輪がそのような意図を持って設立メンバー48名のうち1割をサラリーマンとした旨が記載されている。

27)　「JC本来の精神からすれば商工業に従事している一般青年層を広く抱擁するものでなければならない。」（『バイブルオブJC』日本青年会議所2010）

ことが伺えるものともなっている。こうした傾向は時代が下っても大きくは
変化せず、例えば設立から 25 年以上が経過した 1978 年度には麻生太郎が
日本青年会議所会頭として理事長会議で以下の演説を行っている。

> 誤解を招く言い方かもしれないが、JC メンバーは、一般市民とは意識的に
> 違う。かなりの学校教育を受け、ある程度の経済力を持った 2 世経営者が多い
> ことは事実だ。市民から、あんたらは違うと言われても、違っていいんじゃな
> いか、と。…青年経済人という立場を明確にして運動を推進した方が、はるか
> に効率がいいはずだ。(『バイブルオブ JC』日本青年会議所 2010：76)

さらに 30 年ほどが経過した 2013 年度日本青年会議所会頭も機関紙『We
Believe』において青年会議所会員の基本イメージとして会社経営を取り上
げており、2018 年時点の公開データでも会員の 4 分の 3 以上は経営者・経
営後継者である [28]。

> 青年会議所のメンバーは会社経営、もしくは経営に携わる経済人であり、
> 家庭では子どもの親であり、地域では PTA 会長や地域のコミュニティの長な
> ど、多くの役どころを演じる機会が多くあるからこそ、いかなる場面におい
> ても常に力を発揮するリーダーであるために、学ぶ姿勢を忘れてはならないと
> 思っています。(青年会議所 2013)

また、日本青年会議所の役員は経団連や商工会議所などの財界の催しに
顔を出す機会があり、しばしば将来の財界の一員として研鑽を積む機会を持
つ [29]。以上のような点から、日本青年会議所はドイツほど明確な経営者階層

---

28) http://www.jaycee.or.jp/junior_chamber/construct　2018 年 4 月 2 日閲覧
29) 経済 3 団体の合同新年会っていうのがあるんですけども、商工会議所からそこの招
　　待状みたいなものが来るんですよ。…だいたい理事長と専務理事を事務局長が連れて
　　いって、OB の人たちだとか商工会議所の役員の人たちだとかに紹介しながらというこ
　　とが多いんですね。…これはもう、理事長、専務理事が財界の中にデビューするような
　　場面です。だから、事務局長も一生懸命 OB たちを見つけて、今年の理事長です、今年
　　の専務理事ですっていうかたちで紹介して回ってという、そういう感じですね(東京青
　　年会議所職員インタビュー東京 A)。

に関わる規定はなく、広く会員を募る制度を持つ一方で、基本的には経済人
（経営者層）をメインとする組織という性格を維持し続けているという点で、
アメリカとも異なる経済団体的な特質を備えていると結論づけられる。

3−7　組織を統合する価値・目的における市民結社的諸特性

　最後に、各国の青年会議所における市民的理念の展開とその位置付けに
ついて論ずる。アメリカ、日本の青年会議所において明示的に「市民的な」
価値が組織の理念として提示され、議論されつつしばしば更新されてきた。
その内実に触れておくことによって、青年会議所が持つ伝統的な意味での市
民結社としての側面について、経済団体としての自意識との関係性に触れな
がら整理することとする。

　設立の経緯ですでに見たように、アメリカにおける青年会議所の原点
は、若者のトレーニングとポジティヴな社会の変化をもたらすような社会奉
仕である。その価値観が端的に表現されたものが、JCIクリード（綱領）で
あった。この綱領は世界の青年会議所の正式な定例会合において、開会時に
必ず唱和されるものである。必ずしもアメリカ青年会議所に限定された理念
ではないが、1951年にアメリカ青年会議所で考案・導入されたものであり、
その価値観を強く反映したものである。

　JCIクリードの内容は「我々はかく信じる：信仰は人生に意義と目的を与
え、人類の同胞愛は国家の主権を超越し、正しい経済の発展は 自由経済社
会を通じて最もよく達成され、政治は人によって左右されず法によって運営
されるべきものであり、人間の個性はこの世の至宝であり、人類への奉仕が
人生最善の仕事である」というものである。

　「自由主義経済」という経済に対する言及を含みつつ、「人類の同胞愛」
や「人類への奉仕」といった伝統的な市民結社的徳目（Cf.Skocpol 2003:
Hoffman 2003[30]）を含んでいる。加えて、各地域の理事長が就任時に「リー

---

30)　Hoffman（2003＝2009）によれば、近代市民社会の原型をなした18-19世紀西欧・

ダーシップの鎖」という鎖を首に装着するというアメリカから世界に伝播した青年会議所内での儀礼も、チャールス（1993）がアメリカの結社研究において示したような、儀式を重視するアメリカの伝統的結社との連続性が見られる。

　日本の青年会議所においても JCI クリードは様々な会合の開始時に必ず和訳を唱和することが定められており、広く認知されている。さらに実質的な日本青年会議所の綱領として重要視されいるのが三信条と呼ばれる理念である。日本青年会議所設立の準備の際に東京を中心とした各地の有志による合議が重ねられる中で各地の青年会議所を束ねる共通理念の必要性が訴えられ、1950 年に「奉仕」、「修練」、「友情」からなるこの三信条が中心的な活動原理として設定されることとなった。三信条は 2018 年現在に至るまで青年会議所を説明する言葉としてパンフレットやホームページに用いられ、また会員へのインタビューでも頻繁に言及されるなど、主要な組織の原理としての価値を失っていない。他者との交流と「友情」の構築、それを通した自己の「修練」と公共的事柄ないし社会への「奉仕」という理念は、端的にはJCI クリード同様に西洋市民結社的な価値に通ずる徳目である[31]。

　しかし、こうした市民結社的信条がしばしばビジネスや経済との関係において解釈し直され、また議論の対象となってきたことが、日本の青年会議所における特徴である。その最も初期のものは青年会議所の発行する会報において 1952 年に当時の森下日本青年会議所理事長が展開した、「JC は経済

アメリカの典型的な結社は、社交を通じた人格（徳）の発展と公共善への関与を特徴とした。

31）　三信条そのものは日本国内の議論によって構築されたものであるが、その段階ですでに将来的な国際青年会議所への加盟は前提とされており、アメリカのオリジナルの青年会議所の掲げる綱領は、三信条制定の際にも参考とされた（『東京青年会議所 25 周年記念誌』（1975）：28）ため、両者に実質的な影響関係、連続性を見ることも可能であろう。ただしこの会議を主導した三輪自身は 1949 年の東京青年会議所設立を構想する際、アメリカの青年会議所を持ち込むという動きに至る以前に青年経済人の交流、研鑽と日本の復興という組織目的をすでに固めていたと述べている。

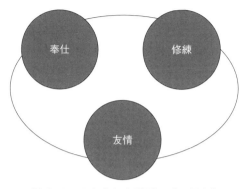

図 3-3　日本青年会議所の"三信条"

団体ではない」という議論である。設立されてまだ間もない日本青年会議所
のあり方に関して、森下は以下のような議論を展開した。

　　第一に、JC は社交団体ではない。社交、親睦は結果であって目的ではな
　い。第二に、JC は修養機関ではない。トレーニングは大きな支柱のひとつで
　あるが、それは学校で学ぶようなことではなく、自分で活動するプロセスの
　中にトレーニングがあると考えるべきである。第三に、JC は経済団体ではな
　い。本質的には能動的な青年の力を結集する団体であって経済的活動は歴史的
　社会の一現象として考えるべきである。JC とは、結局、何らかをなさんとす
　る実行の機関であって、その中にフレンドシップやトレーニングが含まれるべ
　きだ。実行とはシビック・サービスである。(『日本青年会議所会報　第 2 号』)

　ここにおいては制定されたばかりの三信条に関して、「修練（トレーニン
グ）」や「友情（社交、親睦）」が会の目的となることを否定し、その上位に
「奉仕（シビック・サービス）」の実行を置くという整理の仕方が見られ、そ
の上で経済団体という位置付けが否定されることとなった。しかし、この意
見表明は、特に経済団体というアイデンティティを否定したという点におい
て波紋を生み、東京青年会議所の初代理事長であり日本青年会議所の最も重
要な立ち上げメンバーであった三輪善雄が東京青年会議所会報上で反論した
のをはじめとして、多くの会員が疑問を呈したため、すぐに森下は『日本青

年会議所会報（昭和30年6月号）』にて以下の弁明を行った。

　　　経済団体ではないという立論に就ての御批判－この問題に関する御意見を音
　　尺山に拝聞致しました。その悉く、御趣旨に於では私は全く同感であり、ただ
　　表現の方法の相違は小論の説明不充分が介在したものと考えます。第一に経済
　　という概念の内容を広く解釈致しますならば何もわざわざ社会団体などと聞き
　　なれぬ言葉を用いないで、経済団体とすれば充分でありましょう。第二に、狭
　　い意味での経済団体（例えば、経営者協会）とJ・Cは、その性格において質
　　的な相違がありはしまいか、否、あるべきではないか、と私は考えてまいりま
　　した。J・Cはそのような特定の利益を代表するものではない筈であります。
　　第三に、経済問題が最もおおきくとりあげられ、又、とりあげられて有効であ
　　ることは申す迄もないところと思われます。現在の日本の社会経済事情、なら
　　びに吾々J・Cメンバーの現実の階層からして、それは当然のことでありま
　　しょう。

　特定の利益を代表するような「狭い意味」での経済団体であることは否定
しつつ、経済問題の重要性について改めて強調することとなった背景には、
集合的利益を前提とした既存の経済団体と一線を画して組織としての独自性
を維持しつつも、青年会議所から経済的な要素を排除することへの会員たち
の抵抗感に応える必要があったことがうかがえる。特定の利益代表の否定に
ついては、政治との関わり方についての葛藤や制約として、その後も機能し
ていくこととなる[32]。

　経済団体としての位置付けについてはこの森下の弁明によって一定の収
束が見られることとなったが、森下の出したもう一つの論点 — 三信条の相
互関係 — は、その後、経営者集団としてのアイデンティティにも関わる、
いわゆる「LD/CD論争」に形を変え、日本各地の青年会議所に影響を与
えた。この論争は青年会議所活動の軸足を「修練」の原理に対応する指導
力開発（Leadership Development）— 活動面においてはリーダーシップ講

---

32)　実際には地方議員選挙の応援にそのネットワークが用いられるなど、地域によって
　　は事実上の利益団体としての側面も存在してきたことが過去の地域政治研究で示されて
　　きた（Curtis 1971 = 1983）。

習や経済セミナーなどの経済人としての研修へ直接的には結びつく — 、に
置くか、まちづくり活動に代表されるような、「奉仕」に対応する社会開発
（Community Development）に置くかという路線の対立であり、1970 年代
から東京青年会議所を震源地とし、日本青年会議所に持ち込まれことから
全国的にも広がり、1980 年代の深谷青年会議所のように、どちらの路線に
進むかという方針が各地の理事長選挙にも影響を及ぼしたケースもあった
（『源流』深谷青年会議所　2001）。

　このように単なる経済団体や利益団体という位置付けを否定して市民結
社的価値を掲げる一方、経済との接点も必要に応じて積極的に提示し、また
この両面の位置付けを流動的な議論の中で柔軟に行ってきた点に、日本青年
会議所の特徴がある。

　これに対して、ドイツにおいては組織自体が商工会議所という経済団体
の存在を前提としており、設立の経緯自体も次代を担う経済人の育成とい
う目的に沿ってなされた。逆にそのような指向を持たないローカル青年会議
所は、商工会議所主導の全国組織の体制の中で淘汰されるか経済段階への
転換を行うかという経過をたどった。その結果として、アメリカの JCI ク
リードや日本の三信条に当たるような象徴的な市民的理念が意識的に掲げら
れることがなかった [33]。2015 年現在のドイツ青年会議所が発行したパンフ
レットやホームページ（https://www.wjd.de/）では「青年会議所とは何者
か」という会の趣旨説明があり、「より多くを生み出す経済」「さらなる創造
への意思」、「より多くの責任」、「より多くの解決」の4つが青年会議所の掲
げる価値として提示されている。このうち「より多くの責任」には、責任感
の自覚、潔白さ、誠実さといった道徳原則の説明があるが、これは成長と競
争力を保証する経済人としての「責任」であるとされているところが特徴的
である。また、ドイツ青年会議所は独自の政策提言をまとめた "Politische

---

33)　インタビューでも、「あくまで経済人としての社会的責任が中心」という発言があっ
　　た（ドイツ A）。

Position" を毎年発行しているが、そのほとんどが経済分野に関わるもので
ある [34]。ここでも、市民的徳目そのものが重要視されるアメリカ、経済と
の結びつきの中で徳目に言及されるドイツという対比が成り立ち、日本の青
年会議所の掲げる価値は市民結社的な特性が強調される点でややアメリカ
に近いと言えよう。ただしドイツ青年会議所の定款には活動目的の全体とし
て、集合的利益から切り離された公益性 [35] が強調されており、これは民法
上の非営利結社としての税制優遇の根拠ともなっている。このことは、ドイ
ツの青年会議所もまた自身を単なる利益団体からははっきり区別しているこ
とを示している。

　活動においても、大まかに見て、市民結社的色彩の強いアメリカと日
本、経済団体的特性の強いドイツという構図を見ることができる。アメリ
カにおいては活動は「アクティヴな市民による変革」がテーマとなってお
り、様々な地域活動が行われているが、特に多くの地域において見ることが
できる息の長い青年会議所の活動の内の一つは、チャリティを目的としたス
ポーツ大会の運営である。日本において活動を端的に表すのは「明るい豊か
なまちづくり」という標語であり、特に地域の祭りの運営は青年会議所の典
型的な活動のうちの一つである（嶋田　2015）。日本青年会議所の 2013 年の
パンフレットが取り上げている活動項目は「子供たちの育成」「スポーツ振
興」「募金活動」「ボランティア」「世界の仲間との交流」「地域特性を生かし
たまちづくり」「地域との対話」「会員トレーニング」となっており、特に経
済という用語は出てこない。実際に経済に関わる活動が全く無いわけではな
いが、少なくとも対外的な発信において経済という要素には力点が置かれて

---

34)　例えば、2014 年のものは専門職の育成や就業システムの改善などについてのもので
　　ある。

35)　目的（Zweck）の欄に "Die Wirtschaftsjunioren verfolgen ausschließlich und
　　unmittelbar gemeinnützige Zwecke im Sinne des Abschnitts "Steuerbegünstigte
　　Zwecke" der Abgabenordnung."（青年会議所は、排他的かつ直接的に、税法上の「税
　　制優遇に足る目的」という意味での、公共的な目的に従う）との記述がある。

いない。これに対して、ドイツ青年会議所ホームページにおける「私たちが行うこと」という活動紹介では、「革新的な企業家精神を宣伝する」（ビジネスに関する公開討論会など）、「経済を説明する」（高校生向けの経済クイズ大会など）、「学校から職業への移行の手助け」（学生向けのインターン指導など）、「社会的責任を担うこと」（チャリティ活動）の4点が挙げられており、チャリティなどを除けば、やはり経済的要素の強調が目立つのである。

3−8　考　　察

3−8−1　日本の青年会議所の発展を支えた制度的特質

　本章では、日独米3か国の青年会議所の制度的基盤を整理した上で、市民結社と経済団体という2つの組織的特性を手掛かりとした比較を行ってきた。その大まかな性格の違いは、以下のように整理される（表3-1）。

　日本の青年会議所は、歴史的には商工会議所との連携によって設立され

表 3-1　国別の青年会議所の制度的基盤と特徴

	日本 （中間型）	ドイツ （経済団体型）	アメリカ （市民結社型）
公益結社の法的性格	抑制的	非抑制的	最も非抑制的
商工会議所制度	任意会員、特別認可法人	強制加入、公法上の社団	制度なし。自発的結社
商工会議所との関係	当初緊密、独立が進む	商工会議所職員による専門的運営が進む	当初独立、一時緊密も再び独立が進む
メンバーシップ	規定はないが経営者層が中心	経営者層に限定	多様な階層のメンバーシップ
掲げられる価値・目的	奉仕、修練、友情CD/LD 明るい豊かなまちづくり	経営者の責任、トレーニング	アクティヴな市民による変革
全員の推移	微減傾向／世界最大規模	現状維持	急激な減少

事務局運営においても支援を受けてきたが、法人格の取得などのプロセスを経て独立性を高めるという経緯をたどった。共有された目的については、日本経済の再建という、階層限定的とは言えないが経済的な価値が当初は掲げられ、「明るい豊かなまちづくり」といった標語に継承されつつも、「奉仕」「友情」「修練」という三信条に代表されるような、西欧的な市民結社との連続性を思わせる市民的徳目への指向も徐々に強めていった。また、公益社団法人としての認可を意識するために、経営者としての成長（LD）とコミュニティへの奉仕（CD）とが組織内で天秤にかけられ、後者の優位が選挙によって確定されるという深谷の事例は、商工会議所からの分離が経営者層に限定されない、より外向的な目標設定に影響を与えたことも示唆している。メンバーシップに関しては、日本の青年会議所は経営者層以外の受け入れも認めつつ、基本的には経済人の団体を自任し、一定の階層限定的な経済団体の性質を維持してきた。以上のような特質は、市民結社的特質の強いアメリカと経済団体的特質の強いドイツとも異なる、経済団体的要素を備えた市民結社として発展を遂げたものとして理解され、またその中間的なありようが日本の市民社会の環境に適合的であったことが、―― アメリカにおける青年会議所の急激な衰退という相対的な側面が強いにせよ ―― 世界最大の会員数を獲得するまでの発展を遂げる一因となったと言えるだろう。

　その背景として、2つの制度的要素が影響を与えてきたと考えられる。

　第1に、日本の抑制的な公益法人の制度下では、青年会議所にとって設立時に商工会議所という後ろ盾を持つことは高い合理性を持っていた。その合理性が日本の青年会議所の設立者たちにとって意識されたものであったか、意図せざる結果として組織の発展に寄与したものであったかについてはここでは検証できないが、いずれにせよ公益志向の結社の設立・持続が一般に困難な制度的環境で存立するにあたって、青年会議所が組織的拡大を成し遂げるための重要な条件であったことは間違いないだろう。この商工会議所からの支援、および会員が一定以上の資本を持った階層であったという前提によって、抑制的な制度的環境は青年会議所の存立と拡大にネガティヴな影響

を与えず、おそらく間接的にはポジティヴな影響を与えた。というのも、他の市民的団体が醸成されにくかったために市民的指向を持った経営者層のリソースが、青年会議所に集中しやすくなったことが推察されるからである。逆に NPO 法などの民間公益法人の法的基盤が整ったことは、日本の青年会議所の会員数減少が続いている状況を説明する一つの要素ともなっているだろう。

　第2に、青年会議所の設立から展開期にかけて重要な役割を果たした商工会議所を巡る制度の独自性も、その発展に寄与したと考えられる。日本の商工会議所は商工会議所法に存在が定められ、一定の公的性格を付与されているために、私的結社に過ぎないアメリカのそれに比べると安定して青年会議所のためのリソースが供給されやすかった。他方で商工業者の強制加入制や職業教育制度などのため、強い公的性格を持つドイツの商工会議所に比べると青年会議所との関係が柔軟で、状況に応じて組織活動のプライオリティを調整したり、組織としての基盤が固まったのちには商工会議所からの独立を果たしやすい環境にあったからである。

　また、本研究にとって特に重要な知見の一つはこうした組織的アイデンティティが環境に左右されつつも、各国の青年会議所の主体的な選択に基づき多様な特性を獲得していったという点である。日本国内においても法人格取得のタイミングは様々であり、商工会議所との関係もまた地域の実情の中で選択されたものである。流動性の背景にあるこうした主体性は、国家の制度に対して一定の自律性を持った市民的なアクターとしての青年会議所を特徴づけるものとして見ることができよう。

3-8-2　制度以外の視点 ― アメリカの危機とドイツの安定 ―

　本章で浮き彫りとなった3カ国の会員数の対照的な動向について全てを説明することは本研究においてのみでは困難であるが、法制度以外に考えられ得るものについて、少し論じておきたい。アメリカの青年会議所の会員数の激減は、パットナム（2000）の指摘するような〈古い〉メンバーシップ型

の市民結社の没落という時代状況における象徴的な出来事と見ることができるが、スコッチポル（1999）が〈古い〉結社の没落現象に対して行った説明は以下のように、より重層性のあるものである。第一は本章でも取り上げた法制度上の要因であり、税法上の優遇をきっかけとして、アドヴォカシー団体の資金源となる財団への寄付が気軽な参加の手段として人気となり、伝統的なメンバーシップ結社の、会費を主たる収入源とするモデルが崩れアドヴォカシー結社の隆盛を促したというものである。加えて、連邦議会と委員会の規模拡大によって、市民団体の政策執行への専門的な影響力発揮の場が増え、ロビイストの活動領域が広がった結果、草の根のメンバーシップ団体の活動の場が奪われたことも、同様の国家制度上の影響としてあげられる。

　これら公的制度の要因に加えて、スコッチポルは文化と経済的状況を説明要因として取り上げている。文化に関しては、ジェンダー規範の崩壊によって地域社会のメンバーシップ結社において重要な位置を占めた主婦 ── 単に自身が活動を行うということにとどまらず、ロータリーの食事会の準備を行うといった役割も含んでいた ── が減少したことも大きな影響を与えたと主張した[36]。実際に、アメリカの青年会議所には長く男性限定のメンバーシップ規定が存在し[37]、会員の妻たちの多くは夫人会（Jaycee Wives'）に所属してこのような役割を担っていた。この性別による排除のあり方は1984年に連邦最高裁が違憲判決を出したことから変更を余儀なくされ、それはアメリカ青年会議所の足場を崩す一つの要因になったと考えられる[38]。また、〈コミュニティ受託者（Trustee）〉を自認するローカルエ

36)　ただしパットナム（2000）は女性の結社参加率そのものが向上したことを根拠に、この説を否定している。再反論として、スコッチポル（2003）はメンバーシップ型の婦人団体の衰退を示すデータを取り上げつつ、相互交流の少ない結社への参加が増加しても市民的活力にはつながらないという主張を行っている。いうまでもなく、これらの主張は、伝統的ジェンダー規範の正当性を争う趣旨のものではない。

37)　日本・ドイツにはこのような性別規定は存在しなかった。

38)　当時所属していた会員（アメリカJ）も、インタビューにおいて、この判決を直接の原因として退会した会員がかなりいたことを回想していた。

リートの層そのものが薄まり、土地と結びつきの薄い専門職エリート層が増加したことも指摘された。これも直接的に青年会議所の担い手層の減少を意味しており、大きな説明変数であることが推察される。Heying（1997）はアメリカの地方都市の組織間ネットワークの分析から、企業合併の進展などに伴い、地域に根付いた結社の主要な担い手であったローカルビジネス経営者が地域社会から撤退していったことが市民的参加、社会関係資本の低下を招いたことを主張した。

　この経営者層の厚みを重視する見方に関して、各国の青年会議所の展開と自営業率とを照らして見たとき、その解釈はやや複雑である（図3-4参照）。日本における非常に高い自営業率は長期的な青年会議所の安定を一定程度説明し得るようにも思えるが、他方で通時的に見た際の自営業率の減少の影響をそれほど大きく認めることができない。また、アメリカにおける自営業率の減少は1950年代からすでに始まっていたものであり、青年会議所の会員数の大幅な減少とは明らかなタイムラグがある。自営業率という単一の指標では経営者層の厚みのすべてを説明できるわけではないため、この点に関しては改めて別の場で論じられる必要があるだろう。

　いずれにせよ公的制度と経営者層の厚みのみによる説明の限界から、別

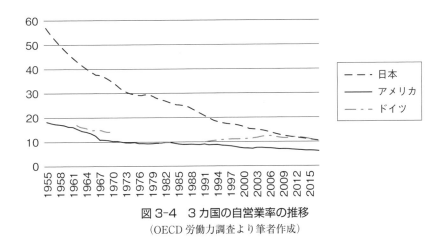

図3-4　3カ国の自営業率の推移
（OECD労働力調査より筆者作成）

の視角からも分析を行う必要性が示唆されている。スコッチポルが取り上げた別の変数のうち本書が挑むことができるのは、特に文化的[39]な説明と社会関係のパターンによる説明である。

　例えばロータリーやライオンズといった奉仕団体が他の商工会議所の後ろ盾を持たないながらも、青年会議所と同様に日本で安定的な発展を遂げたという状況をどう見るべきであろうか。一つには、青年会議所が卒業後の会員をそうした奉仕団体に送り込むことで、発展を支えた可能性がある。これは社会関係のパターンに基づくものであると同時に、ネットワーク内で共有された参加継続の規範の問題であるとも解釈が可能である。前者は組織内の相互作用がテーマとなる第4章「青年会議所の組織構造と社会関係」および地域社会における外部アクターとの関係性が扱われる第5章「地域社会と青年会議所 —— 地域行事への関与事例から」において、後者は第6章「経営者層の市民生活 —— ライフヒストリーから」において何らかの示唆が与えられることとなるであろう。また、第6章では、個人レベルでの経済的な要素と経済領域により内在的な文化である、事業継承の環境にも言及されることとなる。

---

39)　組織文化の問題としては、丸山真男が示していたような機能集団の伝統の違いなども背景として考えられる。
　「政党が本来の政治的機能を果たしていないために、労働組合など元来経済闘争を建前とする団体や新興宗教団体がその真空を埋め、さらに〈子供を守る会〉とか、留守家族の組織のような、社会の最底辺で組織された応急的な集団が圧力団体の役割を演じるという風に、一段ずつ機能集団の役割がズレている」（丸山　1956：224）。

第**4**章

青年会議所の組織構造と社会関係

　本章では、前章で詳述した経緯で存立する青年会議所が、結果としてどのような組織体制を確立し、その条件下でどのような性質の人間関係が形成されてきたのかという点に焦点を絞り、分析を行う。注目するのは、会員の参加を補完するスタッフの役割やなだらかな垂直構造に内在する流動性や親密性、フォーマルな構造に属さないトランスローカル性など、既存の市民組織の分析枠組みではあまり論じられてこなかった諸要素である。

　結社が市民社会に対して持つ大きな意義の一つは、会員の相互交流が市民的態度を育み、自発的な活動の実効性を高めるようなネットワーク構築につながるという点であり、ネットワークとそれに結びついた信頼、互酬性などを表す社会関係資本は、このような市民的な資源の多寡を可視化する概念として利用されることが多い。社会関係資本を醸成しやすい組織構造と、その内部で行われるコミュニケーションの内実については、すでに多くの論者が関心を寄せてきた。

　そこで本章においては、組織運営のシステム・構造と社会関係資本の関係について、既存の理論枠組みを概観した上で、青年会議所の事例に基づいた分析を行う。組織運営のシステムと構造については、ウェーバーの官僚制論以来、社会学においても様々な類型化がなされてきたが、特に社会関係資本の創出に対する望ましい組織形態の検討と結びつくものとして、複数の先行分類を取り上げながら精緻化すべき概念を整理する。その上で、青年会議所

の組織運営についての資料に基づいた公式的な意思決定プロセスと、実際に
そこで生ずる人間関係について、インタビューデータに基づいた記述と結び
付けながら論じ、考察を進めていく。

4－1　社会関係資本に関わる組織構造類型と構成要素

4－1－1　コミュニケーションの水平性と対面的交流

　第1章でも触れたように、パットナムの流れを汲む社会関係資本論におい
ては、水平的な関係に基づくコミュニケーションは、資本創出のための、自
明の前提のように扱われている。そのため、結社構造の分類においても、水
平性の問題が組み込まれてきた。オッフェとフックス（2002）は、集合行為
の形態を第一領域から第三領域までの3領域に分類した上で、第二領域に属
する結社を「市民団体」と定義し、社会関係資本を効率的に創出する構造を
持つ組織として位置付けた（表4-1）。3つの領域を分けるのは、目標の可変

表4-1　オッフェとフックス（2002）の集合行為の分類

		ネットワークの水平性	
		垂直的	水平的
対面的人間関係の強さ	強い	垂直的ネットワーク団体	社会関係資本創出団体
	弱い	三次結社型団体	三次結社型団体

表4-2　坂本（2010）における社会関係資本創出型団体の分類

	第一領域	第二領域	第三領域
公式	家族、親族	対面的結社	メーリングリスト結社 結社の結社、企業
非公式	氏族	新しい社会運動 近隣の人々 非公式ネットワーク	「入れ子式」結社

辻中豊・森祐城編『現代社会集団の政治機能』p291 表 14-1 より

性（変わりやすいか否か）と、メンバーシップを条件づける身分の厳格さという2つの要素の組み合わせである。第一領域の典型は家族であり、組織的な目的の拡散と、愛やアイデンティティと結びついた固定的なメンバーシップを特徴としている。第三領域は企業や政党を典型とし、目的の固定と入れ替え可能なメンバーシップによって成り立つ組織体とされている。

これに対し第二領域はそれぞれの要素において中間的で、目的は家族ほど拡散的ではないが、メンバー間の水平的なコミュニケーションを通して変動し得るものであり、企業における利潤の獲得のように固定的なものではない。また、メンバーシップの身分は開かれてはいるが何らかの入会基準は存在し、また企業よりも親密な紐帯によって特徴付けられるとされる。

この、メンバーシップと目的に関わる条件は、相互作用を規定する組織構造にも影響を与える。第二領域における相互作用は、その流動的な性質ゆえに書面によるコミュニケーションや上位下達式のコミュニケーションではなく、水平的な口頭コミュニケーションによって支えられるものである。さらに第二領域はネットワークがフォーマルなものかそうでないものかに分かれ、一回性の集合行為の色合いが強い社会運動や、つながりがまったく制度化されない友人関係に比べ、フォーマルで持続的な組織形態を持つものとして対面的結社が取り上げられている。

青年会議所と最も関係が深いと考えられるのはこの第二領域の「対面的結社」であるが、「対面的結社」の像を現実にそのまま当てはめることは対象の過度な単純化を招く恐れがある。

オッフェは「対面的結社」におけるコミュニケーションのあり方について、組織目標やプロジェクトが「メンバー間の相互のやりとりを通じて決定され、組織的な階層構造はないか、あっても比較的フラットで、完全な専従的なリーダーが管理者を務めるのは滅多にない例外的なこと」であることによって条件づけられるものとしている。しかし、この条件付けは曖昧な要素が多く、実際の事例分析に対しては、あまり実用的とは言えない。

坂本治也（2010）は、量的データを通した日本の市民社会の分析のため、

操作化の過程で表4-2のような分類を行い、具体的なコミュニケーションの型に触れながら、マフィアや親族クランに代表される垂直的ネットワークを「上位の権力行使が組織の決定を左右する構造」として定義した。水平性を一般会員の意思決定の度合いと規定することは、定義に整合的かつ対象の測定可能性を高め、当該研究における日本の市民社会の全体像に関する知見につながったものの、本研究にとっての問題は依然残されている。

　第一に、法人登記上のリーダーや、集合的決定を定期的に行うための決定権限の傾斜（ヒエラルキー）がほぼすべての組織に想定される中で、「比較的」フラットである構造が具体的にどのような強度のヒエラルキーを指すのかが明らかにされていない。また、坂本のアプローチでは、ヒエラルキーの「強さ」はリーダー権限の強さとして特定化されているが、その際に階層構造の固定化の度合いについては度外視されている。さらに、専従的なリーダー（おそらく専従職員のリーダーが想定される）は、ヒエラルキーの強さから独立して存在し得るため、両者が相関する前提で議論することはできない。財務と活動運営が分離した分散的な権力体制の上に実質的な専従リーダーが置かれるケース、名誉職的な理事の集団と実務的なスタッフによる運営がなされるケースなど、日本の文化団体や財団に多く見られる組織体制は、既存枠組みでは捕捉できないのである。

　2つの分類（表4-1と表4-2）に共通する、もう一つの構成要素として、対面的コミュニケーションがある。パットナム（2000）が論じたがダイレクトメールや寄付によるコミュニケーションを伴わない「三次結社」による社会関係資本の減少を意識し、オッフェとフックスにおいては、口頭ではなく書面によるコミュニケーションが主となることで社会関係資本が創出しづらくなる組織類型として第三領域にメーリングリスト結社を定位した。坂本も同様の文脈において対面的コミュニケーションの頻度を変数として取り入れ、水平的かつ対面的関係が強い組織を「社会関係資本創出型組織」の操作的定義とした。

　しかし、ここにも実際上の分類の困難さや妥当性への懸念が残される。

例えば、書面か口頭かというコミュニケーションの方法はほとんどの組織体において並存するものであり、どちらかの有無が親密な対面的なコミュニケーション、およびその先にある社会関係資本のアウトプットの多寡を保証するとまでは言えないだろう。社会関係資本と組織構造の関係をより精緻に捉えるならば、実際に組織が運営される過程において、どのような性質を持ったやりとりがどの程度存在するかが具体的に検証される必要がある。また、日本青年会議所を地域の青年会議所の集合体である「結社の結社」として捉えるなら、これはオッフェらの言う第三領域として捉えられる可能性があるが、そこでのコミュニケーションがメーリングリストだけのものではないことは、すでに設立の経緯からも明らかである。

4-1-2　地域組織間関係と権力の流動性

　ここまで取り上げてきた社会関係資本を創出する既存の組織類型は、市民的参加を総体的に把握するための道具立てとして用いられた理念的なものであり、社会関係資本創出への影響力そのものが、実証研究において直接検証されたわけではない。事例の精緻な分析概念としての限界についてはすでに一部指摘したが、組織形態としての垂直的構造が一概に社会的資本を減ずるかについては検討の余地がある。そのことをよく表すのが、スコッチポル（2003）のトランスローカル型結社についての分析である。

　スコッチポルはアメリカ市民社会の歴史社会学的研究を通して、従来の社会関係資本論が水平的でインフォーマルな紐帯を重視し過ぎたために小規模結社が過大評価されてきたことを批判した上で、ヒエラルキー構造が含まれ、全体の意思決定に一般的成員が強く関わらない大規模結社であるとしても、民主的なプロセスで選出される中間的な役職リーダー層の存在や、組織リーダー・意思決定者に流動性があれば、形態としての垂直的構造からでも内部での水平的コミュニケーションが生まれやすい環境が存在することを示した。彼女によれば、そうした性質が観察されやすいのは中央集権体制に対する対義的な概念としてのトランスローカルという組織類型である。これは

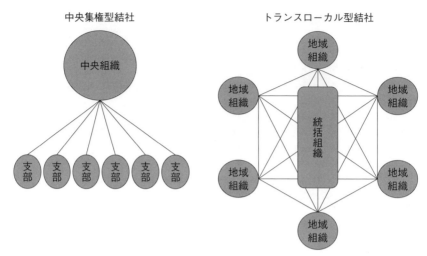

図4-1　中央集権型の結社とトランスローカル型結社の組織構造イメージ

　全国規模の結社に関して、本部組織を中心に地方支部に至るまで集権的に運営されるか各地方組織が分権的に運営を担うかという分類であり、1960年代までのアメリカにおいては、パットナムが重視していたような小さなコミュニティ活動への参加以上に、このトランスローカル型の大規模組織が市民社会の活発さの支えになっていたとされるのである。スコッチポルはトランスローカル型結社にも階層性の存在を認めつつも、それが単なる単線的な垂直的構造ではなく、地域組織同士の水平的で重層的なネットワークを含むと同時に、民主的で流動性のある構造を備えていることで相互作用が促進され、地域社会レベルでの幅広い市民の自己効力感の促進、全国レベルの市民社会の活性化に寄与してきたと論じた（図4-1参照）。

　本章では単にこのトランスローカル構造と流動的な権力システムを分析枠組みとして援用することで結社の組織構造への理解を深めるだけではなく、トランスローカル構造のような一見社会関係資本創出型に見えない構造の中に、何らかの市民的能力を高めるコミュニケーションを生じさせる可能性、あるいは逆に一見構造上は水平的に見えても実質的に存在する垂直的関

係性が新たに発見され得れるかどうかについても注意を払うこととする。

　以上を踏まえ、本章における作業課題をもう一度整理しておく。

　第一に、本章では既存の類型を踏まえつつ青年会議所の組織構造の分析を行う。意思決定や役員の選定に関わる構造を、地域組織内の組織系統と中央・地方組織の関係性から記述する[1]。ただし、本章の目的はこれらの組織構造分類を青年会議所に当てはめ、社会関係資本の創出しやすさを判定するということではない。組織構造を手がかりとしつつ、実際に形成される社会関係の質を成員の視点から実態として描き出すことまでが本章の目的である。

　そのため第二に、組織構造そのものによって特定の社会関係の質が形成されることを自明視せずに、特定の組織構造の内部でどのような相互作用があり、その結果どのような質を持った連帯が形成されているかについて記述的な検証を行う。

　最後にこれらの作業を通じ、市民的とされる組織構造の細かなバリエーションが、社会関係資本や望ましい社会関係のどの部分に寄与し、あるいは別の種類の社会関係を生じさせてきたかについての考察を加える。

　参照するデータについては第3章で取り上げたものと同一のものであり、国際青年会議所本部、東京青年会議所、飯塚青年会議所の会員および事務職員へのインタビューを中心に適宜 JC バイブルなどの刊行物を参照することとする。

4－2　地域組織内の構造

4－2－1　組織構造と事務局スタッフ

　青年会議所は125カ国に地域組織が存在する世界的な結社であるが、その最も基本的な活動単位は都市・基礎自治体レベルの領域を単位とする LOM

---

[1]　ただしオッフェの枠組みの中での、結社のメンバーシップと目的のあり様についてはすでに第3章にてある程度の検討を行っているので、深くは論じない。

（Local Organization Member）と呼ばれるローカル組織である。

　各地域の青年会議所は理事長、副理事長、直前理事長、監事、専務理事、理事からなる役員と、一般会員によって構成されている。活動は全会員が振り分けられる委員会を中心に展開される。そのため多くの職員を抱える商工会議所とは対象的に、名実共に活動は会員自体が担うこととなっている。前章でも述べたように、多くの青年会議所はもともと程度の差こそあれ設立時から初期にかけては商工会議所の事務局が一定の役割を果たしていたが、独立性が高まると会員の担う部分が増加してきたという経緯がある。

　例えば飯塚においては商工会議所内に事務局を置いていた1970年前後までは商工会議所の事務職員が活動にも一定の関与を示していたが、独立を契機にメンバーの主体性は強まっていった。当時の事務職員（飯塚　M）は以下のように振り返っている。

　　商工会議所が全面的に青年会議所を応援するという体制で、部屋代も全部タダという形でね[2]。私（商工会議所の事務担当）と理事長と専務理事はとにかく全部の集まりに参加してました。他の人は委員会だけなので委員会の事業のみになるのですけど、我々は理事会も委員会も全部出てましたから、事業も全部把握してたと思います。私がJC担当して5年くらいでしたかね、私はこれじゃあ青年会議所の自主独立っちゅうか自分たちで頑張っていこうという感じが、なんとなく商工会議所がついてればどうにかそっちに頼られるという感じになっていて。私の時に前の商工会議所の2階に部屋が空きましたんで、そこに（青年会議所の）事務局を作ったんです。そのあと商工会議所が移って、私もだんだん引いて行って、青年会議所も独自で事務職員を雇って、という感じで自然にひいて行った。

　商工会議所から人員が派遣され、会員以上に事業を把握していたという状況は、青年会議所が直接にスタッフの人件費を払わなくてよいという事

---

2)　ただし飯塚Mは「商工会議所のバックアップ体制が他の青年会議所から羨ましがられた」旨も語っており、サポートの程度は会議所ごとに異なっていたことが推察される。

情とも関係していた。そうした体制が実質的に不可能になったことで、メンバーの自主性や財源確保のための会員拡大への熱意が高まっていったのである。

　　　完全に自分たちで事務局の経費とか出さないかんでしょう。だから完全に
　　自分たちでってなると、前は全部そういう経費はタダだったのを会費収入でな
　　んとかしないといかんくなるから、自分たちで家賃払って人件費出してってな
　　ると、メンバー増やさんとやっていけんということで自主性が出てきたんです
　　ね。(飯塚 M)

　飯塚においては、青年会議所が商工会議所からの独立性を高めた後には独自の事務職員1人のみが常時雇用され、受付や庶務を受け持っている。
　他方、1990年代までは会員数が1,000人を超えることもあった東京青年会議所においては他の青年会議所に比べて多くの職員（ピーク時で10-15人前、2000年代に入り、会員数の減少やコンピュータの導入により5人程度）が雇用され、会員の名簿・台帳の管理や経理、広報において一定の役割を果たしてきた。
　また職員へのインタビューにおいて重要性を強調されたのが、組織の連続性を担保させるというものである。主に新規入会の会員に対して実施されるロバート議事法やKJ法、会議運営や活動の方法・ルールを習得するための研修に代表されるように、トレーニングを主たる価値の一つとして標榜する青年会議所の活動は、組織運営上のルールについての一定の熟練を要請するものである。しかし、毎年理事長や各委員会の委員長が入れ替わる青年会議所においては、そうした組織運営の熟練を安定的に維持するのは簡単なことではない。東京青年会議所では、職員数が多かった2004年以前、各委員会に担当の職員がつき、これまで会議運営についてのアドバイスや適切な資料の提示の助言を行うなど、運営を補佐する役割が担われてきた。

　　　職員と委員会のスタッフとのやり取りとかっていうのは、みんな会員は事
　　務局に来て資料を提出したり資料を見たりするので、そのときごとに理事会に

上程するのにどういうふうなことがあるの？ とか、どういう資料を出せばいいの？ とかっていうことを、職員と実際にコミュニケーションするわけですね。その中で、職員から具体的にいろんなことを教わることもあるから。そういう中で、研修の中で得た知識とかいうものが、実際に、あ、こういうことなんだというのが分かってくる。実際に今度は理事会なんかに出ていってみて、ロバートルールで議論がされている内容を肌で感じる。委員会の中ではいろんな技法は当然得られるんだけど、そういう運用の部分っつうのを職員を通じて学ぶことがそれなりにあったから。それで会員は、自分の知識がそれこそ身に付いてくるような感じですかね。

　それが職員の数が減ってからできなくなるわけですよ。結局今の職員数だと、できることといえば経理の内容と、会員の管理機能と、それからいろんな事業をやるときに外部から問い合わせがくるので、そういった受付機能みたいなのね、だいたい機能的に言うと結構限定されてきちゃって。（東京A）

　このように大規模な青年会議所においては、ある時期までは単なる経理や情報管理にとどまらない部分で相対的に職員がより多くの役割を担ってきたことが推察されるが、あくまで意思決定の主体や活動の担い手がメンバーであることは一貫して変わらない重要な特徴である。また、スタッフの数が維持できなくなることによって会員の参加能力を高める機会が失われるという、両者の相補的な関係からは、スコッチポルの想定とは別の結社におけるスタッフの意味づけも見ることができるだろう。

4−2−2　理事長中心のヒエラルキーと流動性

　このメンバー中心の運営体制の中で、強力な権力を組織内で有するのが理事長である。理事長はその年の活動全体を統括し、のちにも触れるように委員会人事に相当な影響力を持つ。「すべては理事長次第」であるとの言葉は、多くの会員から聞くことができた[3]。

　一つひとつの活動に対して下から話が上がってくるっていうよりはね、やっぱり、理事長が中心になって全部活動っていうのはやっていくわけです。今年

---

3)　飯塚青年会議所の飯塚B、Dなど、深谷A、Cなど。

どんな活動を中心にやっていくのか、こまごました ことまで考えて相談しながら前年のうちに発表して。1年交代なので、理事長次第で全然、ガラッと変わってくる。(飯塚 E)

このように、「下からの」議論に対して、理事長のリーダーシップが対置され強調されることも、理事長の役割の大きさをよく示しているといえよう。強力な理事長の決定権が認められる一方で、既に前章で述べたように、青年会議所は厳密に単年度ごとの組織体制の再編成を行っており、設置される委員会とその構成員も毎年変わるため、委員会の固定的な編成は存在しない。

また、事務局と会員の関係性同様、会員から選出される役員の決定過程も一定の変遷が存在している。『飯塚青年会議所 20 周年記念誌』には、初期の飯塚青年会議所の役員選出方法とそこからの変遷についての、商工会議所職員の回顧の文章を見ることができる。

　　役員は正会員の中から JC 暦、年齢、家庭状況、企業状況などを協議検討の上 "白羽の矢" を作り、…元老会員あるいは OB 会員をも迷惑していただき大挙して押しかけ、白羽の矢を立て、「来年 1 年間ご迷惑だろうが、一つよろしく頼みます。」…ざっとこのようにして理事長は選出されていた。…現在は立候補、投票制によると仄聞しているが、現代的であり、民主的であり、理にかなった方法である。(飯塚青年会議所　1974)

この文章は飯塚青年会議所が商工会議所から事務所を分離して 4 年後に寄せられたものであり、新しい組織体制の中で "民主的" な手続きへの転換が図られていたことがわかる。現在の役員・理事長の選考においてはこの転換を受け継いだ形で、やや複雑な手続きによって行われる。まず最初に行われるのが、理事長を含む次年度の役員選定のための選定委員 8 人を選ぶ投票である。この投票は立候補制ではなく互選によってなされ、会員からは以下のように厳正さが強調されていた。

　　結構(選定委員の)投票ってえげつない作業。100 人おってもひとり 8 票しかいない。だれでもいいし自分の名前も書いてもいいですよって中で、無記名

投票だからドライに選ばれる。おごったとかおごらんとかそういう次元じゃないし、優しいからって言っても優しいだけの奴を自分の上にしたいとも思わないし。誰を上として認めるか、それを投票で毎年やるのはえげつないというか。立候補じゃなくてゼロベースで名前が年代別に並んでいてだれに入れるかっていう。ずっと頑張ってても選ばれんかったらショックやし、逆になんでこの人がっていうのが選ばれたりもするんよ。

　― 事前に雰囲気でわかったりするんですか？

　半分くらいはわかるけど半分くらいはわからないね。なる予定が全然なかったのに選ばれちゃったりすることもある。自分なんて10年くらい選ばれてきて、選ばれるつもりなんて全然ない、もういい加減社業に専念させてくれってときでも選ばれるし。（飯塚 J）

　この委員の中からの互選によって、理事長が選任される。理事長就任を目指す会員は事前に組織運営の展望を準備し、自ら手を挙げることとなる。特に前任理事長は後任を意識して動くことも多いが、必ずしもそれで理事長が決まるわけではない。以下のような理事長経験者の証言は、理事長選定に際しての一定の前任者の影響力と、それが絶対的なものではないという意識の緊張関係を示している。

　　まず募集をかけるんですけど。理事長には全員が手を挙げられる。ただ、だれも立候補者がいないのは困るので、現理事長が次の理事長候補に出ないかって言うのはあります。それは非公式ですね。自分の時もそういうふうにして指名されてほかに手を挙げた人もいました。で、街をどうしたいみたいなことを議案として提出して選出されました。前の年に副理事長をしたり前の理事長と一緒に活動してた中で指名してもらったということですね。（飯塚　L）

　選定委員の会議と投票によって理事長が決定されると、その後は同じ選考委員会内で各委員会の委員長をはじめとする役員の選定が進むが、基本的には理事長の意思が最も強く反映されることとなる。

　　理事長が決まったら、基本的には理事長の思いで作っていこうって感じ。定款の中では、理事長が指名ができるのは、専務、専務理事だけ。あとは委員会

なんかは、ほんとは選考委員会の承認で、確かに承認は実際必要なんだけど、やっぱり理事長の意思を尊重しようって雰囲気にはなるから。(飯塚 H)

　このように委員長人事には理事長の意向が強く反映されやすい環境[4] があるために、理事長の権限は相対的に強力なものとなる。結果として、1年間に限定された、比較的強固な垂直的決定構造が存在することとなる。その一方で、それが翌年度には一新されるという点での流動性が並存していることが青年会議所の組織構造を特徴付けているのである。

4−2−3　水平的な議論の尊重と先輩・後輩関係

　このような1年間限定の比較的強固な垂直的決定構造を持つ一方で、経営者や将来の経営者たちが私的利益とは離れ、会社の規模や地位にとらわれずに対等に議論するということを世代を問わず会員たちは強調する。

　　…自分の会社で業績上がると自分の実力を勘違いする。みんな自分に反対しなくなる。そうすると自分の本当の実力がまったくわからなくなってくる。でも、青年会議所ってのはバックグラウンドが何であろうが、老舗だろうが数カ月前にできた会社であろうが、年齢だって関係ない。男一匹ぶつかりあいよね。会社だったら利害関係がある。社長の言うこと部長の言うことは違うんじゃないかと思っても命令であったらやって当たり前よね。青年会議所はボランティア団体だからメンバーと理事長に利害関係はない。だから委員長が言うこと聞けって言ってもふざけるなで終わりよ。まったく利害関係のない人間を統括して動かすことがいかにむずかしいか。委員会があるからこれやってきてとか、この日に会合やるから仕事あっても家庭ほったらかしても来てね、っていってもお金もらうわけじゃないんだから普通に考えたら来るわけないよね。別にお前から仕事もらってないしと。ということは本当に共感を得るためにはものすごいモチベート能力が必要になる。(飯塚 J)

　　会議の中では傷つけあうくらいにとことん議論してやりあうわけ。だから外の人は JC は飲んでばかりだっていうけど、それはフォローのためにも必要な

4)　深谷においても同様に、理事長の委員長選定への意思が優先される傾向について聞くことができた(深谷 A)。

んですよ。あのときのあれはこういう意味だったんだよとかね。(飯塚 G)

　ただし、こうしたある種典型的な水平的コミュニケーションのみが人間関係のすべてではない。見逃せないのは、先輩／後輩という学校にも似た年齢階梯的関係性がしばしば意識されるという点である。青年会議所内では、年長の会員や OB などへの公式的な呼びかけとして「先輩」という語が用いられている。「先輩」は特に組織の公式的な活動時間の外側で様々なことを「教えてくれる」存在であり、後輩は一定の敬意を持って接することが期待される。また、先輩に「怒られる」というのは飯塚や深谷[5]でしばしば聞かれたエピソードでもあった。

　　　例会が終わって色んな事業が終わったらもう必ず飲みニケーションや。そんで先輩から怒られて、酒の飲み方から遊びから、真面目なこともふざけたものも合わせて色んな形のものをね、やっぱ教えてもらった。(飯塚 B)

　理事長選任プロセスにおいても年齢や先輩・後輩関係といった組織体系とは別の要素は一定の影響を与えてきた。飯塚 H は 1990 年代に理事長に 4 度立候補した経験を持つが、対抗する理事長候補はもう後がない年齢の先輩会員が多く、心情的にそちらが推されるような雰囲気があったという。1 回目に理事長候補になった時、選定委員会は 3 対 3 に割れたが、最終的に敗北の決め手になった最後の一票は、やはり年齢的な事情が考慮されたものであった。

　　　(選考委員の先輩から) H くんはどっちみち理事長はしてもらわないかんけど、対抗馬の A さんはもう出馬したら来年がラストやから、この人に僕は入れますから、良いですねって事前に言われたんですよ。それにはちょっと待ったコール出したんですよ。いやそれ、あんたおかしいってね。相手の人も物凄く仲が良かった。物凄く一緒に遊んでたり JC もやってたんですよ。でも、…

---

5)　特に深谷では A、B、C の証言のほか周年記念誌でも「先輩に怒られる」というエピソードの記述があり、地域ごとの組織文化の中で相対的に強調されやすかった可能性がある。

飯塚 JC のこと思ったら俺やろうって。俺を指名せなっつって。…もう反目に
なっていってね。

　H によれば、この「反目」の影響はその翌年以降の選考にも引き継がれ
た。直前理事長は必ず選考委員会に入るため、前年度の対立が一定の影響を
残し、H の続けての落選に影響を及ぼしたという。
　このような組織内の影響とは別に、地域内の外部組織との関係性におい
ても先輩・後輩の関係が反映される。青年会議所の会員は 40 歳を過ぎると
卒業という形となり、飯塚青年会議所シニアクラブという任意団体に所属す
ることとなる。この団体は親睦のための活動を主としており、年に 2 度ほど
現役の青年会議所と交流会を行っている。世代を超えた社会関係の構築は、
青年会議所卒業後に元会員が商工会議所の役職者や、ロータリークラブやラ
イオンズクラブといった、エリート的奉仕・親睦団体へ勧誘される契機とも
なっており、先輩・後輩関係は組織外にも継続されることになる。

　　商工会議所にしてもロータリーにしても飯塚には JC の先輩が非常に多いの
　よ。商工会議所の会頭であろうが副会頭であろうが直接電話をかけられるし。
　普通中々そういう人に直接電話する勇気でないけど、そこに扉が開いてるって
　言うのは JC のおかげだね。（飯塚 J）
　　商工会議所とか、ロータリーとかライオンズとか卒業したらお待ちしてます
　とかよく言われますけど、まずよくどういう組織なのか知ってから決めたいで
　すね。ただ青年会議所で学んだことは生かしたいので何らかの団体には属した
　いです。（飯塚 L）

　理事長選任においてしばしば一定の前任理事長の影響力が認められるこ
とからもわかるように、意思決定に対する影響力は完全に対等に分布してい
るわけではない。しかし、先の L の言葉の引用のように必ずしも個々の利
害関係の一致しない、役職関係の流動的な自発的な結社活動において上下の
支配関係が確立されることもまた、原理的に簡単なことではない。以下のよ
うに若い頃に先輩に堂々と反論して嫌われながらも主張を行ったことが肯定

的に語られることも多く、制度的な平等性とインフォーマルな年齢階梯の垂直性のストレスや緊張関係のなかで、組織内のコミュニケーションが成立しているとみなすことができよう。

> 理事長とかって言っても、みんな若くて歳が近いからね、割と上下関係なく意見はぶつけあってると思いますよ。僕もね、なんでも言っちゃうから生意気だって思われてたところもあったと思うし。(飯塚 H)

　一方で学校的なアナロジーの垂直的関係性において、他方では本音での意見のぶつかり合いが尊重される風土の中で、積極的な会員たちは非常に多くの時間を共有し、友情を築いていくこととなる。青年会議所における活動は、月に一度の例会と一度の委員会に加え、行事や活動に応じた非公式の会合などを含めれば非常に頻度が高く、会員はそこで多くの時間を過ごすこととなる。

> 例会もあるし、企画によっては関係なく集まって会議することもあるし。とにかく参加しようと思えばいつも何かあって下手したらもう家族よりも会ってるんじゃないかっていうくらい。まあだから家族とうまくいかなくなる人は結構いる。…これだけ時間を過ごしてるから自然と絆が深まる。(飯塚 I)
>
> 楽しいだけのひとはいくらでもいるけど、何年も連絡とらなくてもまたあったらすぐ元の通り仲良くなれるっていうかそういう人間関係の深さってあるじゃない。JC の仲間もそういう感じだよね。そういう仲間を今のうちに作っておくと 60 になろうと 70 になろうと 10 年ぶりやねって楽しくお酒が飲める、そういう仲間が作れる。(飯塚 J)
>
> 青年会議所ってのは他の団体ではありえないくらい会議の時間って多いんですよ。だから一緒にいる時間も長いし、正直学生の時の友達よりも今の青年会議所の仲間の方が今は本当に濃いつながりだと思います。やっぱり損得抜きに一生懸命やれるところが素晴らしいと思いますね。(飯塚 L)

　また、毎年変わる体制の中で、役員の選出されることは普段の活動において他の会員・役員からの信頼が明らかになる機会であり、選出されることはしばしば会員にとって誇りとなるとともに、地域への関与の意思を強めさ

せる。この点は、第 6 章においても詳しく論ずることとなる。

　それぞれのインタビュー対象者の世代は異なるが、極めて頻繁な会合や飲み会などのコミュニケーションの場が存在し、非常に濃密な人間関係を築いていくという話は共通して聞くことができ、この点について世代間の違いはほとんど無いことが推察された。結束的な緊密なコミュニケーションを通して会員たちはお互いに対する信頼を高め、コミュニティへの関与の意識や社会関係資本を築いていく。

　この関係性を生み出す構造は垂直的であると同時に流動的であるという特性を含んでおり、情緒的結びつきと同時に組織内での対等な権力分布に対する緊張感やストレスも生じさせている。また、次章（第 6 章）で取り上げるような地域活動の実行においては、この垂直的関係性は企業体にも似た実行能力を持った組織活動として発揮される側面もある、という点で重要な特性であるといえよう。

4－3　地域組織と全国組織

　2017 年現在で全国に 694 の各地域の青年会議所の LOM があるが、それぞれは独立した法人であり、その設立や社団法人格の取得も全国組織の大きな方針を参照する側面はあったにせよ、前章で述べたようにその時期に関しては各地域組織の自主性の中で行われたものである。各 LOM の関係は対等であり、より広域の地域単位の連絡・調整機関として地区協議会、ブロック協議会がある。その上位には全国の青年会議所を統括する日本青年会議所があるが、それぞれの LOM は独立した法人であり、日本青年会議所は原則的にはあくまでもそれぞれの LOM の統合調整機関という位置づけとなっている。その上位には世界の青年会議所を統括する機関として国際青年会議所（Junior Chamber International）があり、国際青年会議所の 4 分の 1 を占める最大の会議所として毎年役員を送り込む立場にある。

　日本青年会議所は設立当初こそ単なる LOM 間の情報共有が中心の組織で

あったが、1960年代ごろからは徐々にLOMから独立した、独自活動も多く行うようになった。親睦活動として最大のものが、サマーコンファレンスといわれる年に一度のイベントで、日本青年会議所全体の4分の1にも及ぶ1万人以上の会員が様々な公共的議論のフォーラムやLOMごとのブースによる地域の紹介などのイベントに参加し相互の交流を深める。それ以外にも地域活性化のための研究会、「地球市民」を掲げた環境運動、JCIとの関係から派生する国際交流、「領土問題」などをテーマとする政治的運動に至るまでその範囲は多岐にわたる。この活動を担うのは、各地域のLOMから出向した会員たちによって構成される、部門別の委員会である。出向する会員は地域組織の活動にも一定程度参加しつつ、全国規模の会議にも定期的に参加して日本青年会議所の運営に携わることとなる。

　日本青年会議所は年度のスローガンや会頭の所信表明を通して象徴的な方針を示したり、災害支援活動など全国の青年会議所が連合して行う一部の活動を統括することで主導権を持つ。例えば日本青年会議所の提唱したローカルマニフェスト運動という地方選挙におけるマニフェスト導入運動においては、各LOMがそれぞれの地方自治体の首長選挙について、各候補から財政政策に関する具体的な数値目標など統一的な形式を設定したマニフェストの提示を求め、討論会[6]を開くという形での協力を呼びかけられ、飯塚青年会議所においても2005年から現在に至るまで自治体の選挙のたびにこれを行っている。しかしこのような日本青年会議所主導の活動は地域組織からすれば全体の活動のうちのごく一部であり、基本的に個別のローカルレベルの活動方針や内容を直接管理したり報告したりするような制度は存在しない。このため、中央からのフォーマルな影響力は具体的な活動に対しては、それほど強い拘束力を持たないとみなすことができる[7]。異なる世代（1960

---

6)　2000年以降盛んに開かれるようになった青年会議所主催の討論会と政治との関わりについては、佐賀（2015a）に詳しい。

7)　ただし、別の大都市の青年会議所会員への非公式な聞き取りでは、地域組織の年頭方針を日本青年会議所の組織方針と合致させるために地区協議会の役員たちに相談を行う

年代、1990 年代、2000 年代）の飯塚青年会議所の理事長たちも、それぞれ
の活動方針を決定する際、日本青年会議所の方針はほとんど意識しなかった
旨を語っていた。

> 　（理事長としての方針を作るとき）「明るい豊かなまちづくり」っていう日
> 本 JC の綱領は意識したけども、その年の会頭っていうのはそんなに左右され
> るってことはないし、これしなさいとかじゃない。地域の独自性がありますか
> ら。後は先輩のアドバイスは聞いたけども。…飯塚 JC は飯塚 JC という形で
> やってた。…わからないことがあったら、（日本青年会議所に）相談すること
> はあるかもしれない。…うん、我々の時はまだ（日本青年会議所への）出向者
> 少なかったからね。（1960 年代の理事長飯塚 B）
>
> 　独立した社団法人なので、あくまで LOM 理事長がトップという認識ですよ
> ね。僕の時は市町村合併なんかですごい具体的な地元の話をテーマにしてて、
> 全国の話はあんまり関係ないっちゃないって。結局、定款かなんかに書いてあ
> ると思うけど、基本は地域の経済人の団体ですからね。…ブロックレベルにな
> ると局長は日本 JC の役員に入るから日本青年会議所に属してる意識強いと思
> うんだけどね。（1990 年代の理事長飯塚 H）
>
> 　青年会議所はあくまで LOM 活動が基本ですからね。来年度の体制決まるの
> は半年くらい前で、でも会頭のスローガンなりって年初にならないとわからな
> いし。（2000 年代の理事長飯塚 L）

　以上 3 人の理事長経験者の語りを見ると、特に日本青年会議所の組織が確
立して間もなかった 1960 年代とそれ以降の時代とでは、統括組織との間に
共有される情報量に大きな違いがあったと想像されるが、時代を経てもあく
まで地域組織の自主性が称揚されている点に一貫した特徴を見ることができ

ことがあり、そこに全国組織からの影響力を認める話も聞かれた。一方、本文のように
飯塚においては LOM の決定能力に関して全国組織の影響をほとんど感じていない理事
長経験者が多く、こうした「相談」を通した影響力の授受は日本の青年会議所全体で公
式化されたプロセスではないと考えられる。特に大規模な会議所は相対的に日本青年会
議所に会員を送り込む機会・人数も多いため日本青年会議所からの影響力を受容しやす
いという見方も可能であるが、十分なデータはないため、今後さらなる調査が必要とな
るだろう。

るであろう。

その一方で、全国レベルの活動は地域の一般会員にとって開かれたものであり、近隣で行われる規模の大きな大会には多くの一般会員が参加することとなる。そのような場では普段会うことのできないビジネス上の成功者と知り合う機会が創出され、それが全国レベルの活動へのモチベーションとなっていることを語る会員もいた（飯塚 D、飯塚 G）。また飯塚 Hのように、地域組織内での理事長選挙での失敗の気晴らしとして、全国組織での活動に力を注ぐケースも見られた[8]。

そのため、多くの会員たちは地域を超えた交流を頻繁に経験し、経営者としての学習の機会として認識しつつ、社会関係を形作っていく。加えて、日本青年会議所会頭の選挙などが行われた際には、LOMと全国組織との関係性が強く意識される機会も創出されてきた。飯塚青年会議所では1970年代に日本青年会議所会頭を輩出したが、この際にはLOMとして東京に選挙対策本部を設置し、全国を飛び回って会頭選挙での支持を訴えたという（飯塚 A、B）。

地方の会員たちが様々な折に経験する全国での活動は、地域への特別な思いを醸成する機会にもなる。元会員からは以下のような話が聞かれた。

> 東京の青年会議所に出向して研修会がある時に自己紹介するんですよ。で、福岡県の飯塚っていっても誰も知らないから筑豊炭田のあったところですっていうと、おお筑豊炭田ですか、大丈夫ですかって言われてね。当時（映画の）『青春の門』なんかがあったから鉄砲玉やらが飛んで切った張ったの世界ですかっていう感覚ですよ。昭和40年代にはそういう意識があったんですよ。だからそういうことを払拭しないとって。筑豊にはしっかりとした文化があるし育つんだということを示したいという気持ちになった。（飯塚 E）

> 飯塚への愛着を持つようになったのは、青年会議所の活動をし始めて、自分自身が福岡中とか九州中とかの他地域の方といろんな事業をする中で、飯塚

---

8) 本書 134 頁 -136 頁を参照。

の良さを発信していかないかんということからです。初めのうちは…口先だけ
なんだけど、言い続けると不思議なものでだんだん自分の中で本物になってく
る。自分の中で確信のようになってくる。（飯塚 J）

　日本青年会議所への直接の参加とは別に、LOM は地域統括団体（各県ご
とのブロック協議会と、北海道・東北・関東・北信越・東海・近畿・中国・
四国・九州・沖縄の 10 地区からなる地区協議会）を通して間接的にも中央
組織とつながっている。ブロック協議会や地区協議会にも日本青年会議所同
様、毎年 LOM に所属する一般の会員の中から希望者が出向し、協議会へ派
遣される。地区・ブロックごとにも情報共有の会合やそれぞれのレベルで一
般会員が一堂に会する大会が存在し、地域を超えた相互交流の場となってい
る。このブロック・地区協議会は、情報の流れと会員のキャリアにおいて中
間的な役割を持っている。すでに述べたように日本青年会議所は LOM の活
動について直接把握する立場にはないが、協議会レベルで各地区の情報交換
が頻繁に行われる中で、顕著な活動や意思表示などの活動は日本青年会議所
に地区・ブロックを通じて伝わって日本青年会議所の活動や声明に反映され
るケースがある。また、地区・ブロック協議会の役職経験者はその後日本青
年会議所の役員へと上昇していく傾向があり、その中で中央・地方統括組織
間の相互のネットワークが形成され、インフォーマルにも情報が行き交うこ
ととなる。
　以上のような、青年会議所における地域組織・統括組織間の相互関係を理
念的に示したものが次頁図 4-2 である。
　図において太い線で結ばれているのは、組織運営に関わる指示や日本青
年会議所としての活動への協力要請のための連絡が行われる際の組織間の最
も公式的なノードであり、日本青年会議所から地区・ブロックを通して地域
組織の LOM に垂直的に至っている。その一方で、個々の地域組織の活動や
方針を上部統括組織に報告するような制度は存在しないため、この影響力は
中央集権的な企業体や本部－支部関係を持ったロビー団体などと比べると、

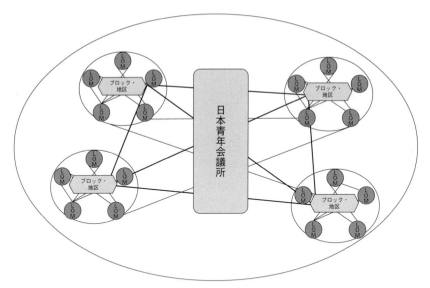

図4-2　日本青年会議所の組織構造イメージ

基本的に緩やかなものである。加えて、統括組織の公式のネットワークを介さない、無数のインフォーマルな組織間の紐帯も存在している（図中では薄い線で示されている）。これはブロック・地区や全国組織に出向したり、あるいは単に全国・ブロックレベルのイベントに参加することによって結ばれていく無数のつながりである。このようなネットワークは組織活動についての相談を行ったり、役員の選挙の際には支持獲得の源泉になったりすることもある。

　この構造は、国際青年会議所を含めた全体においてもほとんど同様のものとして観察することができる（図4-3）。125カ国に存在する各国青年会議所（National Organization Member）はアメリカ・セントルイスに事務局を構える国際青年会議所（JCI）によって統括されている。JCIは統一的な活動指針としてのJCI綱領をはじめとした理念的な統合を担う連絡調整期間であり、年に一度の世界大会やリーダーシップ研修プログラム、および途上国支援などのJCIとしての社会奉仕・慈善を通して世界の青年会議所の会

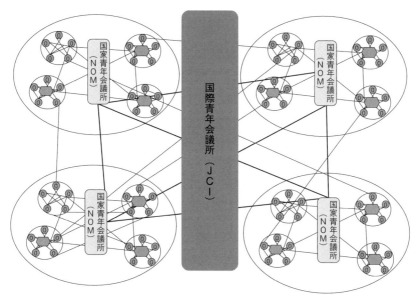

図4-3　国際青年会議所（JCI）の組織構造イメージ

員が相互交流する場として存在している。

　国際青年会議所の会頭は毎年各国の会議所の投票権を持った役員による選挙で選任され、1年間の任期を全うすることとなる。本部には20人ほどのスタッフが常駐しその一部は、世界の青年会議所の情報の管理や経理、連絡などの事務を担っているが、運営は会頭のリーダーシップのもと、各国の青年会議所会員の中から推薦された17人の常任副会頭などの理事メンバーを中心に行われている。会頭は1年前から立候補を表明し、世界各国の青年会議所を回って選挙活動を行うこととなる。このような緩やかなヒエラルキーの中での選挙を通したトランスローカルなスケールでの役職獲得は熱心な会員にとって大きなモチベーションとして働く場合がある（本書第6章において詳しく触れる）。

　各国の統括青年会議所（NOM）はJCIの活動を通じて国を超えたネットワークを築く。その相互交流を支えるのも、地域組織（LOM）に所属しな

がら出向する役員を中心とした会員たちである。年度の世界大会とアメリカ、アジア、ヨーロッパ、アフリカの4地域に分かれてのエリア会議は持ち回りの開催都市を中心に、多くの一般会員が参加し、広範囲の交流の機会を得ている。

国際青年会議所は各国の LOM の活動の中で際立った活動を紹介するアワードや地域社会、マネジメントなどテーマごとの議論を行う年に1度の世界大会を中心に一体的な組織としての活動も行っている。また、マラリア撲滅や持続可能な開発などの JCI が継続して掲げているテーマは、日本青年会議所の活動方針にも反映されており、一定の影響力を認めることもできる。例えば JCI が5年単位で定める最重点テーマであるコーポレートスローガンに含まれるキーワード（1980年代のエネルギー問題、1990年代の「地球市民」、2000年代の「社会的企業家」など）は日本青年会議所の10年毎の運動指針にも必ず含まれる形となっている。

JCI 会頭は年度の方針を決め、世界大会をはじめとした JCI としての活動や理事会を主導するが、各国の青年会議所に対して細かな活動内容の監督や指示を行うものではない。したがって、日本青年会議所と LOM の関係でも見たように、JCI から国家青年会議所を経て地域青年会議所に至る各レベルの繋がりは必ずしも一元的なヒエラルキー構造の中にあるわけではない。図4-3でも示されているように最小単位としての LOM が統括組織を通さずにネットワークを築くケースとして、地域青年会議所（LOM）同士の単位で姉妹青年会議所として友好関係を結び、しばしば地域レベルの活動計画の中で相互交流が行われているからである。飯塚青年会議所においては福岡で開催されたアジア地区大会において、出席していた会員がたまたま席が前後になった台湾の台東青年会議所の理事長と懇意になり、1983年に姉妹青年会議所の関係が結ばれ、年に一度の相互往来が行われている。締結当時から個人的にも友人関係を続けている会員は、先に触れた先輩／後輩関係を重ねることで、その親密さを説明していた。

　　台東の青年会議所に私の「後輩」が7、8人おります。先輩と言ってくれますから。(飯塚　B)

　この姉妹青年会議所の締結については、国家青年会議所やJCIに申請するようなシステムは存在せず、あくまでもJCIの世界大会や地区大会などで知り合った会員同士の関係の中から築かれていくものであり、組織的なヒエラルキーの外部にあるものとして位置づけることができる。

　ここまで述べてきたように緩やかなヒエラルキーと重層的なネットワーク構造が、青年会議所全体の組織構造を特徴付けていると結論づけられる。

4−4　結　論

　本章では、既存の結社の組織構造の理念型を検討した上で、親密性、水平／垂直、トランスローカルなどの概念を用いながら青年会議所の組織構造と、それを通して形成される社会関係について記述を行ってきた。

　そこから導き出されたのは、地域組織内のレベルにおいては垂直的だが流動的な組織内の権力構造であり、またその中から生ずる人間関係として先輩・後輩というなだらかな垂直性を含みながらも率直な意見交換が尊重されるような親密性が確認された。このことは、以下の点でオッフェや坂本、スコッチポルの類型を更新する知見であったといえよう。

　まず、垂直性と水平性は相互に排他的に位置付けられていたが、本事例では流動性という概念をテコとして並存し得るため、新たな要素として考慮される必要があるという点である。また、親密性のバリエーションも既存の結社のモデルにおいては家族的なものと三次結社的なほとんど相互作用のないものとの間に広範囲の紐帯が中間的に位置付けられていたが、その一部に先輩／後輩関係という緩やかなヒエラルキーを含む強い紐帯の存在が示唆された。これはどちらかといえば結社的でない伝統的地縁関係を想起させるが、そのような要素も絶対的なものではなく、年齢階梯的な雰囲気と民主的

な組織体制とは複雑な緊張関係にあることは、すでに論じた通りである。特に、流動的な構造や地域内外との多層的なネットワークの存在が、単純な伝統的地縁関係のような理解にとどまらない類型としての重要性を示唆している。実際、この構造の中で醸成された社会関係資本は地域外へ接続する部分があり、また地域に貢献する意識を持つような規範としても機能していることが示唆された。

　地域外の統括組織との関係においては、地域組織の独立性が高く、意思決定におけるヒエラルキー構造が希薄なトランスローカル構造が示された。特筆すべきは、統括組織を介さない地域組織間の多層的な関係が確認されたことである。このような公式的なトランスローカル構造の外側の相互関係は飯塚のような大規模とは言えない青年会議所においても自由に海外青年会議所との交流を行うことを可能としていた。スコッチポルのトランスローカル構造は基本的に中央集権的でないが選挙によって地方組織から上昇していくなだらかなヒエラルキーが想定されていたが、その公式的なルートの外側にあるインフォーマルな地域間関係についても今後は注目されるべきだろう。また、会員の参加を促進・維持する機能を持った専従的スタッフの存在も、スコッチポルの枠組みから更新されるべき要素の１つであった。

　上記のような青年会議所の組織構造がもたらす社会関係資本は、対外的な活動の質にも影響を与えていると考えられる。また、こうした結社内の多層的なネットワークは地域社会をフィールドとした活動において、地域内の決定構造や経済的文脈に必ずしも依存しない活動指針の提示にも繋がってきた。

　次章ではそのような実態を示す事例として青年会議所の地域社会への関与を取り上げ、前章と本章で提示された結社の特性と、その中で形成される地域内ネットワークについての検討を行う。

第5章

地域社会と青年会議所
― 地域行事への関与事例から ―

5-1 本章の目的

　本章の目的は、青年会議所の基礎単位である地域（基礎自治体）レベルにおいてその対外的活動を記述し、その活動を規定する組織的動機と結社の外部としての地域社会への直接的な影響を明らかにすると共に、青年会議所が地域社会のネットワークにどのように埋め込まれているかを分析することである。そのために本章では飯塚青年会議所の活動を中心的な題材とし、また別の参照事例としての深谷青年会議所も取り上げながら、青年会議所の対外的な活動の記述を行う。特に注意が払われるのは、青年会議所の外部への働きかけやネットワーク形成を経営者層の集合的行為として捉えるとき、その解釈枠組みが、従来重視されがちであった経済合理性とは別の論理によって説明され得るという点である。

　特に集合的な経済合理性とは別の観点として、2つの視点が導入される。第一に、青年会議所という、世界的・全国的に展開する結社固有の目的・価値の論理である。第3章において論じてきた青年会議所という結社がフォーマルに備えているべき諸要件（とりわけ規範や活動目的）は、第4章で論じられたようなトランスローカルな構造の中でローカルレベルの会員たちにまで共有されている。本章ではまず青年会議所の活動の最も基本的な単位であるローカルなレベルにおいて、どのように消化され、その他の様々な個

別の要素と混じり合いながら意図を形成してきたかについて論ずる。その上で、その結果としてどのような活動が生じ、その過程において他の地域のアクターとの関係の中でどのような位置を得てきたかについて論ずることとする。

5-2 経営者結社の地域関与の解釈枠組み

地域社会という文脈から青年会議所を捉え直そうとするとき、今一度確認するべきは、それが基本的には地域をビジネスの基盤とする経営者・経営後継者たちの地域活動への参加の場として存在してきたという点である。そもそも自営業者や経営者は積極的な地域活動への参加者として知られており、歴史的なアプローチ（小浜 1995）や計量的なデータ（鄭 2002；仁平 2008）でもそれが示されてきた。彼らは伝統的に町内会のように包括的な地域組織の担い手になりやすかっただけでなく、商店街組織・商工会といった業界団体からロータリークラブのような相対的に緩やかな自発的結社に至るまで、階層限定的な組織活動も活発に展開してきた。

このような経営者層の地域活動の中で、階層限定的な集合的地域活動はともすれば単純に経済的な集合的利益や権力、あるいは伝統的でしばしば封建的・権威主義的な地域社会の論理と結び付けられ、それ以上に踏み込んでそうした諸活動をどのように分類し解釈するべきかについては議論が深められてこなかった。まずはその状況を概観した上で、いかなる解釈可能性が残されているかへと論を進めていくこととする。

5-2-1 日本の地域研究における経営者結社 ― 政治社会学的文脈 ―

1990年代以降の市民社会論の興隆以前、地域社会と結社の関わりについての研究は、主に政治過程への着目の中で、地域社会学において一定の蓄積がなされてきた。特に大きな影響力を持った構造分析の潮流は、経営者層の結社と地域社会のかかわりを、特に地域開発との関連の中で論ずる研究群を

生み出した。例えば、構造分析の初期に位置する福武直ら（1965）の『地域開発の構想と現実』における青森県八戸市の分析は商工会議所を中心とした団体ネットワークの陳情活動や新産業都市指定獲得のための運動によって一定の独自性、自立性が認められる地域開発がもたらされたことが示されている[1]。会議所会頭を中心に組織された八戸総合振興会は市議会以上に市政に働きかける力を持っていたと言われ、また市役所を飛び越えて国家行政機構との交渉を行うことで市役所が2つあると言われるほどの実行力を持っていたとされる。とはいえ、福武らのこうした運動についての評価はきわめて否定的であった。彼らによれば、民間団体のネットワークと行政の協力によって推進された八戸の開発計画も最終的には通産省の査定に左右され、「国家独占資本主義への奉仕を義務付け」（福武　1965：268）られてしまったのであり、その計画から排除された住民層が抱いた期待からの乖離なども再三問題視された。こうした評価の当否は脇に置くとして、本研究において重視すべきは、地域の活性化を担う民間領域の自発的なネットワークが登場し、主体的に国家と交渉し得たという事実である。しかしこうしたネットワークに属する主体が、主観的にこの運動をどう捉え、どのような日常的な社会関係の中に埋め込まれ、どのようなモチベーションに基づいて活動していたかということにはあまり関心が向けられなかった。

　このような傾向は構造分析の流れを汲む蓮見・似田貝・矢澤ら（1990）の神戸調査（『都市政策と地域形成』）においてもあまり変わることがなかった。神戸調査においては地域における主要団体についてのより踏み込んだ記述がなされ、特に商工会議所の記述を通して市当局による産業・空間政策の策定に対する地域経済界との関わりが明らかにされた。これによれば、神戸商工会議所と市は緊密に連絡を取りながら、「ファッション都市づくり」をはじめとした経済構造の転換に関わる企画に関して一定の役割を果たしてい

---

1)　「水産業に重心をおいた都市、それに見合った政治構造から、工業ないしは商業に重心を置いた都市への展開は市議会の場において達成されたのではなかった。…」（福武　1965：231）。

たとされる。その特徴は①〈アイデアは商工会議所、金は市〉という分業関係を築き、②一連の政策が新しい都市イメージの創造と同時に中堅企業優遇策という側面を持ち、③その影響力は市に対して相対的に弱かった、という点にまとめられている[2]。また、慢性的な地方財政危機の結果として、町内会やPTA、婦人会などを含む様々な住民諸団体への業務委託を行った流れの中では、行政と私的団体との相互作用の中で生じた「グレーゾーン＝公共的領域と私的領域の中間領域」（239）の存在が、下からの地域社会の展開の足がかりとなる可能性についても論じられ、本研究における理論的な問題意識とも通ずる部分がある。ただし、神戸調査に限らず蓮見・似田貝らによる構造分析全体を通しては、行政機構に連なる住民諸団体の機能は基本的に地方行政機構や国家の地方統治戦略が住民活動に対して抑圧的な形で沈殿していく過程として整理される（蓮見　1990）。

　総じて、構造分析における経営者層の結社の分析対象は基本的に経済団体色の強いものであり、その行動原理と活動領域は、あくまでも経済的な集合的利益をベースとしたものとして解釈されてきた。商工会議所や「住民諸団体」という中間的な主体の媒介機能の重要性は認識されてきたが、正面からその中間的な主体へ焦点を合わせた分析は豊富とは言えず、特に青年会議所やロータリークラブなど、経済領域外の活動を含む経営者層の活動実体は取り扱われてこなかった。構造分析の主たる関心は地域政治体制を中核とする自治体の構造とそれに付随する比較的フォーマルな諸関係に向けられており、組織活動という観点からは商工会議所などと比べて周縁的に見られる経営者層の私的結社の組織単体への視点が抜け落ちたとしても、無理のないことであったと言えるかもしれない。「主体形成」を一つの主題としながらも、それは住民一般に向けられた概念であって、具体的な主体の主観的なプロセスまでを射程に入れるものではなかった。

　権力構造（Community Power Structure：CPS）分析の潮流もまた、主

---

2)　蓮見・似田貝・矢澤（1991）：193-194。

に政治過程との関わりの中で伝統的に結社のネットワークと地域共同体への働きかけについて様々なアプローチを行ってきた。CPS における古典的な名著であるダール（1961＝1988）の『統治するのは誰か』において、影響力の主体は PTA や商業会議所、婦人団体や労働組合などさまざまな結社を地域への働きかけのフィールドとし、そこでの活動自体が影響力の主体形成プロセスの場であったことが示唆されている。日本においては、秋元律郎（1971）や松原治郎（1968）など 1960 年代に特に盛んに地域開発と地域権力構造の関係が論じられ、権力を媒介する中間集団、特に経済団体についても多くの言及があった。秋元は刈谷市の事例において旧来の権力媒介の中心的集団であった区や部落会組織の弛緩と、それに代わる大企業関係者の台頭について論じる中で、多くの影響力の主体が商工会議所やロータリークラブなどのいくつかの結社へ凝集していることを示し、そのネットワークの実態を描いた。特に重要な指摘は、1950 年代の企業城下町において、大企業の影響力の増大が旧来の都市の権力構造基盤を突き崩す流れの中で、結社などの場を通じて地場の権力者は大企業関係者のネットワークに吸収される一方、青年団や婦人会などの伝統的な地縁的組織は統合力を失っていたという点である。その結果として伝統的な祭りを健全な形で維持することが困難になるなど（秋元　1971：167-168）、社会は地域活動を行うための紐帯を失いながら、十分な自発的結社は育たないままに地域政治の再編成が迫られる状況が生じていたことが結論づけられている。このような状況に対して、地域の市民領域に台頭した経営者層の結社が一定の役割を果たしたというのが本章の一つの仮説となっているが、少なくとも秋元の権力構造の時点では、経営者層の凝集は権力獲得と結び付けられているのみであり、それはやはり広義の経済的な合理性と結び付けられるに過ぎなかった。

　このような合理的な利益のために地域の発展を志向しインフォーマルに政治的・社会的影響力を行使する集団は Harvey と Molotch（1976）によって成長マシーン（Growth Machine）として、より具体的に定式化され、中澤（2005）はこの影響を受けつつ原発の是非を問う住民投票の分析の中に地

域の全体構造の変動という通時的な視点を取り入れ、ローカルレジーム論として提示した。中澤のローカルレジームモデルによれば、地方政治の統治システムは土着層や名望家が根回しなどの独自のルールによって統治運営を行う「名望家レジーム」から商工派の政治家・有力者主体で補助金などの法体系の有効利用し地域発展を目指す「地域開発レジーム」へと移行し、さらに理想的には徹底した住民参加を基盤とした「内発的発展レジーム」に到達するとされる。

　構造分析や権力構造分析の流れで提出された地域研究は、経営者層の結社を経済的利益や権力に対して合理的に働きかける存在として位置付けてきたと言える。しかし、同じように政治過程の文脈に注目しながら、別の行動原理を示唆するような諸研究も提出されてきた。

　例えば、1960年代の地方政治研究として有名なカーティス（1971＝1983）による地方議員選挙に関するモノグラフでは経済団体の行動原理の多様性が明らかにされている。調査地において経済団体の多くは自民党の支持を基本としながら特定候補の支持には消極的であった一方で、候補者が青年時代に立ち上げに携わり、活発に活動を行った青年会議所の卒業生の集まるシニアクラブは強い絆で結ばれ、対象地域の経済団体で唯一積極的な支持を行ったことが指摘されていたのである。本研究の関心に引きつけて解釈すれば、経済団体としての青年会議所（正確にはその卒業生のネットワークではあるが）の行為原理は、他の経済団体の持つ利益に対する合理性とは異なる水準——具体的にはネットワークに付随する感情や規範——のものであったことが示唆されていたと言えよう。そして秋元が旧来の権力構造の変容を指摘したまさしくその時代に、地方政治の基盤の一つとしてそ自発的結社を通じた協力のための規範やネットワークが意味を持っていたという歴史的事実は、それ自体本研究にとって重要な意味を持っている。

　政治過程の文脈において、CPSの流れを汲みつつ政策決定プロセスについて分析を行った高木俊哉の2つの論文は、経済団体の結社としての行動原理と外的影響力の範囲について、一つの別の視点を提供するものである。高

木（2002）は矢澤の神戸におけるコーポラティズムの分析やCPSの議論を
踏まえつつ、岐阜県大垣市の1990年代の産業振興ビジョンの策定プロセス
を、構成員の所属結社とネットワークを手掛かりとしつつ分析した。大垣市
の一連のIT産業振興による地域活性化を担ったのは商工会議所を中心とし
た地元経営者らを中心とし、市の職員、自治会長、工場会長、学識経験者な
どによって構成されるTEAM21という組織であったが、それらの構成員の
所属する結社・団体に目を向けると、異なる組織を代表するメンバー間にお
いても青年会議所や体育連盟、ロータリークラブ、高校同窓会などの私的な
結社を通したネットワークの広がりがあり、関係者が常に何らかの形で私的
なつながりを持っているような社会構造がスムーズな意思決定を可能にした
ということが明らかとなった。さらにこのネットワークの中心には青年会議
所やそこから派生した結社を中心とした若手経済人の勉強会があり、そこで
育成された人材がこうした民間領域の意思決定の場に供給されてきたことも
示されている。この高木の研究において重要な議論は、政治的な決定過程を
ネオ・コーポラティズムであると位置づけた一方で、それを可能としている
社会構造が、企業活動の延長にありながらも活動としては市場や政治から一
定の距離を持った結社活動によって醸成された社会的参加の意識によって特
徴づけられているということである。高木（2005）はこうした事例を背景
として、日本の地域社会の独特な特性として自発的結社としてのアソシエー
ションと非選択的職能的結合であるコーポラツィオンの未分化があると結論
付けている。

　多くの論者によって成長マシーン論が展開されてきたアメリカにおいて
も、その文脈を意識しつつ経営者の集合的な利益への合理性とは別の、主に
規範論的な視点が提示されるようになってきている。Besser（2003）は成
長マシーン論を批判しつつアイオワにおける都市部・地方部の小ビジネス経
営者のコミュニティへ活動への参加の説明を試みた。その参加の論理は、個
人的な価値やコミュニティに対する責任感、ビジネスまたは経営者の参加へ
期待する地域文化、コミュニティへの貢献が、ビジネスの機会を発展させ新

しいビジネスを刺激する良い公共的関係を創出するなど、最終的にはビジネスにとって良いことであるという信念などに支えられるものである。こうした視点に目を配るとき、成長志向の担い手としての経営者層の活動は利益に対する合理性だけでなく、地域の経営者独特の規範や文化といった側面からも分析される可能性が開かれている。Vitale（2015）はピッツバーグの成長マシーンにおいて、利益への意識の中に反共主義[3]に伴う排除と裏腹の新たな市民的責任（Civic Responsibility）を媒介とする協力行動のための感覚が芽生えていたことを指摘している。

　このように、比較的近年の政治過程における経営者層の集合行為の分析においては、国内外を問わず、行為原理の規範的な側面への注目が増している傾向が見られる。伝統的な地域社会学が頻繁に取り上げてきた、直接的・短期的利益と結びつく大資本の開発とは異なる、いわば短期的には大きな儲けにつながりづらい地域活性化へ向けた自発的な行為は、衰退する地域社会でむしろ一般化している感もある。それが最も顕著に現れると考えられるのが、以下で言及するいわゆるまちおこし活動における経営者層の結社活動である。

5-2-2　まちおこし運動と商業者結社の研究

　近年地域の衰退が問題となる中で、商業者や経営者の団体が深く関与したまちおこしの活動事例はしばしば地域の経営者の地域活動のより広い側面を示してきた。地域の活性化を目指す地域への働きかけは、直接的な経済的便益を生み出す可能性を含むと同時に、地域アイデンティティや文化の継承や独特の使命感に支えられた自発的参加としての側面を備えてもいる。特に近年では主にまちおこしのイベントや祭などの場面において、そのような広がりを持った経営者層のネットワークのあり方が報告されてきた。とりわけ

3）　反共主義はアメリカ青年会議所においても 1960 年代まで強く意識されたテーマであり（Clark 1995）、保守派の市民活動の結束を深めるイデオロギーとしての重要性は別で検討される必要があるだろう。

1990 年代以降、大店舗法の改正などによる中心市街地の空洞化を背景として、商店街振興組合などの商業者の団体が環境整備や催し、地域住民の生活支援など公共的な役割を積極的に担うことで衰退に歯止めをかけようとする動きが全国的に見られるようになった（鄭　2002）。商工業者の結社とそれが結節点となったネットワークの展開については、すでに少なくない事例研究の蓄積がある。

　竹元（2008）は宮崎県都城市において、空洞化への対策として商店街振興会の主催によって始まった「おかげ祭り」というイベントが市外からも参加者が訪れる大規模な祭りとして成功を収めるに至るまでのプロセスについて論じている。この事例においては当初商店街店主を中心とした地縁的社会関係がベースとなって運営され、中心市街地の盛り上げを目的とした祭りが、商業者を残しつつも様々な外部者を含んだ実行委員会による、祭りそのものを目的とした広域的な運営へと変質することによって、商店街の範囲を超えた大規模な発展を遂げていったプロセスが描き出されている。

　倉持（2005）は千葉県印旛郡栄町を事例とし、商業者結社である商工会青年部が主催したイルミネーションを中心とした様々な地域の発信と盛り上げを目指すイベント活動について分析を行った。倉持はこの町においてこのような主体的活動が生じた原因を商工会青年部と商工会の相互関係の中に見出し、特に若い世代の青年部が、青年部 OB が主導する商工会本体の予算のもとに活動を請け負うことをその活動の主とする存在から、中心市街地活性化法に基づく商工会の TMO[4] を契機として積極的に事業を展開する主体へと転換することに成功したことに求めている。TMO 指定によって行政や外部に開かれた事業運営を行う必要性が生じる中で、商工会のみとの関係性で動いていた青年部が自立した活動の機会を得、TMO 事業の一つとしてのイルミネーションイベントの、事実上の計画・実行を担ったのである。結果として TMO を利用しつつ、まちづくりの主体の世代交代が起こったとしてい

---

4)　中心市街地活性化法に基づく中小企業高度化事業を中心とした地域振興の主体として基礎自治体が認定した組織。

る。

　矢部（2000）は滋賀県長浜市の「黒壁」を中心とした伝統的な町並みの保存運動に関わった若手経営者を中心としたネットワークについて、インタビューを中心とした調査による記述を行っている。矢部によれば70年代以降中心市街地の危機、衰退ののち、名望家的社会層の変動＝商業者の下降または郊外への進出が起こったことで、結果として閉じた商店街の伝統組織「山組」から非商業部門経営者など新たなリーダー層を含む青年会議所・第三セクター「黒壁」への街づくりの担い手の移行が生じ、この変化が再生事業を成功に導いたとされる。

　武田（2005）は福山市内の衰退しつつあった2つの地区の異なる祭礼が合同で行われることで再活性化した事例を取り上げ、それが可能になった条件として旧来の自治体を中心とした運営から、自営業者ネットワークを母体とし、祭りの運営に特化した機能集団＝アソシエーションの形成への移行があったとしている。

　以上のような経営者の結社を中心としたネットワークが関わった地域活性化のための様々な試みが第一に示すのは、行政や政治過程とは別種の自発的で直接的な働きかけによって、地域のある種の公共的な事柄に携わってきた商業者の結社が存在してきたという事実である。さらに、そうした活動の担い手となるような経営者のネットワーク自体にも多様性があり、また変化し得るものであるという点も指摘できる。とりわけ、経済領域に確かな基盤を持ちつつ何らかの開放性を獲得したネットワークが、活動を活発化させてきたことも共通点として指摘できよう。そしてその開放性が、特定集団の閉鎖的な利益からはひとまず一定の距離を生じさせていることも重要である。

　先行研究の様々な事例の存在を受けて、本章において再考されるべき問いは、大きく分けて2点に集約される。

　第一に、経営者層の集合的な活動として、改めてこのような街への関与をどのような行動原理に基づくものとして位置付けるべきかという問題がある。経済領域に根ざしたネットワークの活動は経済的な資本に直接的には関

わらない形で表出し得るものであり、それ自体を通じた収益が期待されない
のはもとより、長期的に見ても、時間や労力の投資に見合う利益は曖昧で必
ずしも明確に予期できるのでもない。その意味で、利益や権力関係を重視す
るモデルとは異なる視点が必要となるが、この点について先行する経済団体
研究やまちおこし活動の事例研究においてはあまり明示的に言及されてこな
かった。手がかりとなり得る行為原理の一つとしては、互酬性を想定するこ
とができる。互酬性は他者のために何かを与えることによって、何らかの形
で返報を得ることができるという、漠然とした長期的な利益への期待、ある
いは何らかの利益を得たことに対する返報の義務感を意味し、市民的行為の
代表的な原理として様々な論者に注目されてきた。また、武田（2016）は、
長浜市の祭礼を支える自営業者のネットワークの献身性の基底に存在する、
彼らの商売を成り立たせるための互酬的なネットワークの維持という動機を
指摘している。同時に、この事例において武田は仕事に直接還元できないよ
うな、動員能力や名誉の顕示といった心理的な報酬への期待も重視してい
る。

　しかし、こうした参加の原理を表現する概念が本章においてそのまま分
析に用いられることには注意を要する。本章において注目されるのは、行為
が経営者層の結社という単位によって集合的になされているという点であ
り、個人が利益を予期したり、心理的報酬を得るということとは別の観点も
必要とされる[5]。具体的には、まず青年会議所固有の、全国的な結社として
の共通の活動規範・方針の影響が考慮される必要がある。それはトランス
ローカルな構造の中で、世界レベル・全国レベルで共有されるものである。
同時に、地域内の文脈、つまり組織体としての成り立ちや他の地域の主体と
の関係性の中でどのような行為をなすかが規定されるということが考えられ
る。

　とりわけ後者の点に関連しつつ論ぜられるべき第二の点が、青年会議所

---

5)　この点については、本書第6章で詳しく論ずる。

が地域社会の中で獲得してきた役割の内実である。結社そのものが組織として内部に有する文脈を押さえた上で、地域社会において果たされる役割を、特定のまちおこし事例の一時点のみでなく、動的に捉えていくことによって、本研究ならではの知見が提示されることが目指される。また、この分析を第一の課題である行動原理と同時に行うことによって、活動目的と獲得された役割の相互作用も検討されることとなる。すなわち、特定の目的を持った活動が地域社会の中での役割に影響を与えると同時に、付与された役割がまた集合的な行為を規定する要因になり得るのである。

　上記のような問題意識のもと、本章では地域社会における青年会議所の活動を題材として、経済領域に根差したネットワークによる経済外の領域での自発的な地域活動はどのような脈絡で生まれ、どのような意図や目的が共有され、どのような役割を地域社会で担ってきたのかを把握することが目指される。そのための事例として福岡県飯塚市、埼玉県深谷市という2つの都市における青年会議所の展開を記述した上で、両都市において深く関わってきた伝統行事への関与について論ずる。様々な活動事例の中で、特に都市祭礼の活性化と運営を中心に扱うことには本研究にとって2つの意義がある。第一に、文化の継承や弛緩した地域の紐帯の再生といった経営者層の直接的利益を超えた公益性を持ち得る活動であるという点である。彼らの自発的活動の公益性を扱うこと自体が、これまでの地域研究の一部に見られた、彼らの集合的活動を利益と単純に結びつける傾向に対して、新たなる見方を提示する事につながる。加えて、伝統行事は近代以前の伝統的な社会関係と不可分なものであるという点も重要である。青年会議所はすでに何度も述べてきたように西洋的な近代性を背負い、また地域にとっては外部から波及してきた結社であると同時に、その活動基盤やメンバーシップを地域に根ざした関係に負っており、この両義性を考える上で、伝統的祭礼との関わりを論じることは非常に有効である。以上の点から、2つの事例は本章および本研究全体の設定する問題に対して重要なものとなっている。

5-3　調査方法と調査地

　調査地と調査方法については第2章においてより詳しく述べたが、ごく簡潔にここで再確認しておく。すでに触れてきたように、本研究が事例として取り上げるのは、福岡県飯塚市と埼玉県深谷市両都市における青年会議所と都市祭礼である。飯塚については山笠という祭の1970年の復興と以後の運営、深谷については1990年代の八坂まつりの深谷まつりへの再編と以後の運営を中心的に扱う。データはインタビューと青年会議所記念誌や祭記念誌を中心とした文献資料に基づく。飯塚においては特に山笠に関わる部分について、2013年5-9月に青年会議所関係者（表2-1参照）、および事務担当者・商工会議所議員・市役所職員、山笠役員など会員以外の関係者7名にもインタビューが行われた。深谷においては、2014-15年に元青年会議所会員・元深谷祭連合青年部会長の深谷B、元青年会議所理事長の深谷A、元青年会議所会員で深谷まつり立ち上げの担当委員会委員長を務めた深谷Dにインタビューを行った他、深谷青年会議所が40周年を記念して発行した活動記録の『源流』（2001）、および深谷Aから提供を受けた議事資料など運営資料を参照した。

　福岡県飯塚市は、江戸時代の宿場町に起源を持ち、1950年代までは炭鉱の町として栄えたが、1950年代末からの相次ぐ閉山により衰退を経験した地域である。「山笠」もそうした急激な衰退の余波を受け、中断の時期を迎えることとなった。その後一部地場企業の産業構造転換の成功や商業の好調、旧産炭地救済の政策、大学・工場誘致等を背景として激減していた人口は1975年を底に再び増加に転じ、1995年まで微増傾向にあった。

　埼玉県深谷市は同じく宿場町を起源とし、産業は一貫して農業が盛んで、郊外の明治期から大正にかけてはレンガ製造、1955年頃からは機械や食品などの工場が増加した。人口や産業の推移は長期間比較的安定していたが、特に1990年代からは中心市街地の衰退が著しく、祭を衰退させる一つ

の要因となっていた。

　どちらも現在の人口は13万人前後の中規模都市であり、旧宿場町の伝統を引き継ぐ祭礼が継続され、それに青年会議所が関与してきた歴史がある。緩やかに近隣社会の力が持続してきた深谷を比較事例として取り上げることは、炭鉱閉山という産業構造の大転換と、それに伴う地域コミュニティの大きな危機を迎えた飯塚の事例の特殊性や、そうした条件にもかかわらず存在する共通点から青年会議所の普遍的な活動パターンを示唆するのに役立つ。

　ただし取り上げる中心的な時代は異なり、データの量も深谷でのそれは、主たる調査地の飯塚に比較すると十分ではないため、厳密な比較は困難であり、また2事例のみからの一般化も困難である。あくまでも本章の2つの事例は全国的に見られる経済に根ざしたネットワーク・結社と地域祭礼の関わりのバリエーションを捉えるための将来的に期待される蓄積の一部であり、この2つが比較のための条件を揃えられた特殊な事例でないことを確認しておく。

5−4　組織的な行動原理
― 地域レベルにおける青年会議所の組織理念の受容 ―

　これまでの複数の章および本章冒頭でも、繰り返し論じてきたように日本の青年会議所はその公式的な言説において市民的結社の特質と経済団体として自覚を兼ね備えた存在として自己を定義してきた。地域社会における青年会議所の活動を詳しく論じる前に、市民社会と市場とにまたがるようなこのような活動のあり方は、地域の実践のレベルにおいてどのように捉えられているかについて論じておく。

　第3章でも言及したように、青年会議所の市民結社的特性を象徴するのは、日本青年会議所によって定められた"友情""修練""奉仕"という"三信条"[6]

---

6)　第3章にて論じた通り、三信条とは、仲間との交友（友情）と（地域）社会への奉仕を通じて自らを社会的リーダーにふさわしい人格へ成長させる（修練）という基本理念

である。この三信条は調査を通して、地域レベルにおいても組織活動における根本的価値として浸透していることがうかがえた。三信条は現在に至るまで青年会議所の基本的な価値として理解され、飯塚、深谷両青年会議所における刊行物においても極めて頻繁に言及され、世代を超えて多くの会員がインタビューにおいてこの三信条のあり方を熱心に語っていた。こうした規範の共有は利害を超えた献身的な参加という理想像を構成し、しばしば極めて献身的な地域への参加者の供給へとつながってきた。特に注意を払われるのは、"修練"を中核とする3つの理念のバランスである。1970年代の飯塚青年会議所の理事長経験者はこの点について、以下のように語っている。

　"奉仕""友情""修練"の中でどこを頂点におくか。"友情"を頂点におけばただの仲良しクラブになって流されるまま、取引先のお客さんでもいればそれに流されるままになってしまう。では"奉仕"を頂点にすると、奉仕活動だけになってしまう。青年会議所というのは自分でお金を出して自分で汗かく団体なんです。だから他の団体から見てこれほど便利な団体はない。だけど"奉仕"ということでよそにいいように使われるばっかりじゃね、存在意義がないんです。だからただの後援団体ではなくて主催団体ですよということなんです。主催するということは1から計画立てないかんでしょう。事業計画立てて、成果を挙げるにはどうすればいいかと考える。これが"修練"なんです。自分たちが苦労して、例えばイベントしたけど人が来なかったってなったとなったときに「自分たちがこれだけやってあげてるのに」という気持ちに、"奉仕"してやってるという感覚だとなってしまうわけです。ところが"修練"が頂点に来れば人が来なかったときに運営の仕方とかPRの仕方とか何かが悪かったんじゃないかと反省が生まれるわけです。…そうやって将来の経営者が勉強していくから、企業がお金出してくれたりすることもある。それに応えるために一生懸命参加して、しっかり発言して、それに対して反論もあるでしょう、そこでは自分の至らないところや未熟さもたたかれる。そうやって磨かれていく。（飯塚　E）

　この元理事長の語りからは、三信条の中でも"修練"を中核とすること

　であり、伝統的な市民的結社のエートスが現れている。

で、閉鎖的な関係やビジネス上の関係に完結してしまう"友情"や、単に外部の年長の集団に利用されるような活動に結びつきかねない"奉仕"の方向性をコントロールするという姿勢がうかがえる。とりわけ、事業計画プロセスをすべて担う「主催団体」としてのこだわりは、のちにも述べるように活動方針に時として大きな影響を与えてきた。加えて、"修練"の原理は会員の献身的な参加を論理づけるためのある種のレトリックとしても用いられ得るものである。

> すごいトレーニングなんよ。…仕事なんてほったらかし、家庭もほったらかし、プライベートの時間なんてもうなくて、…街のためにってやってもいろんなところから文句言われたりもして。その葛藤をどんどん繰り返す。…これ（文句）を自分の成長のために言ってくれると思えるようになったらハードルを越えるというか。それが経営者としての器の大きさにもなる。（飯塚J）

この"修練"の原理のために、青年会議所は毎年理事長以下のすべての執行部は入れ替えられ、多くの会員が役職を経験することが重視される。組織活動の実質的な動機の源泉として日常的に用いられるがゆえに、どの原理を重視するか、また原理からの逸脱をいかに防ぐかが熱心な会員にとって重大な関心事となる。多くの青年会議所は新規会員の拡大のために地域の経営後継者などをリストアップし勧誘活動を行っているが、その際にはしばしばお世話になっている地域への奉仕を構成するようなまちづくり活動がアピールされ、活動理念のバランスの問題が意識されている。

> 青年会議所の会員拡大するときにさ、1番やりやすいのは敷居下げればたくさん入ってくるって考えあるじゃん。…「商売になるよ、仲間が増えて、商売になるよ、楽しいよ。」っていうところで会員拡大しちゃうんだよ。でも俺は一切言わなかったから。だって、青年会議所ってどういう会？　まちづくりを考える会でしょ。…入り口のところで、「楽しいよ、儲かるよ」って話をしてみたら、入って来たら、「なんだ、結局まちづくりで、週に3回も委員会があって、先輩からは怒られるし」みたいになったら、ギャップ生じるよね。入って来てもすぐ抜けちゃうよね。それか幽霊会員になったり、出席率が低

かったりするじゃん。…商売やってるよね、商売で地域の人に世話になってる
よね、だったら街に貢献しましょう。…って言うと、これに響かない人は一人
もいない。それを否定する人はいない。いないでしょ。…使命感だな。じゃな
きゃ、金払って怒られに行かねえよな。(深谷 C)

　この会員の発言から伺えるのは、まず青年会議所への参加が「商売」に繋
がり得るという経営者間の一般通念の存在であり、それが参加の大きな誘因
になるという事実である。この説明をした会員自身も別の場で、活動の結果
として組織内の人脈や地元の人に好意を持ってもらうことが自らの事業のプ
ラスになることを認めていた。しかしそれは多くの人にとってはあくまでも
結果的に後から認識される不確かな見返りであり、短期的に計算できるよう
な種類の便益ではないと解釈されていることが多い。特に熱心に参加するほ
ど、当事者にとっては実態として長時間の拘束や活動の厳しさが「商売」や
「楽しさ」といった個人的な便益だけでは釣り合わないと捉えられやすく、
それを超えた商売人としての地域貢献(奉仕)への使命感が実際の参加を促
す大きな動機として認識されやすくなる。こうした理念は組織活動の実際上
の強い効力を持ち、時間や体力、お金を費やすことがその表現として理解さ
れる。熱心な会員はしばしば「中小零細だから地域貢献できる資金はない。
だから体を貸す」といった論理で長時間の参加を自らに課すが、活動に深く
参与するほど交際費や旅費(全国の青年会議所に出向するため)を中心とし
て結局は経済的な支出も増えるという事実がある。

　　会費(深谷では月 9,000 円)以外でいくらかかるかってアンケート取ったこ
　とあるの。うんとかかる人は月に 30 万ぐらいかかってるんだよ、20-30 万ぐ
　らいかかってるわけ。かかってない人は、ほとんどゼロに近いんだよね、…で
　も、1 番多いのはいくらって言ったらね、2 万 5 千円だったの。…お小遣いが
　2 万 5 千円の人いないだろって、経営者で。2 万 5 千円以下のお小遣いしか持っ
　てないんだったら、もっと仕事しろって、JC 誘ってごめん、もっと君は仕事
　した方がいいって世界。それよりも副理事長とかになりたいんだったら、多少
　お金かかるよって。(深谷 C)

それゆえそれだけのコストを正当化する組織理念の解釈は重要であり、特に第3章で触れたように、深谷青年会議所内ではそれを巡って活発な論争も行われてきた。1つは奉仕と修練を巡る対立で、これは統括組織の日本青年会議所で1970年代から1980年代にかけて議論された会員個人のリーダーシップを発展させることを目指す「LD（Leadership Development）」と地域社会の発展を目指す「CD（Community Development）」のどちらにより資源を配分するべきかという問題が持ち込まれたものであった（本書第3章参照）。もう一つは友情とそれ以外の2つの理念を巡る対立、すなわち親睦団体的方向性とまちづくり団体としての方向性のどちらを優先するべきかという深谷内での論争であり、これを巡っては役員選挙を軸として組織内に対立する「派閥」が生じるほどであったという（深谷青年会議所 2001）。いずれにせよ、短期的・長期的な私的利益と別の水準で経営者としての市民参加の理念のあり方は常に切実な問題として捉えられてきたのである。

以降では、上記の特性を持った青年会議所が個々の地域で、地域の祭礼とどのように結びついてきたかについて論じる。

5−5　飯塚青年会議所と山笠

5−5−1　飯塚青年会議所の結成と展開

飯塚市では1953年に青年会議所が結成された。その発足に特に重要な役割を果たしたのは商工会議所であった。設立時のメンバーはもともと飯塚商工会議所の若手有志で、中でも初代理事長は有力な地場の炭鉱業者であり当時飯塚商工会議所の常議員でもあった伊藤博之助である。伊藤はもともと福岡青年会議所の役員でもあり、飯塚にも青年会議所を広めたいという希望を飯塚商工会議所に持ち込んだ。設立の支援に回った商工会議所の会頭も有力な地場の炭鉱主である麻生太賀吉であり、当時まだ活発であった石炭産業の影響力の表れをここに見ることができる。

将来の商工会議所の担い手育成という意図から、定款や有力経営（後継）

者を主とする新規会員の勧誘リストの作成、日常の会議への参加を含めて商工会議所事務局が深く関与し、事務局は商工会議所内に置かれた。こうした当時の会員や職員から「親子会議所」と称されていた両会議所の密接な関係は 1970 年ごろまで続いた。

　特に炭鉱が閉山した 1960 年代は商工会議所と協力しながら経済の活性化を目指した会合や誘致活動、旧産炭地関連法のためのロビー活動を行っていた。例えば商工会議所がリードしてきた旧産炭地の生き残りへ向けた誘致合戦によって競争が激化していた飯塚、直方、田川という筑豊の 3 都市がある程度協調して効率的な誘致を行うことを企図し、3 都市の青年会議所によって 1965 年に筑豊 3JC 経済活動委員会が結成された。この委員会自体による具体的な誘致の成功はなかったが、定期的な会合によって円滑な連携の体制が整えられると商工会議所が本格的に参入し、共同で企業回りや視察団の受け入れを行い、1970 年までに工場の誘致を 1 つ実現させている。

　同じく 1960 年代に商工会議所を中心として展開された近畿大学誘致活動では大学関係者視察団を迎えるためののぼりや看板の製作といった雑務を手伝うこともあった。また、この時期には旧産炭地の進行に関する政策形成のために県が主催した福岡県産炭地推進協議会などへの参加を通して商工会議所とともに県知事に働きかけを行い、青少年施設の建設の陳情運動も行われた。当時の飯塚商工会議所副会頭の一人は県会議員を務めており同じ自民党系の福岡県知事は懇意であったこともあって、旧産炭地の優遇政策において協力関係にあった。

　こうした商工会議所の影響下で飯塚青年会議所は知事選に協力し、他方で県の諮問会議にて筑豊の青少年センター設立のための答申を行う中で、スポーツ施設を飯塚に誘致することに成功した。こうした経済団体的活動およびロビー活動は基本的に商工会議所と共同で行われることが多く、商工会議所の手伝いをしつつチャリティーや交通安全運動などの活動を行っていたのが 1960 年代の青年会議所であった。様々な誘致活動は商工会議所を中心に町内会連合会、商工会議所、商業団連合会、婦人会議所、ロータリークラ

ブ、ライオンズクラブなどの連名によって行われ、この組織間ネットワークはのちの様々な活動にも活用されることとなる。

　1960年代後半から、組織内にはいくつかの重要な変化が生じ、それは飯塚青年会議所の活動の中心が経済関連のものからより広い地域活動へ移行するのを準備した。まず、1960年代半ばの佐藤内閣が公害や過疎など経済開発偏重によって生じた高度成長期の歪みに対して社会開発を政策の柱として打ち出した時期に、日本青年会議所が1968年より活動指針として「社会開発」を掲げ、飯塚青年会議所内にも後の山笠復興運動を担うこととなる社会開発委員会が発足した。続いて、山笠復活運動開始前年の1969年に3JC経済活動委員会は終了し、また同年を最後にそれまで毎年設置されていた経済を冠する委員会が設置されなくなった。この背景として、先述の市や商工会議所を中心とした1960年代の企業誘致運動が一段落していたという事実があり、商工会議所が青年会議所を動員する必要性を減じていたことが考えられる。このため、経済関係活動に用いられていた人的・経済的リソースを社会開発へと注ぐ条件が整えられた。1970年には商工会議所の移転をきっかけとしてそれまで「親会議所」に間借りしていた事務局を独立させ、独自の事務所を構え、自前の事務職員を雇って運営されるようになった。これ以降商工会議所と飯塚青年会議所の関係性は年々薄れていき、連動した活動は殆ど行われなくなっていく。そのため、これ以降青年会議所は独自の活動を志向し、非経済的領域にその主たる活動の場を見いだすようになる。長く中止になっていた伝統行事である山笠の復活運動とその後の継続的運営のほか、市内の町内会対抗による"子供ソフトボール大会"を主催したり、市の運営する勤労青年の交流の場であった青少年センターの若者と連携して"祭りぽた山"という大規模なイベントを3年間運営するなど、イベントの主催は青年会議所の主たる事業のうちの一つとして定着していった。1970年代末からは地方の時代[7] やまちおこしといった時代潮流を反映しつつ、茜染とい

---

7)　中央集権的工業化の終焉の中で神奈川県知事長洲一二らが提唱したキャッチフレーズ

う伝統的な特産品の復活運動や飯塚・筑豊地方の物産を紹介する "ふるさとフェア" の開催など地域の独自性を打ち出した活動を展開した。1990年代前後からは九州工業大学の進出を受け、産官学連携のためのネットワークづくりを志向し、2000年代には水質保全のための市民運動が盛り上がってきていた飯塚市内を流れる遠賀川の夜を灯明で飾るイベントや、商店街の空洞化の中で、明治以来全国有数の製菓業が盛んな地域であったという飯塚の特色をアピールするために商店街で世界最大のロールケーキイベントを作る開催するなど、以後も地元を取り巻く環境に応じた活動を展開してきた。山笠やまちおこしに繋がる活動が中心であり、逆に初期に見られた企業誘致や経済に関する政策提言活動はあまり見られない傾向となっている。こうした変化については現在の会員から以下のような声が聞かれた。

　　恐らくは商工会議所さんと活動が重複し始めると青年会議所としての独自色がなくなるからだと思う。経済で何かをやろうとしたときに商工会議所は政治的な力とか、助成金補助金も持ってるから強いよね、そうすると同じ経済的な活動でも商工会議所の方が土壌が整ってる。そのうちに青年会議所のありかたを見直したんだと思う。それでまちづくり人づくりに特化していくようになったんじゃないかな。…要は商工会議所が経済商業を中心にまちづくりを考えていて、私たちはもっと広い範囲で全くしがらみのないところから問題提起を行っていく。土俵が違うというかね。財源が全部自分のものだから柔軟性も大きい。商工会議所はそれが経済効果どれくらいあるんですかって話になる。商工会議所がよくやるような陳情とかもしない。提案や提言はするとしても橋を耐震にした方がいいとかここの工事がどうとかいうのはまるで違う。（飯塚J）

　このように青年会議所は自立した組織の確立を志向していく過程で、経済領域から一定の距離をとり、イベントなどを中心としたまちづくりと、そうした経験を通した地域を盛り上げる「人づくり」を自らの領域として開拓していったといえる。市への提案や提言の内容についても、公共工事のよう

であり、1980年代には各地でまちおこしがブームとなっていった。1980年代の「地方の時代」と「まちおこし」の展開については松野（2004）pp.20-24 に詳しい。

な具体的かつ経済的な要素の強い開発の提案は、少なくとも一部の会員にとっては、ともすれば組織的アイデンティティにそぐわないものとして認識される状況が生じたのである。ただし、上記の「工事」に関わる言説は、単に経済領域に関わるアイデンティティの問題である以上に、建設業の多い青年会議所会員にとって組織的な活動が直接的な利害関係を生じさせてしまうようなリスクが回避される必要があるということも示唆している。何らかのビジネス上の緊張関係が組織内に持ち込まれれば"友情"という組織理念が脅かされ、それはまた完全に中立な事務局職員をほとんど有さない青年会議所の現実的な組織運営にも支障を生じさせる可能性がある。それゆえ、成長マシーン論のシナリオとは逆に、開発に特化した活動は青年会議所においては抑制されてきたといえよう。

　さて、以降の節では1970年から2018年現在に至るまで青年会議所が一貫して深く関わってきた山笠に焦点を絞って、地域と青年会議所の関わりについて論じていく。山笠は神輿を中心とした伝統的な祭りであり、2018年現在では旧飯塚市のほぼ全域に広がる約30の町内[8]を基盤として数千人が何らかの形で参加し、前夜祭的なイベントであるわっしょい祭りを含めて5万人以上の人出がある、筑豊地方最大級の夏のイベントとなっている。商工会議所から独立する転換点において展開された山笠復活運動は、飯塚青年会議所にとってこれまでで最大の事業であり、かつ40年以上継続している唯一の事業でもある。市民領域において青年会議所が果たした機能と、それを通してどのような社会関係資本が創出されたのかという点について検討を行う。

---

8)　ここでの町内は山笠参加者の所属を区割りする地区の単位であり、町内会という単位に近似しているが厳密には異なる部分もある。この点については後に詳しく述べる。

表5-1　飯塚青年会議所の活動史

年度	主な社会的活動	主な政策的活動	参加した市のイベント	その他
～1962	水害被災者支援、救貧、絵画展、遊具寄付	飯塚市庁舎建設位置に関する懇談会		
1963	交通安全運動、チャリティーショー他	市政懇談会（以後恒例化）		市議に現役会員立候補し物議
1964	小学生のための月見会、施設児海水浴			筑豊炭田明山　経済活動中心へ
1965	市民のための泳ぎ方講座	3JC合同「筑豊経済活動合同委員会」		
1966	「10年後の飯塚」作文募集	3JC合同「筑豊総合開発推進協議会」		
1967	交通安全スナッカー作成	産炭地特別振興委員会（首長、商工会など合同）		
1968	チャリティーボウリング	福岡県産炭地推進協議会（首長、商工会など合同）	飯塚どんたく　以後継続	
1969				地域経済が中心の活動からの転換
1970	日米ちびっこオリンピック	市民祭復活懇談会	山笠（運営主体）　以後継続	
1971				山笠復活でJC九州社会開発最優秀
1972				
1973	献血運動	SL保存運動		福岡ブロック委員大会主催
1974		SL設置		台東JCとの姉妹JC提携
1975				
1976				
1977		教育対話集会	子ども会対抗ソフトボール大会主催　以後継続	LOM会員が日本JC会頭当選
1978		石炭六法問題市民懇談会	まつりはた山	
1979	児童絵画展示会	飯塚市第二次総合計画基本構想策定委員会	まつりはた山	山笠の運営主体の地元への移行
1980	文化協賛イラストマップ寄贈	筑豊町商業復活運動	山笠規約改正、自主運営化	
1981	チャリティふるさと缶詰発売		山笠新体制（以後継続参加）	会員数100名突破
1982		明日の嘉穂の里を考える集い	嘉穂の里ふるさとフェア主催	ソフトボール大会自主運営化
1983				
1984				JC出身者2人が市議当選（通算4名）
1985				
1986	錦鯉放流	ふるさとフォーラム "筑豊は今燃えている" 「産・官・学・民」一体化	学生お国自慢物産展（大学と協同）	
1987				
1988				
1989				
1990	フィンランド国際学会に伴うホームステイ事業		山笠　新山作成助成金など	31人の新会員で全103人に
1991	アメリカンスクール交流	トレインサミット、産官学交流会	福岡県国体　米質の接待	
1992		産官学交流懇談会・嘉穂の里経済人交流会議		都部商工会青年部と交流

5-5-2 山笠と青年会議所

① 伝統行事としての山笠と、担い手としての近隣集団

山笠は、北部九州各地に広がる伝統的な夏の風物詩の祭りとして知られている。大勢の男たちが巨大な山（一般的な山車や神輿に相当）を担いで街を駆け抜けるこの祇園の祭礼は、全国的にも有名な博多祇園山笠を発祥とし、福岡・佐賀地域の多くの街で古くから行われてきた。飯塚には享保年間ごろに伝播されていたとされ、現在の飯塚市域の諸地区の神社ごとにそれぞれの氏子によって山笠が行われていた。このうち現在の飯塚山笠の源流の一つであり、その中枢をなしているのが飯塚中心部にある嚢祖八幡宮へ奉じる山笠である。この八幡宮は山笠の祇園社を共に祀っており、明治はじめに飯塚地区の多くの社がこの場所に移されたことで、旧飯塚町全域の氏子を抱えることとなった。1919（大正 8）年まで嚢祖八幡宮の前には飯塚川が流れており、この川を挟んで東西の町内がそれぞれ "西 流" と "東 流" というグループを形成し、互いの山同士のぶつけ合いや競走などの激しい競合関係が祭りを盛り上げていた。近代化が進み飯塚が炭鉱の町と呼ばれるようになってからも宿場町であった飯塚市街は商業地区としてほとんどその形をとどめ、旧来の山笠の担い手である町衆や氏子衆といった組織的基盤が町内会へと名を変えてこうした祭りを支えていた。中でも各町内の家付き男子が中心となった青年団は担ぎ手、および 2 つの流を結ぶ調整役として重要な役割を果たしていた。

近代以降、飯塚市とともに規模を拡大していった山笠は、戦時下に徴兵による担ぎ手不足や資金難、自粛ムードなどにより初めて中止を経験する。しかし戦後ほどなくして復活すると、石炭景気を背景に豪華な飾り山が作られるようになり、1949 年には西流、東流に次ぐ山として旧飯塚町の外側の新飯塚地区を本拠とする "新 流" も登場した。1952 年には 3 日間で延べ15 万人の人出を記録するなど祭りは再び大きな発展を遂げたが、それは長くは続かなかった。1960 年前後から炭鉱の閉山が進むと人口は激減し、経済的にも混乱がある中で、主要な担ぎ手である若者たちの関心を繋ぎ止める

ことができず、祭りの存続ができなくなってしまったのである。1962年には子供山笠を除くすべての山笠が中止となった。山笠の運営が活動の中心を占めていたがゆえに、これに伴って青年団の解散も相次ぎ、近隣集団を基盤とした山笠の再開は困難になってしまった。

　以上の経緯からわかるように、近世から続く飯塚の山笠は一貫して狭い範囲の商業者の近隣集団を核とした伝統的な地域社会、町内の紐帯によって担われてきたものであり、筑豊炭田の中心都市としての近代化もこの体制を崩すことはなかったが、飯塚市が突如直面した経済的危機を契機として地域社会の基盤となる組織の脆弱化が表面化し、祭りを中止に追い込んだのであった。

　もっとも、炭坑閉山のインパクトとは裏腹に、当時中心地の商業自体が実際に致命的な打撃を受けていたわけではなかった（第2章も参照）。既に閉山と人口の急減が始まっていた1959年の商工会議所報は中心商店街の景気の堅調を伝えており、1963年には化粧道路の完成、1964年には大規模百貨店の進出と明るい材料が続いていた。市レベルにおいては人口の減少が1975年まで止まらなかったのに対して、いったん下がった小売業販売額や商店数は1960年代から再び増加していた。したがって、単に炭坑の閉山だけが問題だったのではなく、娯楽の多様化によって若者がそもそも山笠に関心を示さなくなったことが要因であった可能性が高い。当時を知る東流地域の中心の一つである元吉原町商業団員は以下のように振り返っている。

　　実際のところ商店主にまだ力はあったと思いますよ。でも地域商業団というのは結局大店だったんですよ。それでお祭りなんてのはほったらかしてても誰かがやってくれる。商売に特化して金儲けした方がもうかるという意識がものすごくあったですね。そこまでせんでも楽にやっていけるというくらいの感覚でやってたんですよ。余裕はあった。…商業団や振興組合でアーケードをやりますと言えば、間口が広い分だけお金を多く負担することになってその分威張れる、みたいな文化があってお金のことは気にするなって感じだった。だから山笠も本来商売人の祭りではあるんだけど、昔の山笠は商店主がお金を出して

担ぎ手集めてくればいくらでもできるという世界だったんですよ。でもそこまでして、自分が参加してまでということではなかった。それで、担ぎ手が食えなくなってくるとそういう世界じゃなくなってしまった。結局自分でやらないとどうにもならなくなってくる。そういう時に一番初めに手を付けたのが青年会議所だったんじゃないかな。何かを起こして地域振興を考えないといけないと、というのは青年会議所の仕事ですから。(飯塚C)

　このような富裕な商店街店主のある種の公共性への関わりは、伝統的な商工会議所議員の性質とも共通するものであり、実際的な参加というよりも経済的な義務を果たしつつ名を連ねるという象徴的な行為に意味づけられていたといえる。こうした商店主たちは自ら積極的な活動を行わなくとも、店の看板が持つ存在感と財力によって地域への公共的な参加を体現することができた。しかし実際に祭りを動かすことのできる若い担ぎ手がいなければこうした参加の仕方は成立せず、それゆえ商業地の景気がいかに一定の水準で維持されていたとしても、当時の商業団はそれ自体が山笠を復活させる基盤にはなれなかった。これに対して山笠の復活運動に協力に動いたのが、有力商店主を含むより幅広い若年経営者の結社としての青年会議所であった。

②　筑豊3JC経済委員会と山笠復活運動の開始
　山笠復活運動の一つのきっかけは、前節で少しふれた、1965年から筑豊地方の3つの青年会議所が3年にわたって共同で開催した筑豊3JC経済委員会である。本来的には「行政の枠を離れ効率よく企業誘致を図る」ことがテーマの、経済活動中心の懇談会であったが、定例化後の1968年ごろの合同会合の中で、それぞれの都市で炭坑閉山の暗いムードから脱却するためのイベントを企画する方針が固まった。3つのどの地域においても炭鉱の閉山は伝統的な祭りを中止もしくは縮小に追い込んでおり、それを復活させることが当面の課題となった。そうした経緯によって田川では神幸祭、直方ではくらじ祭りという伝統行事の復活がそれぞれ企画され、飯塚においては同じような状況に陥っている山笠復活を「炭鉱と縁を切った縁を切った飯塚を力

強く象徴する」運動として位置づけ、復活のための準備に入った。青年会議所はこの頃ちょうど事務局の商工会議所からの独立を控えた時期であり、会員たちは何か大きなことを自分たちの力でやりたいという思いを強く抱いていた。

　同じ頃、当時の飯塚において大規模なスポーツ団体であった飯塚早朝野球連盟の中でも山笠復活へ向けた話が持ち上がり、青年会議所に対して協力の申し入れがあった。すでに準備を始めていた青年会議所は、かつての運営の担い手たる各町内会長との懇談を行い積極的な賛意を得て、1970年度の正式な事業として"山笠復活運動"を決定した。その年のうちには青年会議所は商工会議所の事務局を通じて商工会議所と大学の誘致活動などで連携していた団体に参加を呼びかけ、飯塚市、町内会、氏子会、商工会議所、商業団連合会、婦人会議所、ロータリークラブ、ライオンズクラブなど15団体を構成メンバーとして発起人会が設立された。しかし事業決定から山の製作や衣装の製作に必要な資金の調達までの時間が十分ではなく、また担ぎ手が十分に集まらなかったことによりその年のうちの開催を断念された。この判断においては商工会議所の意見が影響したとされる。当時の青年会議所の会員からは以下のような話を聞くことができた。

　　　問題が解決できないままぎりぎりになってしまって、商工会議所議員の青年
　　会議所OBから「今はまだ機が熟していない」と諭された。それで（発起人会
　　の）皆さんの前で泣く泣く頭を下げてね。あれは本当につらかった。（飯塚A）

　しかしこうした問題は既に発起人会によって完成されたネットワークが活用されながら速やかに解決されていった。まず、資金面の問題は市長の働きかけによって解決された。1971年度の市予算において山笠は市民祭として位置付けられ、当時の運営費の約半分を計上したのである。加えて市長が発起人会をベースに飯塚山笠振興会会長に就任したことで、形式上山笠ははじめて行政に連なる祭となった。もっとも企画、運営、資金集めなど実質的な運営機能を担ったのはやはり青年会議所であった。

　はじめのころというのはとにかく青年会議所が全部やったという感じがあります。各山のスケジュール決め、走るコース決めとか当日の細かな段取りも準備も片付けも。（飯塚A）

　そうした準備のうち、もっとも困難かつ重要であったのが担ぎ手を集めることであった。山は通常25人程度で担がれるが、100メートルも走れば疲労困憊となる重量であり、祭りを行うためには500人弱の若者が必要とされた。しかも山笠は追い山と言われる最も重要な走りの日以外にも流れがきと呼ばれる、山の披露と足慣らしを兼ねた走りを行う必要があるため、少なくとも3日間必要人数を確保しなければならない。青年会議所は一般向けの担ぎ手募集のポスターや広告を配り、様々な団体に参加を要請した。町内会は地区によって区分けされる各流の基礎的な構成単位であったが十分に人を集めることができなかった。かつての純粋な伝統行事としての山笠とはまったく異なる運営形態の中、町内社会からの積極的な参加が十分に見込めないという背景もあった。

　　町内会も協力的ではあったけど人によっては結構様子見という感じもしました。本物かどうかはまだわからないというようなね。（飯塚A）

　一般からの担ぎ手の不足により青年会議所メンバーは若者集めに奔走した。大きな助けになったのは、はじめに山笠の復活を青年会議所に持ちかけるなど積極的に参加の姿勢を見せた飯塚早朝野球連盟の会員と、飯塚自衛隊基地隊員の動員であり、それぞれから150人ずつ確保することができた。そのほかの担ぎ手の内訳としては町内会から100人、青年会議所からはほぼ全員にあたる50人に田川青年会議所からの応援を加えた65人が担ぎ手に回った。町内会からの参加者以外は東西に割り振られた。そのためこの年はかつてのような東西の町内対抗という雰囲気は薄いものとなってしまったが、ともかく東流・西流という2つの山を担げる規模に持ち込むことができた。

　自衛隊からの動員に関しては、青年会議所が当時非常に関係の深かった商工会議所に相談を重ねる中で可能となったものであった。商工会議所は

1965 年に飯塚に自衛隊が誘致された際に中心的な役割を果たした団体のうちの一つであり、その後も関係団体として自衛隊協力会を組織していたのである。こうした背景もあって当初は祭りへの自衛隊の参加に対する一定の反発も見られたという。

　　　山笠が終わって感動して翌日の朝日新聞を見たら、「自衛隊が参加、何が『市民祭』なのか」という記事が出ていたんです。一生懸命やったのにね、すごく腹が立ちました。飲み屋で記者と会ったから朝まで口論しましたよ。（飯塚 B）

　このように初期の山笠は政治的対立の渦中にあった商工会議所との深いつながり故に、意図せずしてイデオロギー対立に巻き込まれつつ開始された部分があった。しかし反発は山笠が地域の祭りとして浸透していくうちに薄れ、また一般の参加が増えることによって自衛隊の組織的動員自体も行われなくなっていった。

　　　初めは本町町内から出るのはほとんど JC のメンバーだけだったみたいですけどね。今は流という単位の結束の方が強い。周りのいろんな人がいるのであの人が早朝野球だ JC だ自衛隊だみたいなことの前に、ずっと前からいる地域の人みたいなイメージが先に来るんですよね。地域にそれだけ根付いたということでしょうね。（飯塚 I）

　復活を果たした山笠はその後地域の祭りとして順調に発展を遂げていく。1990 年には "菰田流"、2012 年には "二瀬流" が創設され、参加町内のエリアが広がり、人口減少にもかかわらず参加人数も増加傾向にある[9]。

　　　人数は一貫して増えてますね。会議にはそんなに集まらんけど山笠の期間になったらどっと増えるんですね。各町内も走る区間の担当が決まると大変だからどんどん声かけるんですね。ほかの伝統行事はもう若い人が来てくれなくて存続が厳しいんですけど山笠だけは違うんですよね。マスコミも結構取り上げるし、だから俺も参加してるんだっていうのが誇らしいところがあるんじゃな

---

9)　2019 年以降は新型コロナウイルスの影響により、中止が続いている（2022 年現在）。

いですか。(飯塚L)

　このように、飯塚の夏を盛り上げる祭りとして定着し、見物客も炭鉱全盛時に匹敵する規模となったことなどから、山笠復活運動は「炭鉱で沈んだ筑豊の雰囲気を盛り上げる」という当初の目的を達成したと言える。同時に山笠の復活は町内を基盤とした社会関係を存続させるという点で貴重な機会も創出することとなった。このような成果には1970年時点の青年会議所の組織としての特性と、彼らが持ち得た独特のネットワークが大きな役割を果たしていたと言える。以下、今一度そのことについて整理しておきたい。

　③　復活運動を支えたネットワーク

　山笠の復活運動は青年団という従来の町内単位の住民組織の衰退や地域社会の混乱の中で、活動に費やす時間と体力、および有用なネットワークを持った青年会議所によって担われた。早朝野球連盟が町内会を上回る動員を誇ったことも含め、この運動は当時の飯塚における自発的結社の成長も反映したものであったといえる。

　閉山が進行する雰囲気の中であえて祭りを再興しようとする強い機運は生まれにくい状況があった。こうした状況においては、前章までに示してきたように活動に割く時間と物理的・社会的資本を持ち、かつ若い熱意と、コミュニティに奉仕しなければならないという特有の義務感を持った青年会議所という集団が必然的に核になり得たのである。加えて、核となったネットワークは単なる自発的結社以上の影響力の主体であった。特に青年会議所の特殊な政治的能力が重要な意味を持っていた。親会議所とも呼ばれた商工会議所は衆議院議員で地域財界最大の有力者でもある麻生太賀吉会頭体制の下で多様な資源を持ち、市と青年会議所を繋げる役割も果たしていた[10]。特

10)　ただし、山笠は伝統的に炭鉱から離れた旧飯塚町の行事であったということもあり、強力な関与があったとも言い難い。のちに日本青年会議所会頭となる麻生太郎が入会したのは山笠の運動がひと段落した1970年以降であったことも付記しておく。

にこの運動が始まる5年ほど前から定例化されていた市長と青年会議所の懇談会などによって行政関係者へのネットワークはよく培われており、市からの予算計上の際も直接的な働きかけができた。商工会議所を核とする大学や産業誘致のための結社の成長マシーン的連合体もこの運動の政治力の裏付けとなっていた。ただし当初は政治的に強力なネットワークに埋め込まれているがゆえに市民領域で自発的結社としての自覚のもとに行われる活動にも政治的な対立構造が持ち込まれてしまうという問題もあった。自衛隊の動員や「市民祭」としての位置づけは、当時イデオロギー的な対立を喚起するものでもあったことが伺え、ここにこのネットワークの持つ特性を見いだすことも可能であろう。

　さて、この運動の成功はまた、商工業者の結社を通じたネットワークと近隣集団をベースとした地域社会をより緊密に結び、それぞれにとっての新たな社会関係資本を生み出す機会を創出することとなる。そのことについて論じるために、以後まずは復活後の山笠の運営体制について記述し、その後にその体制によって形成された社会関係についての考察を加える。

④　山笠運営体制の変化と青年会議所

　復活後の山笠は、しばらくは青年会議所を中心とする山笠振興会によって一元的に運営されたが、徐々に町内会や商業団などの近隣組織をベースとした担ぎ手の組織である流が存在感を高めていくこととなった。復活後山笠が順調に定着した背景には、既に論じたように炭鉱閉山が商業機能には致命的な打撃を与えるほどの影響を及ぼさなかったという事情もあった。商業者組織には一定の結束と資金力が残っていたため、担ぎ手不足という致命的な問題が外からの動員によってひとまず解決し、復活した山笠がとりあえず軌道に乗れば、これを支えていくことができたのである。

　1979年には青年会議所と新飯塚商業団との働きかけによって、1962年の中止以前は東流、西流に続く流として存在していた"新流"も復活した。新流の主たる担ぎ手としては"新飯塚壮青連"という新飯塚青年の親睦団体の

60 人が中核をなしたが、新規の山でやはり担ぎ手不足に陥ったため東流、西流の町内在住以外の青年会議所会員は全員新流の担ぎ手に回り、これを支えたという。このように運営自体の困難さは依然として残りつつも、新流の参加で商業者の少ない町内の参加も増え、参加人数も増加し、飯塚市全域に広がる祭として定着していった。その結果、単年度制の組織運営のために原則的に継続事業はあまり好まず、また自組織内の決定プロセスの中で運営できる事業を好む青年会議所の意思もあって、1980 年には町内会や商業団などの近隣集団組織を基盤とした各流ごとに会計・企画・運営を独立して行う形へと移行することとなった。ただし青年会議所が山笠から手を引くことには反対も多く、山笠全体を統括する山笠振興会の運営には残ることとなった。

　　青年会議所という組織は 1 年刻みで新しいことをやるのがいいってなってるんです。自分たちで新しいことを企画して作り上げていくという一つの訓練ですから。…山笠からはそろそろ手を引こうという声は多くて、でもそれを言うと周りから山笠から逃げるのか、と言われる。（飯塚 I）

行政や商工会議所へのネットワークと高い運営能力[11] を持った青年会議所は、市民祭に一定の責任を持つ行政職員の側からも山笠の運営に残るように求められていたという。1979 年ごろの祭りの組織体制変更の際に関わっていた当時の市の観光課の職員は当時青年会議所に対して運営に残るように呼びかけたことを記憶していた。

　　青年会議所は継続事業をしたがらない。山笠はもうやめたいって言って来て、当時の担当に怒鳴りあげた。お前たちは馬鹿かと。なんでそんなこと言って継続せんのかと。そりゃ苦労も多いけんね。金集めたりとかさ。でも若さと馬鹿さでせんかっちゅうんよ。（飯塚 T）

---

11)　Verba et al（1995）は市民的スキル（Civic skills）として、会議を運営し、プレゼンテーションをしたり、議事録を作ったりプロジェクトの責任を取るための能力を例示している（同書：31）。またスコッチポル（2003：100）は Citizenship Skill としてロバートルールなどの組織規律の内面化や運営能力を取り上げている。ここでの運営能力とはそうした能力を指している。

このような役割期待に結果的には応じ続ける形で、青年会議所は組織内では何度か山笠運営体制からの離脱の提案がありながら、現在に至るまで運営の中心を担っている。青年会議所が運営に残らざるを得なかった背景として、会議所会員からは担ぐことが主たる目的となっている流から事務局に専念できる人員を供給することが困難であったということが挙げられている。

> かき手（著者注　担ぎ手のこと）だけで運営するのはかなり大変で。青年会議所の中にはノウハウはあるので総務委員会みたいのを作ってそこに引き渡せばできると思うんですけど。（飯塚 I）

同様の考えは青年会議所の会員ではない西流の役員 T からも聞かれた。

> お金は青年会議所がなくてもなんとかなると思うけど、やっぱり会議所が噛んどかないと、扇のかなめがないとね。きちっとした事務局がないと困るということですね。町内会とか流の持ち回りで今年はこの人とかやるのは大変だと思うんですよ。市との交渉とかも大変ですし。安定的に運営できない。（飯塚 S）

加えて他団体や行政へのネットワークという点においても青年会議所が一定の重要性を占めている。

> JC 関係のシニアの先輩がいらっしゃる所には JC が回ってます。そのつながりは大きいですね。寄付をいただいたり市や警察と交渉するにしても青年会議所という名前は役にはたってるのかなと思います。振興会といっても法人格取ってるわけではなくて任意の団体ですので、先輩もたくさんいて法人格も持っててということで信用はあると思います。（飯塚 L）

各流の運営能力の向上に伴い山の運営はそれぞれの流に移譲された一方で、統合的な事務局機能の必要性から青年会議所の関与も残されてきた。こうした役割分担は具体的には青年会議所が事実上運営の中心を担う山笠振興会と東流、西流、新流、および 1992 年以降は菰田流、2012 年以降は二瀬流を加えた 5 つの独立して運営される流という二重構造として現れている。

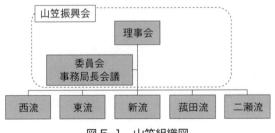

図 5-1　山笠組織図

⑤　山笠振興会と青年会議所

　山笠振興会は復活運動に関わった団体を中心に 15 の団体が連合する形で運営されている。名誉会長に市長、会長に商工会議所会頭、副会長に観光協会会長、青年会議所理事長、町内会連合会長、理事に各流の役職者（山頭・若頭など）とロータリークラブ、ライオンズクラブ、商店街連合会の会長などが名を連ねているが、これらのメンバーが振興会の成員として集うのは年に一度ずつある理事会・総会のみであり、実質的な運営は青年会議所の山笠委員会と各流からの出向者が振興会の中で部門別に分かれて参加する委員会および各流れの役職者による事務局長会議や代表者会議によって担われている。

　委員会には寄付金集めや会計を統括する財務委員会、前夜祭的な位置づけで各流が今年の山を見せ合う集団山見せや模擬店、ステージでの様々な出し物を行うわっしょい祭りの企画を中心としたイベント委員会、交通規制に関する警察や行政との交渉を担当する渉外委員会などがあり、祭りの半年ほど前から月に 1、2 度の会合を重ねて準備を進めていく。振興会の予算はそれぞれの流の予算からは独立したもので、収入・支出ともにその内容はまったく異なる。山笠振興会の収入は振興会として集めた寄付金と市からの助成、およびそれぞれの流の分担金であり、支出は広報やわっしょい祭り運営費、本部設営費、それぞれの流への分配金である。流が振興会へ対して負担する分担金は振興会が流に分配する金額よりも大きく、振興会はそれぞれの流が協力しつつ対外的な事業を取り仕切る役割を担っているということがで

きる。

　各委員会にはそれぞれの流から2人ずつと青年会議所から数名が参加して運営される。青年会議所から派遣されるのは、青年会議所内にある山笠委員会のメンバーである。山笠委員会は青年会議所会員の一部が1年間山笠運営に集中して取り組む場として設置されているものであり、理事会の会合に代表者を送るほか、理事会・総会の資料作りなどの雑務をこなしている。さらに、山笠のフィナーレとなる追い山の会場設営、出陣式の司会進行、タイムの計測、備品管理などは専ら青年会議所の山笠委員会が人員を派遣している。

　　　JCがいないと回らないなって一番思うのは当日の運営。司会とか雑務とか
　　いっぱいやることがある。若い人間が30人くらい必要なので、でも山笠に関
　　わる人ってのはみんな自分で担いでますので運営のお手伝いというのは難しい
　　んですよね、（飯塚　I）

　青年会議所は対外的な交渉や運営への人員の動員などで流の手が届かない部分を補って山笠を支えてきた。青年会議所は山を担がず無償で裏方に徹することができ、その仕事自体のノウハウにも熟練した人員を多数動員できるという点で替えが効かないと見られているのである

　ただし、既に述べたようにこうした青年会議所の山笠への関わりは既に長く内部から異論があり、今後変わっていく可能性もある。

　　　そもそも青年会議所会員の半分くらいは運営とかいう以前に各流の担ぎ手な
　　んですよ。山笠委員会のみの人を入れると8割くらい、つまり今90人ちょっ
　　との会員の中で70人くらいは山笠に関わってる。だから山笠委員会というも
　　のを作らなくてもですね、参加しないってわけじゃないからね。実際青年会議
　　所の組織というのは一つの事業するときにはお金使って事業計画書と予算書を
　　書いて理事会通して事業するという形でやるのが原則なんですが、山笠委員会
　　については振興会に出向しますけど、予算は振興会の方が持ってますから。昔
　　はJCのお金も使ってたんですけど今全然使ってないので、事業計画書とか予
　　算書とかをJCで作る立場にはない。そうなると企画じゃなくてただお手伝い

するだけの委員会になっちゃってるので賛否両論があります。個人的には山笠は青年会議所を卒業しても関わるつもりなので、青年会議所が関わった方が楽とは思いますけどね。シニアの先輩なんかはいいよと口で言っても感情的にはちょっとえー辞めちゃうのという感覚はあるでしょうね。(飯塚 I)

　ここには事業を自ら企画して経験を積むという"修練"の場としての青年会議所の自己理解が、外部から求められる人的リソースの供給という「奉仕」のあり方との間にしばしばジレンマを生むという、第4章で述べた結社としての目的設定の特徴が端的に表れている。そして両者の緊張関係は、経済領域に内在的な集団的な利益とは別の、極めて重要な行為の判断基準として機能しているのである。

　しかし、当然ながらこうした参加が、まったく利益につながるメリットを持たないものとは言い切れない。山笠振興会への深い関与は青年会議所の会員にとっては商工会議所、ロータリークラブなど、青年会議所出身者が多く在籍する組織との元々の繋がりが利用され強化されると同時に頻繁な会合によってそれぞれの流に参加している地域社会の人々との社会関係を構築する場にもなっている。

　　普段中々会わないような人、特に地元の人とかと山笠を通じて仲良くなります。祭り自体は7月ですけど2月からスケジュール決めとかで集まるし、終わったら新年度の役員の選考とか顔見世とかあって結局殆ど一年中定期的に会う機会があるんですね。(飯塚 I)

　山笠振興会は青年会議所の持っている独特のネットワークに支えられて機能すると同時に、その社会関係を強化していくのである。

　⑥　町内社会における山笠 ― 西流の組織運営から
　最後に、青年会議所と直接的な関係は薄いものの、山笠の復活がもたらした一つの結果としての、町内社会を基盤とした流の再編と山笠への関わり方、およびそれに伴う人的ネットワークの広がりについて簡単な検討を行

う。すでに触れたように流は山を実際に担いで動かす、山笠振興会の下部組織である。青年会議所が組織としては直接関与していない流は、それ自体が濃密な社会関係を形成し、そこに青年会議所が連なることによって、青年会議所の会員にとっても広範なネットワークを築く機会となっている。

　なお、厳密には各流における町内会の位置づけなどは異なるが、本節で論ずるのは基本的に最大規模の流である西流に限定する。本研究は商工業者結社に主たる焦点を当てるものであり、すべての流および町内の運営について記述する用意はないためである。それゆえ、あくまでも振興会を中心としたネットワークとの接続や活動の水準の違いなどにのみ着目し、祭りとしての山笠について詳細な分析はまた別の機会としたい。

　既に前節で触れたように山笠は 1962 年に中止となる以前は氏子衆の流れを汲む町内会と家付き若年層の集団である青年団が、運営の中心となっていた。西流も東流も商業地区であり、その中枢は地付きの商業者が担っていた。その後青年会議所を中心とする山笠振興会が運営を一手に引き受け、しばらくは流という単位は流れがきで走るコースと担ぐ山を分ける単位という程度の位置づけとなっていたが、1980 年から流に独立した予算を持った事務局機能の大部分が移譲され、新たな組織体制が築かれることとなった。以下に述べるのは、この中で確立された西流の組織体系である。

　西流の基礎的な構成単位は 8 つに分かれる“町内”である。この町内は町内会とは異なり、特定地域内の住民が自発的に形成する山笠のための小集団である。山笠を走らせる際には町内はそれぞれ独自の法被を着て山笠コースの特定区間を受け持ち、走り終えると別の町内へ山を受け渡すという形で祭

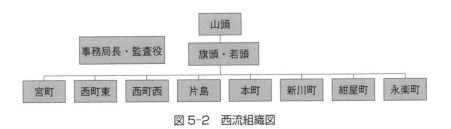

図 5-2　西流組織図

を進行させていく。また、町内は、それぞれ規模が異なるものの、祭がない時期には10-30人ほどが人事や寄付金、親睦などを目的に定期的に集まって活動を行い、祭りの期間になると担ぎ手のためにそれぞれが知人友人を集めて50人-140人ほどの規模となる。それぞれの町内からは毎年一人ずつ副山頭と副若頭が選出され、各町内の意思をまとめて他の町内との調整を行う。また、副山頭、副若頭を中心として、山頭、旗頭、若頭、事務局長という流の四役を選出する選考委員会も行われる。四役の選考は町内をまたいだ調整によって行われるため、町内間の交流を深める機会ともなっている。

　　四役は町内からの推薦で決まるんですね。トップダウンの押しが強いみたいな人は町内から推薦しにくい。人選を誤るとついていけんばいってことになるので。毎年四役の選考委員というのがあってそこで決めているんです。…町内ごとのバランスもあったりしますね。去年やったから、今度はこっちから出してやれよみたいな。
　　下話もあります。今度この人を山頭にしたいと思ったら別の町内に話しに行ってこの人どう思うとか言って、もしよかったら賛成してくれとか。だから町内をまたいで会う機会はすごく多いですね。(飯塚S)

　こうした町内は、伝統的なコミュニティに根差しつつも、山笠復興後に再編成されたものである。町内のうち片島と恵比寿以外は商店街周辺に位置し、1980年前後に自主運営の主体として流が再び本格的に整備された際に青年会議所会員およびOBが所属する商店街振興会の成員が中心となって西流を地区ごとに区分けしたことが元となっている。それぞれの町内は地元住民に参加を呼びかけ、人数が増えることによって宮町は東西へ分けられた。
　一方、片島と恵比寿は他の町内に所属して山を担いでいた有志が独立した町内を作ろうとそれぞれ1990年と2004年に立ち上げたものである。新しい町内を立ち上げる場合には法被製作や分担金のための予算計画と趣旨書を提出し、西流総会で承認を受ける必要がある。そのため寄付回りや参加の相談などを通して町内の交流自体も活発化した。このような動きは西流内部だけではなく、より広範な地区で広がっている。すでに述べたように、新

流、菰田流、二瀬流といった新たな山がその地区の住民や企業などによって自発的に設立されていったのである。こうした動きは町内および町内間の結束を高め相互交流の機会を創出している。

　　大体参加しとる人は、山しかやらんで他のことはやらないっていう人はあんまりいないですね。だから山で集まるといろんな町に関する話が出ます。今度緑道公園の整備があるらしいって話があって、そうするとこういう風にしたらいいのにとかいう意見が出てきて、そういう意見を市がやってる住民のヒアリングとかで話したりするんですね。（飯塚 S）

　山笠を通じての社会関係の広がりは町内、町内間のみならずさらに担ぎ手として外部から参加する人々の交流も促している。

　　うちの町内はずっと大学のサイクリング部から参加してもらってます。人集めんといかんってなって若い者を探してて、足腰が強いからいいやろということで声をかけたら来てくれたんですね。北九州から来てたり、あとアメリカに行った地元の子がこのために毎年帰ってきてくれたりとにかくいろんな人がきます。知り合いじゃなくても知り合いの知り合いみたいな感じで、どんどん集まって一緒に酒飲んで仲良くなるんです。…山の期間中には地区の中学校の先生とか小学校の先生、ライオンズクラブ、高校、他の流の代表者とかのあいさつがどんどんくる。西流れの本部に山守[12]してる時に訪ねてくるんです。差し入れもってくるんですね。（飯塚 S）

　このように山笠は町内をベースとした地域社会の新しい形での再結束を促すとともに、担ぎ手として外部から参加する者との交流を通じてネットワークを築く機能を果たしてきた。そして、流の中には青年会議所の会員が今でも多数含まれており、彼ら自身の地域社会を基盤とした社会関係資本を増やす場としても機能しているのである。

---

12)　山笠期間中の夕方から夜中にかけて流の中で当番を決め、酒を飲んで歓談しながら山のお守りをする伝統的な儀式。

5−6　深谷青年会議所と深谷まつり

以下では、飯塚の事例の理解をより深めるための補足的な事例として、深谷青年会議所の地域祭礼への関与事例としての深谷まつりを取り上げる。

5−6−1　深谷青年会議所の成り立ちと活動の展開

深谷青年会議所は1964年に埼玉で8番目の青年会議所として、熊谷青年会議所支援を受けつつ、有力経営者層や自治会活動の有力者を中心として設立された。

設立当初は飯塚同様に商工会議所の事務職員が事務局機能を担って協力関係が結ばれており、緊密な関係が存在していた。また、初期の地域活動と

表5-2　深谷青年会議所の活動史

年度	主な地域社会活動	主な政策的活動	参加した市のイベント	主な新規主催イベント
1964-1970	交通安全キャンペーン 献血運動（以後継続） 特殊学級・障害者支援活動	深谷急行停車問題利用促進PR		自動車ショー
1971-1975	環境美化運動、緑化キャンペーン	市民ホール建設運動		市民音楽祭（以後継続）
1976-1980			（旧）深谷祭り	冒険学校、緑と子どもの祭り（以後継続）
1981-1985				
			（旧）深谷祭り（上杉まつり）	
1986-1990				大納涼祭
1991-1995		大里広域推進協議会	さくら祭り（旧緑と子供の祭り） セタ祭り	ウォークラリー
1996-2000				深谷祭り（新）

してはチャリティや交通安全運動が中心となった点、政策的な活動としては
国鉄の急行停車をめぐる働きかけに見られるように一定の経済団体活動が見
られる点などの飯塚との共通点が見られ、全国的に各地の青年会議所が一定
の活動内容を共有していた点が伺える。とはいえ経済分野に関して外部に組
織的に働きかけるような活動は、地域の経済的浮揚を明確に打ち出していた
飯塚のそれと比較すれば、それほど目立つものではなかった。飯塚において
炭鉱閉山という極めてはっきりとした経済領域における重大事件が存在した
のに比べると、深谷には活発な経済分野の活動の誘引が相対的に弱かったと
言えるだろう。このため、1960年代のモーターショーを起点として、比較
的初期から地域を盛り上げることを目指すようなイベント運営が活動の中心
となってきたと考えられる。1970年代には深谷の「文化レベルの向上」を
目指し、市民ホール建設を訴えつつ市民参加型の市民音楽祭が企画されたほ
か、子どもに対する環境問題や自然との触れ合いに関する啓発を目的として
開始した緑と子どもの祭りおよび冒険学校が企画され、以後長く深谷青年会
議所の主要な活動として位置付けられてきた。いずれのイベントも、何年か
開催が継続されたのちには、市や運営団体との関係の中で関与の仕方が変化
し、青年会議所の外部へと運営主体は移動したものの、現在まで一貫して何
らかの参加を続けている。

　このような地域イベント中心の活動史の背景には、地域のまちづくりを
活動の中心に考えるCD（Community Development）＝社会開発と経営セ
ミナーなどを生かしつつ個人の経営者やリーダーとしての成長を促すLD
（Leadership Development）のどちらをより重視するかという組織内の緊張
関係が存在し、理事長選挙の争点ともなってきた。とりわけ1981年の社団
法人格獲得の際、自覚的にCD＝社会開発を強化する意識が強まったという
（深谷青年会議所　2003）。このため、少なくとも組織的な外的活動に関し、
深谷青年会議所は一貫して地域でのイベント開催を通したいくつかの社会課
題へのアプローチがテーマとなってきたということができよう。

5−6−2　八坂まつりの危機と深谷まつりの構想

　"八坂まつり"は300年近く続く深谷市内の町内社会の伝統的な鎮守の祭りで、太鼓を積んだ山車による町内一周などを主な内容とし、市内中心部の各自治会と各町内の中で祭りを取り仕切る役割を担うお囃子会の「かしら」と呼ばれる人々を中心として運営されてきた。1995年当時八坂以外にも存在した各町内の鎮守の祭りは姿を消しつつあり、八坂まつりも担い手の問題を抱え、その存続についても不安視する声があった。

　一方、こうした伝統的祭礼の停滞に対して地域の盛り上げを目的として行政サイドから神輿や小学生の鼓笛隊などの出し物からなる"上杉まつり"が1985年より企画され、青年会議所もボランティア的な手伝いに参加しつつ、市から多大な予算が割り振られて10年続けられたものの、住民に浸透していない状況があった。

　そのような中で、青年会議所の理事長に就任したA氏は「ふるさと意識の高揚」を年間活動方針の一つとして掲げた。将来の広域合併を見越し、ふるさととしてのアイデンティティを支えるものを残したいという思いもあったという。この活動方針に合わせて八坂まつりを中核とし、発展させた深谷まつりが構想された。八坂まつりが町内ごとの神輿と山車がそれぞれの地域を回るのみの祭であったのに対し、深谷まつりは八坂まつりの伝統的な進行を残しつつ、八坂に関わる地区以外の神輿やよさこい踊りの団体も一堂に深谷駅前広場一帯に集めて共演させた上で各町内の太鼓で盛り上げ、その前後にはダンスパレードや鼓笛隊演奏、音楽公演を街中で行うなど新たな催しを加えて「魅せる」祭りを目指すという、大きな変革を伴うものであった。そのため、従来の担い手である自治会の反発は必至であり、A理事長らは深谷市134の全ての自治会を数回ずつ回り、協力を仰ぐこととなった。

　A理事長の父親は県会議員を務めた地方名望家で自治会活動に関わることに非常に熱心でもあり、多くの自治会の顔役と親しくしていた。また、深谷青年会議所の中では指導力開発委員会の委員長Dが、八坂まつりのその年の年番として中心的な役割を果たすこととなっていた仲町自治会の若手

リーダーだったK氏と高校の同級生であった。このため、この指導力開発委員会と理事長のAとで自治会との交渉が進められていった。仲町のK氏は八坂まつりの将来に危機感を抱いていることもあって共感し、仲町の合意は比較的早く得られたが、多くの自治会から強く反発を受けながら毎日様々な自治会に通い続けた。特に反発の激しかった旧市街地の自治会に対して発言権を得るため、市街地外からから委任状を集めて自治会連合会の議案として提案するほどに徹底した交渉を行ったという。最後には「父に免じて」（A）「若い者がここまでがんばっているんだから」（D）ということでどうにか納めてもらったという。

　自治会の合意と同時に、祭りの大規模化にあたっては予算の確保が極めて重要であったが、これはそれまで10年間市が企画し、青年会議所も部分的に手伝いをしながらも住民の評判が芳しくなく成功に至らなかった上杉祭りの予算を吸収することで、運営するに十分な資金を得るに至った。元々青年会議所の設立当初から歴代市長と青年会議所は年に一度の懇談会の場を持つなどパイプを持っていたが、当時の市長は1991年の選挙で青年会議所OBを僅差で破って当選した人物であり、公式に青年会議所が政治的スタンスを明らかにすることは禁止されていたとはいえ、「メンバーの中にはもやもやとしたものが残った」（深谷青年会議所　2003）状態であり、それまで毎年やっていた懇談会もしばらく行われないような状況があった。

　しかし、上杉まつりへのテコ入れを図って観光協会を作ったものの「町の中が動いてくれず」（A）上手くいかなかった当時の市にとって、A理事長が持ち込んだ深谷祭りの構想は魅力的であり、市長は青年会議所の新しい動きには非常に協力的であったという。結果として懸案の上杉祭りが新たな深谷まつりに吸収され、市の傘下にある観光協会と自治会、青年会議所が中心となって実行委員会が立ち上げられ、市の祭りとしての深谷まつりが誕生した。

　また、この時点から青年会議所は運営の中心からはいずれ撤退することを意識しており、自治会間の調整や雑務を担うことができる若手の組織と

して、仲町自治会のK氏と協力しながら各自治会の青年部を集めて連合深谷まつり青年部を結成した。これにより、あまり多くない若手の自治会参加者が互いに補い合って大規模な祭りを運営していく下地が整えられることとなった。

5-6-3　深谷青年会議所の関わりの変化と人的ネットワーク

　祭りがスタートした当初は実行委員会の理事長は、青年会議所の理事長や担当委員長が務めるなど運営面でも青年会議所が祭りをリードする立場にあった。青年会議所内にも深谷まつり担当の委員会が設けられその運営にあたっていたが、3年でそうした体制は終了することとなった。既述のように青年会議所はそもそも継続事業はあまり好まない上、祭りの主となる山車や神輿については旧来からの担い手が強い発言力を維持しており、青年部という実働部隊が整備された段階で青年会議所は一定の役割を終えていたと言える。事務においても観光協会職員がその処理を行うことができたため、その役割は、自らの神輿（深谷がかつて一大生産地であった煉瓦を用いたJC神輿）を製作し祭りに直接参加するという一般参加団体としてのものと、炊き出しの手伝いなどの雑務に限定されることとなっていった。

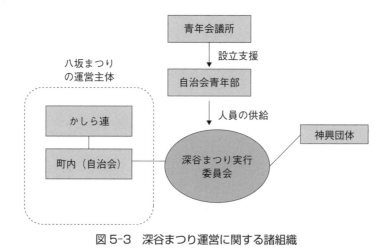

図5-3　深谷まつり運営に関する諸組織

　このため、青年会議所指導力開発委員会委員長を務め、深谷まつりの立ち上げを主導した一人である深谷Ｄであっても、自治会の中ではあくまで若手で、引っ張るような立場にはないという。しかし深谷まつり連合青年部の役員と青年会議所の会員を兼ねている会員もおり、青年会議所の組織としての関与が薄れても、青年会議所の経験や人間関係が一定程度影響したことを認める者もいた。例えばＣ氏は連合青年部会長でありつつ、青年会議所にも所属していた。Ｃは名簿作りや連合青年部の会費制導入、単年度制の導入、それまでばらつきのあった各青年部の位置づけについて自治会傘下になるよう統一を図るなどの点において、青年会議所をモデルとした組織運営を行った。

　立ち上げメンバーの中でも特に例外的に主導的な立場で深谷まつりに携わり続けたのは、先述の青年会議所理事長Ａであった。Ａは年代や紐帯の性質が異なるかしら連、自治会青年部、さらに町内社会のつながりからは独立した、自治会に属さない神輿団体といった多様な伝統的地域集団を「カリスマ性によって」（深谷　Ｃ）まとめることができ、さらに毎年体制が変わり参加の是非や希望する参加の形態に関する意見が変化する青年会議所の関与をコントロールすることができた。というのも飯塚の事例と同様に、青年会議所内部においては基本的に会員の修練（トレーニング）のためには継続事業よりも新規事業の立ち上げの方が好まれやすいため、関与を継続させるかどうかという点が繰り返し問題となったのである。

　　深谷まつりと、青年会議所をずっとつなげていったのはＡさんのカリスマだよね。だって、毎年委員会が代わって、毎年理事長が代わって、理事長の腹一つで、今年、深谷まつり出ませんみたいなものが普通にあってもおかしくなかったもんな。中には、理事長は、Ａさんが抑えてたので、深谷まつりでは逃げることはなかったんだけど、担当の委員長も深谷まつりを知らないで、ポッと出てくる担当委員長が行って、Ａさんとけんかした人は何人もいるんだから。「なんで俺たちの委員会が深谷まつりを手伝わなくちゃならないんだ」とはっきりＡさんに言った人が何人かいたんだって。（深谷Ｃ）

　このように青年会議所の運営への主導的関与が無くなったことによっ
て、雑務の手伝いからも撤退しようという試みがあったものの、OB の A の
働きかけによって引き留められてきたのである。他方で、開始当初から青年
会議所は独自の煉瓦造りの神輿（JC 神輿）を制作して神輿の直接的参加者
としても定着していたが、この活動の 2004 年以降の休止を主導したのも A
であった。A は JC 神輿が自治会や神輿団体の山車や神輿の活躍の場を奪っ
てしまう、再び青年会議所が表に出すぎることで独り立ちした深谷まつり
が逆戻りしてしまうという考えから、継続的な参加の中止を要請し、「卒業」
という形で参加者としては撤退するように現役の会員たちを強く説得したの
である。役職は一定しないものの A のこうした諸組織間の調整役としての
役割は一貫しており、2012 年からは観光協会事務局長として運営団体の中
心を担うこととなった。第 4 章の論点と結びつけるなら、深谷 C の発言は、
青年会議所の人間関係に関して、率直に先輩である A 氏と「けんか」がで
きる水平性と、結果として先輩の意見が通るという意味での垂直性とが緊張
関係にあり、組織内コミュニケーションの両義性が地域活動とも結びついて
いる様子を見ることができる。ただし、A 氏は単に「先輩」という以上に、
ネットワーク上の役割など、属人的な資源を用いて現役組織に影響を与えて
おり、これを組織的現象として一般化するには注意を要する。

　以上のことから、深谷における青年会議所の関わりはフォーマルなもの
としては薄まっているものの、人的ネットワークとしては依然として一定
の役割を果たしてきたことがわかる。2006 年の合併などによって近隣社会
ベースの社会が深谷市という行政単位と文化的連続性を持ちにくい状況下に
あって旧郡部自治会からの神輿の参加もあり、参加者だけで近隣の祭りでは
例のない 2 万人に達するなど、かつて存続を危ぶむ声もあった八坂まつりは
従来の伝統的運営体制を一定程度維持しつつ発展を遂げたと言える。

5−7　結　　論

　本章ではローカルなレベルの青年会議所を分析の中心に据え、基本的な組織理念・価値の受容のあり方の分析から、ローカルなレベルでの組織行動の原理として三信条や利益の意識の位置付けを改めて行なった上で、青年会議所の設立からの活動の変遷と地域祭礼に関わる活動、およびそれを取り巻く地域社会のネットワークとでその中での役割を記述してきた。

　飯塚青年会議所が商工会議所の影響下の経済領域の活動から地域活動へと軸足を移していく過程では、全国統括組織の社会開発という新たな方針や商工会議所からの独立といった要因があり、それは産業誘致の運動が一段落した中で、飯塚における青年会議所の役割が見直される必然性の中で起こった変化でもあった。統括組織の方針や近隣地域の別の青年会議所との活動がきっかけを生んだという点では、結社のトランスローカル構造が地域内の文脈を超えた自律的な活動を可能とすることに影響を与えたと見ることができる。その一方、企業誘致運動等を通して行政と経済領域に連なる地域開発を担う〈成長マシーン〉のような閉鎖的ネットワークが途絶えたわけではなく、山笠という経済外のフィールドにおいてもそれは利用され、近隣集団ではなしえなかった山笠復活につなげることができたのである。復活後の山笠は順調に地域の自発的参加に支えられるものとなり、それを通じて衰退した近隣社会の紐帯の再生と維持に貢献してきた。流の自律性が高まる中で青年会議所に残された山笠の運営上の役割においては、復興運動時のような政治的・経済的リソースの動員という側面が後退した一方、献身的で運営能力を習得した人的リソースの供給は期待され続けることとなった。そうした役割を支える目的意識は、長期的な集合的利益というよりも、結社の持つ三信条のような規範と、青年会議所全体の奉仕原理のある種の発展形としての社会開発への傾斜という結社としての目的の体現に依る部分が大きいと考えられる。一方では、青年会議所の地域社会での存在意義としての "社会開発"、

“地域活性化”という目的意識の全面化があり、他方では三信条の中でも特に重要な“修練”の原理が、継続的な参加に一定の制約を加えてきたのである。

この集合的な目的設定と役割獲得の流れは、異なる地域でもそれほど大きな差異はなく、広く一般的に見られるものである可能性が示唆された。深谷まつりは元々比較的狭い範囲の自治会を中心に運営され、衰退傾向にあった八坂まつりの再興を主たる目的として市とのパイプを持つ青年会議所の強力な働きかけによって立ち上げられ、その後自治会や連合青年部を中心とした広域的な近隣住民組織連合の体制へ移行していくという、1970年代の飯塚に類似したプロセスをたどった。この場合も、他の権力主体からの役割期待をしばしば圧力として受け止めつつも、“修練”や“奉仕”という独立した組織内の価値判断において、青年会議所が祭礼への参入や離脱を検討し、判断を下してきたという事実が重要となる。

この2つの事例の共通点から強調されるべきは、従来正面から言及されることの少なかった経営者の市民的結社という装置の特性であろう。広い意味での経済的関心 —— それは人脈や信頼関係といった比較的ビジネスに直結しやすい関係形成から経営者としての人格的成長という抽象度の高いものを含む —— と、直接的な利益に必ずしも還元できないような献身的参加の規範とを結びつける場として経営者の結社である青年会議所は重要な役割を果たしたのである。

また、行動原理だけでなく、目的達成の手段として、市との組織・個人を介したネットワークが資金調達のための政治的な力として機能したという共通点は地域権力構造の文脈に立ち返った場合に重要な点となるであろう。他方で深谷の事例が示した、青年会議所OBを選挙で破り、当初は疎遠だった市長との協力体制は、権力関係の流動性に対する一定の柔軟性を示しているということもできる。

その上で、比較には十分な条件が整えられていないにせよ、両地域に見られた差異は地域社会における青年会議所の位置付けのダイナミズムの一端

と、結果として生じうる多様性を示唆するものとなった。

　まず、飯塚では完全に消滅していた祭りの担い手としての自治会青年部が深谷においては残存しており、それゆえ深谷青年会議所は最初期を除いては運営への全面的関与というより、既存の担い手たちの連携や市との関係を強化するという方向で役割を担ってきた。

　一度祭りが途絶えたがゆえに比較的自由に企画ができた飯塚に比べると、深谷では既存の祭りの担い手をいかに納得させながら祭りを展開するかに力点が置かれ、事務局機能を担う観光協会の存在もあって、祭りからの組織的撤退も比較的早かった。

　また、祭りの構想自体が数年がかりで複数の理事長にまたがって作り上げられたために、強い特定の影響力の主体があまり観察されなかった飯塚に比べ、一代で深谷まつりを立ち上げた A の影響力は大きい。町内 ― 流 ― 山笠振興会という比較的単純な組織体系からなる飯塚山笠に対して、自治会・かしら連合・神輿団体・連合青年部といった明確に序列化されていない、しばしば緊張関係にある集団が共存していることは、カリスマのあるリーダーを要請しており、そのリーダーシップの源泉は近隣社会内で長期的に築かれてきた伝統的な権威に一定程度由来するものである。この点に関連して、OB の青年会議所への関与という意味でも、深谷の事例は興味深いエピソードを含んでいた。第4章でも取り上げたように、青年会議所において、タテの先輩・後輩関係は、組織構造が導く水平性と併存しているが、祭りからの撤退を望む現役幹部会員たちが何度も A 氏に文句を言ったというエピソードが率直な意見表明や議論という水平性を象徴する一方、現役会員の意思を OB が抑えて祭りへの関与が続くという事実から見れば垂直的な関係も推察され、プロセスと結果それぞれにおけるコミュニケーションの質と権力関係との複雑な関係性を示唆していた。

　最後に、飯塚において祭りの活性化に用いられたネットワークは、先行する経済団体的活動と連続性を持ち、相対的に経済領域に近いものであったのに対し、深谷のそれは自治会を中心とした旧来の近隣社会との近接性が強

いものであった。

　本書では基本的に青年会議所を捉える枠組みとして、一貫して〈市民結社〉と〈経済団体〉という２つの組織類型を重視してきたが、上記のような飯塚と深谷の差異や共通点を検討する上で、〈近隣集団〉との距離感という別の要素が無視できないものとして横たわっている。形式としては外来の自発的結社である青年会議所は飯塚においては近隣社会の断絶の上で、深谷においては伝統的な近隣社会の連続線上に展開されたが、いずれにおいてもコミュニティを担う伝統的な集団は部分的には元々関係の深かった商工会議所以上に青年会議所の活動の決定に一定の影響力を示し、自身の能力の不足を補完する存在としての役割を期待してきたのである。

　青年会議所に限らず経営者層の勉強会や階層限定的な団体は全国で活発に結成され、地域政治や市民社会の場において少なからぬ影響を及ぼしてきたと考えられるが、その全国的な実態は未解明のままである。その中で本章の知見は経営者の多様な結社が地域社会に直接働きかける場面において、経済的活動と市民活動をどのように理解し、変化し、展開してきたかの理解に寄与する。それは経営者層の結社の市民性と、経営者という身分を前提とするがゆえの経済的側面の連関のダイナミズムを解明するというより大きな課題にもつながっている。次章ではそうした観点をこれまでの組織論的な枠組みでは捉えられない当事者個人の視点から再解釈することを試みることとなる。

第 6 章

メンバーシップから見る経営者の市民キャリアと
ライフヒストリー

　これまでの各章では、結社という組織を主たる単位として経営者の市民活動の分析を行ってきた。分析で共通して導き出されたのは青年会議所の組織としての流動性や中間性・媒介性の内実である。本章では、こうした動的な特性を個人が結社に所属し、相互行為の中で行為の主観的意味づけを変質させていくようなプロセスの中で再解釈することを試みる。具体的には組織単位では分析できない経営者個人における結社のメンバーシップの獲得から活動への関与、卒業後の市民活動に至る動態の含意を、ビジネスとも連続性を持ったキャリアとも関連付けながら明らかにすることを目指す。そのために、青年会議所を入り口として、様々な市民的活動を行ってきた人々のライフヒストリーへの着目を通して、2つの問題に取り組むこととなる。

　第一に、一定の市民活動の経験を積んだ個人が地域社会の活動においてどのような役割を占め、どのようなキャリアのパターンを形成してきたのかが問われることとなる。すでに第4章での青年会議所内の運営制度に関する組織論的な分析において、起因する組織内の役割としての役職の流動性、および第5章においても地域社会内での中間的・流動的な役割の特性を指摘してきた。この結社を通じた役割の流動性は、個人レベルに視点を落とした場合、年齢や時間の経過によってなされる職業的達成と深く関わりながら生ずるものと考えられる。特に40歳を越えると会員資格が自動的に喪失される卒業制度を持った青年会議所において、会員はその後に何らかの市民活動

を継続するのか、またどのような市民活動を行うのかという選択を行う局面を迎えることとなる。こうした参加の選択のパターンを市民社会（結社）におけるキャリアと経済領域におけるそれとの連関に注意を払いつつ記述した上で明らかにすることによって、経営者層の市民的参加の精緻な理解を目指す。

この点と関連して第二に問われるのは、彼らの市民活動が、それぞれのキャリアの場面においてどのような参加の原理に基づくものであるのか、特に規範と自己利益との関係において、どのように主観的に意味付けられるものなのかという問題である。経済団体であり市民結社でもあるという、集団としての二重のアイデンティティに起因する組織的行為の意味づけはすでにこれまでの章で論じられてきた。しかし当然のことながら、その活動に取り組む個人の行為の位置付けは、集団としての次元とは異なる可能性がある。結社のメンバーとなり、組織の中でなんらかの役割を得ていくというプロセスに向かう動機付けは、まちづくりに参加するといった組織的目標とは分けて考えられなければならない。特に地域の経営者の結社活動への参加は階層的な限定を含まない一般的な市民活動に比べ、商売に有益なネットワークなど様々な特殊な要素を含んでいると考えられ、本章では行為解釈の枠組みとして、自己利益、役割、互酬性の3点に注目することとなる。この参加を意味づける主観的な論理は常に動的なものとして把握されるべきものであり、どのような参加がどのような行為の論理・動機によって説明され、キャリアを形作っていくかが問われることとなる。

6−1　市民的行為の解釈枠組み —自己利益、役割、互酬性—

本章の目的は、経営者層の結社を通じた市民的参加を個人の職業生活とも連動するキャリアとして捉えることで、一般化されてきた市民的参加の枠組みの精緻化を試みるいうことである。

経営者個人が結社を通じて市民社会において自らのビジネスと連続性を

持ったキャリアを築いていく過程を分析するにあたり、本章では自己利益、互酬的な利益、役割に付随する規範の3つの動機の相互連関のダイナミズムを捉えることを目指す。

　1点目の動機をめぐる分析概念は、〈自己利益〉である。ミルズ（1953）に代表されるように、ビジネスリーダーのコミュニティとの関わりは、特に自己利益につながる権力との関係を中心として様々な社会学の伝統的な潮流において言及されてきた。とりわけビジネス上のキャリアという職業活動の動的な側面と市民活動の関係性を明示的に論ずる研究の嚆矢と考えられるのは、Ross（1954）によるカナダの小都市における慈善活動の主導者たちを対象とした質的調査である。Rossによれば20世紀前半のカナダの地域社会において、慈善はビジネスキャリアにおける成功を顕示するのみならず、ビジネス上のさらなる成功につながる社会的地位上昇の手段として位置づけられるものであり、「ビジネスキャリア」と「慈善キャリア（Philanthropic Careers）」が並立して相互を高め合うメカニズムの存在が示唆されたのである。本章における経営者層の性質を考慮すれば、権力以外にもビジネスに有用な人脈作りやそれを通したパーソナルな宣伝なども予測される自己利益である。

　Rossの論じたビジネスキャリアと市民活動との関係性についての後続の研究は、「より多く持つものがより多く参加する」という資源論へと展開されていった。Stains（1980）は職業生活とボランタリー活動との関係をより精緻なモデルから明らかにすることを試み、会議運営能力や事務能力、自治能力などの職業生活で得られる経験が波及する形でボランタリーな参加が促されるというスピルオーバー仮説（職業生活とのポジティヴな関係）と職業上で満たされない欲求などがボランタリー活動へ向かうという補完仮説（職業生活とのネガティヴな関係）の2つの観点から既存研究の整理を行っている。WilsonとMusick（1997）はスピルオーバー仮説を資源の流れの問題として捉え直し、定量的な分析において資源をより多く有する専門職・管理職が市民活動の参加に積極的であることを指摘している。日本において展開さ

れてきた多くの階層論的な市民参加の分析（仁平　2003, 2008；三谷　2014；豊島　2015）も、基本的には資源の側面を強調しつつ議論を展開したものである。この資源という要素も本章においては重要な意味を持ち言及されることとなるが、Musick 自身も指摘しているように、資源は動機そのものとは分けて考えらえる必要がある。

　職業上の地位と市民的参加の連関において、資源以外に重要とみなされる概念が、本章の第二の中心概念である〈役割〉である。Einolf&Chambre（2011）はスピルオーバー概念を社会的役割に付随するものであるとし、それが単に資源のやりとりの問題だけではなく、社会的な期待によって受動的になされ得ることを指摘している。Ross（1954）も、事前的行為が部分的にはコミュニティからの期待に基づくものであるという指摘を行なっており、本研究第5章の青年会議所に対する周囲の期待についての知見と重なる部分がある。前章でも言及した Besser（2003）によるコミュニティ活動に参加するビジネスリーダーへのインタビュー調査と参加動機の分析では、コミュニティへの責任感、コミュニティから課される期待への応答、コミュニティへの奉仕がビジネスの成功につながるというコミュニティにおけるビジネスリーダーの役割への信念が参加を説明する要素として取り上げられている。

　最後に、行為の動機についての第三の概念が、〈互酬的な利益〉への意識である。上に取り上げてきた知見が示唆するのは、少なくともビジネス上のキャリアと市民活動には相互関係が存在し、それはビジネス上の利益の感覚と、役割に付随するコミュニティへの参加規範の内面化とによって支えられているということである[1]が、この自己利益と利他的規範の双方を架橋する概念として、本章では互酬性の規範を位置付ける[2]。ネオトクヴィリアン

---

1)　もちろんこれらの要素が行為のすべてを構成するわけではない。特に心理的報酬は本章でも一定の重要性を持ち、多くの研究において重要な変数として位置付けられている（Handy et al 2000; Handy et al 2010; Einolf&Chambre 2011）。

2)　合理的選択と規範論の対立の弁証法的解決としての互酬性という見方は Adloff（2011）を参照。

的な市民活動解釈の枠組みを前提に議論を進めてきた本研究においては、互酬性原理にもすでに何度か言及を行なってきたが、これはトクヴィルの〈啓発された自己利益〉という概念とも結び付けられながら、長期的な自己利益のための利他的行動の原理として位置付けられてきたものである。コミュニティに対する何らかの貢献によって、全体の利益が創出され、自分のビジネスへの長期的な見返りにもつながるという互酬的利益の観点が、より短期的で直接的な自己利益の感覚や役割に付随する義務や規範との連関でどのように観察され得るかが、本章においては重要な意味を持っている。また、結社活動の互酬的な見返りは当事者にとっては一般的な営利活動に比べて具体的な計算が容易でないものを多く含む。そのため、トクヴィル以来の諸理論が示すように、互酬性はそれを支える規範を共有し伝達する文化を必要とする。したがって、こうしたビジネスと不可分な互酬性の規範が内面化されるプロセスがいかに観察され得るかも同時に問われることとなる。

　さて、この3つの概念を中心的な手がかりとしつつ、本章の分析を特徴づけるのは、結社への所属を経済領域でのキャリアと結びつけながら動的に捉えようとするというアプローチである。既存研究においても Ross（1954）のようにビジネス上のキャリアと市民生活との間の連関に積極的に言及したものは存在するが、所属する結社や結社における役職を通じて表現される市民生活上のキャリアが、ビジネスの文脈も踏まえてどのようなプロセスによって構築されているのかという点について詳細に分析した研究蓄積は豊富とは言えない。そこで、経営者層の結社への参加へをより精緻に理解するため本章ではライフヒストリーの聞き取りデータをもとに、経営者個人の主観において、自身の市民参加をどう解釈し、人生の歩において選択して行くのかを明らかにすることを目指す。具体的な問いは以下の2点である。

①　青年会議所を入り口とする経営者層の市民参加のキャリアにはどのようなパターンが見られるか。

②　経営者層の市民参加はいかなる意味付けによって開始され、その活動の継続や停止、変容はいかにして決定されるか。

　本章では、この両者の問いに対して、市民活動のステージごとの当事者の主観的意味づけを記述することによって同時並行的にアプローチすることとなる。これは地域の経営者個人が人生の様々なステージで具体的にどのような種類の市民的参加を選択し、時間や経済的な資源を投入していくのか、いかなるキャリアを市民社会で築いていくのかという問題と、それ自体を個人が主観的にどう意味付けて解釈し、取捨選択するのかという問題を相互に連関させて解釈することが、本章の目的につながっているからである。

　客観的なキャリア形成においては初めに所属する結社の選択があり、その結社内における役職獲得やしばしば派生的に行われる他の結社への所属、さらに40歳を迎えた後には市民活動そのものを他のフィールドで継続させるのかという問題も生ずる。その都度、当事者たちはビジネスに有利なネットワークや情報へのアクセス、階層の利益を代表したアドヴォカシーなど集合的に得られる具体的な利益についての思考を絶えず巡らせ、最適な結社を選択したり、あるいはある種の活動を終了させて資源を自らの仕事など、別のフィールドに投入するだろう。また、地域経営者の市民的規範という立場を重視するならば、青年会議所などを通して社会化され、市民的規範を内面化した人々は、自らの抱く参加意識を満たすことができる、より非営利的で階層限定的でない活動を志向するようになるかもしれない。また、互酬性規範のように、漠然とした地域の利益への意識、あるいは周囲の期待が一種の圧力として機能することも想定され、経営者層の結社への所属を決定し得る。

　このように行為の意味付けのある一つの傾向が個人において一貫して生ずることを自明視せず、むしろ多面的な行為の意味付けが人生の様々な場面において複合的に現れることを前提に、ダイナミズムを捉えることが本章の目指すところである。そうした個人の市民的参加の複雑なありようを記述する手段として、本章で取られるアプローチがライフヒストリーということになる。

6−2　アプローチとしてのライフヒストリー

　本章では上記の問いに対するアプローチとして、インタビューに基づいた市民生活を中心とするライフヒストリーを手掛かりに分析を行う。この方法は直接的には一時点的に参加の有無のみを問う傾向にあった先行研究に対して、個人の参加行為を詳細に動的に捉えるために導入されるものである。

　ライフヒストリーはシカゴ学派の都市社会学をはじめとして、地域社会を理解する方法として多く用いられたものである。ライフヒストリー研究の方法論において、個人の視点から示される制度や出来事などの社会的事実の客観的な特定と、それに対する主観的意味付け、インタビューを行う研究者への語りの中でのものを含めた相互作用のありようはしばしば対立的に論じられ、両面を包括的に捉えるための方法的洗練が問題となってきた[3]。本研究は特定地域の経済人の市民参加の全体史を個人の視点から浮き彫りにするには十分なデータ量を備えておらず、ミクロな相互作用に精緻にアプローチするのに特化したインタビューデザインを行なったわけでもないという点で両面において限界を有するが、結社を通じた市民社会という特定のフィールドの中での客観的事実としての結社の移動のパターンとその主観的な位置づけの変遷を同時に記述するという点に特徴と意義を有する。

　特定の個人に注目し、通時的な変化を記述することの意義は、理論的な観点と、地域社会研究としての方法的な意義との両面に存在する。

　理論的な点からいえば、第一の意義として主観的な解釈や規範の存在について、トクヴィル以来の理論家たちが重視してきた参加の規範の内面化のプロセスという論点に迫ることができるということがある。参加の規範、あるいは市民的徳が一面的なものではなく、また特定の状況によって多様な形で存在し得ることを前提とした場合、その変化を具体的に捉えることは理論

---

3)　この点について、佐藤健二（1995）を参照。

的な示唆を与えるだろう。特にパットナムなどのネオートクヴィリアンたちによって結社に込められた〈民主主義の学校〉としての期待が、結社での対面的な相互行為がもたらす通時的な社会化のプロセスの中に見出されるのものであるという点に目を向けても、個人の中の市民的行動を規定する規範の変化に気を配ることは有益である。加えて、経営者層の市民的参加を合理的選択として捉える場合も、市民的活動の見返りを把握するには長期的な観察が重要であることも指摘しておく。地域研究としては、地域社会の主要な影響力を持つ参加者の再生産のパターンを把握するために、その通時的な市民社会キャリアを明らかにすることに重要性があると考えられる[4]。

6-3 調査方法

使用する主要なデータは第2章で取り上げた飯塚市のインタビュー対象者のうち、山笠などの特定の活動を理解するのに特化したインタビューを行ったAを除いた青年会議所を中心とする様々な経営者層の結社への参加経験のある人々へのインタビューである。インタビューにおいては、各対象者につき2-3時間程度、生い立ちから仕事を始めるまでの学校や居住地域に関わる経歴、幼少期からの仕事に対する意識（経営後継者においては跡を継ぐつという意識について、起業者については企業に対する意識について）から始まり、青年会議所などの経済人を中心とする様々な結社に所属した経験について、それぞれの経緯や活動内容などをなるべく時系列を追って語ってもらった。細かい事実関係の確認については、『飯塚青年会議所20周年記念誌』『30周年記念誌』『40周年記念誌』を中心に刊行物を参照したほか、必要に応じて電話にて追加インタビューを行った。

---

4) この点に関しては前章でも取り上げた先行研究として大垣市の経営者層の結社所属とネットワークについて論じた高木（2002）の業績が挙げられるが、本研究はこのアプローチに個人における市民参加の歴史とその主観的解釈に踏み込んだ分析を加えたものとも言える。

表 6-1　ライフヒストリー インタビュー対象者

ID	役職経験	調査日	在籍期間	職業
飯塚 B	理事長	2013.08.17, 08.23, 2018.08.17	1962-1975	石油卸経営
飯塚 C	役員	2013.09.26	1974-1988	福祉施設経営
飯塚 D	理事長	2013.08.07	1970-1984	建設資材卸経営
飯塚 E	理事長	2013.08.30, 2018.08.18	1969-1982	印刷業経営
飯塚 F	理事長	2013.05.15, 2012.03.16	1981-1993	小売業経営
飯塚 G	理事長	2013.08.06	1981-1993	ガス業経営
飯塚 H	理事長	2018.8.22, 2018.12.22	1984-1998	薬品卸・小売経営
飯塚 I	役員	2013.08.23	2010-	小売経営
飯塚 J	役員	2013.09.02	2001-	小売経営
飯塚 K	特になし	2013.01.14	2014-	地銀会社員
飯塚 L	理事長	2013.09.03, 2018.08.17	2004-	印刷業役員

　インタビューの対象者は、飯塚青年会議所の入会年を基準に 1960 年代入会者、1970 年代入会者、1980 年代入会者、2000 年代入会者からそれぞれ 2-3 人を取り上げる。対象者はほとんどが現時点で経営者であるが、飯塚 K のみが地銀の会社員で、出向して青年会議所に入った立場である。

6−4　経営者層の市民的参加に関わる活動史

　上記のデータに基づき、以下では、ライフヒストリーの整理を通して結社に参加する経営者たち個々人が、様々な時点において主観的に捉える参加の論理の重層性を記述した上で、異なる時点でそれがどう変化して来たかを捉えることを目指す。青年会議所を一つの軸に据えた時、そこに関わる参加者はいくつかのステージを経ながら参加の論理を変化させる可能性がある。具体的には、まず入会して市民活動に参加するとき、入会した段階での活動動機、入会後の積極的参加や活動継続の動機、さらに青年会議所に関しては 40 歳を過ぎて卒業したのちに、なんらかの市民社会における活動を行う際の動機のそれぞれを説明する論理を整理し、分析を行う[5]。

6-4-1　入会までのプロセス ― 先行するネットワークと入会の動機 ―

　青年会議所への入会は基本的に会員の紹介が必須であるため、入会者は事前に会員とのなんらかのつながりを有していることがほとんどである。この勧誘者との先行する人間関係の性質は、入会の際のモチベーションに一定の影響を与える。

　経営者層の市民的参加という観点に立つ本研究においておそらく最も分かりやすい入会の動機は、ビジネス関係のネットワークがもたらすものである。ビジネス関係のネットワークはしばしば直接的な企業活動に役立てるための青年会議所への参加につながっていく。薬品業界の知人から勧誘を受けたHの以下のような語りはその最も自覚的な例を表しているといえよう。

　　（業界の先輩の人から）Hくんは地元でもないからこれからね、薬局とか何とかやっていくんだったら業界の人だけではなくて色んな人を知ってた方が良いから、青年会議所ってのがあって地元の経済人の主に2代目3代目がいるところだから、入ってみらんねって。…青年会議所入ったら自分がその知ってる（医師の）先生以外にそういう先生と出会ってひょっとしたら薬局をさしてもらえるかもしれんみたいな。まあさもしい気持ちもありましたね。（飯塚H）

　あるいは、Hの例ほど自覚的ではないにせよ、既存のビジネス上の人間関係をより円滑にしたり、維持する文脈の上で、紹介者の誘いに乗って入会するというケースも多く見られた。例えばEは父親の代から付き合いのある顧客からの誘いで入会したが、それはお世話になっているお客さんへの「恩返し」[6] の意味合いがあったと語っている。こうした行為は既存のビジネス関係の紐帯を強化する、経済的な役割を有しているといえよう。あるいは地

---

5)　こうした語りが、それぞれの時点でのリアルタイムのものではなく現在時点から振り返られたそれであるということには注意が払われる必要がある。

6)　「父親とも付き合いの深かった取引先の社長さんから、『君は穂波やから飯塚に知り合いがあんまりおらんやろ。飯塚で仕事するならいろいろ知り合いを作らんといかんから、それやったらいいところあるよ』と青年会議所に紹介されたんです。…とにかく世話になってるお客さんやったから恩返しとおもって」（飯塚E）

場銀行の社員で、上司を通じて青年会議所の存在を知らされ、いわば業務の延長として入会したKのようなケース[7]は、より経済的な要素に特化した動機としてみなすことができる。D、I、Jはそれぞれ中心商店街に店舗や事務所を構えているが、商店街関係者の紹介や商店街組合（振興会）の活動の延長など、やはりビジネス上の文脈の中で入会を行なっている。

　しかし、ビジネス上のネットワークを介する入会だからといって、必ずしも顧客の獲得などの具体的な経済的便益が意識されるとは限らない。多く聞かれたのは、漠然とした、何かの役に立つかもしれない人的ネットワーク獲得への期待など、短期的で計算可能なビジネス上の便益よりも互酬的な利益に近い論理によるものである。むしろ直接的な顧客獲得のような姿勢は、ビジネスマンばかりの組織内では収拾のつかない事態を招く恐れがあり、忌避されるという旨も複数の会員によって指摘されていた。

　すでに取り上げたHやEも含め、今回の調査対象となった地域で事業を営む経営者層の全員が、入会時に意識されたメリットや動機付けとして人脈の獲得についての言及を行なっていた。地方都市の飯塚においては、大学や就職で一旦地元を離れ東京や福岡市内で過ごし、家業を継ぐために戻って来る若者も多く[8]、そうした人々にとって、青年会議所への入会は地元に再包

----

7)　飯塚青年会議所においてはもともとI銀行の若手社員が入会する伝統を持っていたが、2000年代に入ってから会員拡大方針に伴い3つの地銀の飯塚支店にも声かけが行われるようになり、各銀行から1人ずつ若手社員が所属することとなった。
　「そのときの（青年会議所）理事長の方針として、ちょっと人数を増やそうという方針でやってたんで。銀行にもうちょっとお願いに行こうよという流れですね。当時は全然分からなかったんで、入ってみて分かったんですけど。理事長の方針で銀行に話がいって、自分たちが入らされたと言ったら怒られますけど、そんな感じですね、当時は。」
　（飯塚K）
8)　「東京の大学を出て、よその釜の飯食うっちゅうことがあの時代は、あったから。僕もモービルとか大手の石油関係で2年くらいやってから帰ってこようかなっておもっとったんですよ。そしたら親父がもうそんなのいいからもう帰ってこいっていうもんやから。…だから、そういう外で人に使われるということもね、経験としてはよかったのかもしれないのだけど。それがなかったから、僕にとっては青年会議所はいろんな体験さ

摂されるための手段として位置付けられるものである。それは経済上のメリットだけでなく、仕事の外側の私生活を充実させるための人脈としても漠然と認識され得るものである。

　ビジネス上のネットワークと並び、飯塚において一定の重要性を持った入会に先行するネットワークが高校のつながりである。地域の伝統校として知られるK高校のネットワークは、特に青年会議所の会員リクルートにおいて一定の役割を果たしていたと考えられ、1960年代入会BはK高校の先輩や同級生に誘われて入会している。飯塚青年会議所初代理事長の伊藤博之祐を始め初期の有力会員にはK高校出身者が特に多く、新規入会者を開拓するためのネットワークとして機能するのみならず、会内でも主導的な役割[9]を占める傾向にあった。こうした先行する高校のネットワークからの勧誘は、多くの場合「誘われるがまま」「何となく楽しそう」といった、特定の目的意識とはそれほど結びつかない動機による入会を導きやすくなっている。

　全体としては顧客獲得や関係の維持といった比較的計算しやすいビジネス上のメリットが明確に意識される例も散見[10]される一方で、漠然とした

せてもらって勉強をする場所やったかなって感じはするけどね」（飯塚B）
　このほか、東京の大学を出た飯塚　Jからもほぼ同様の趣旨の発言を聞くことができた。
9）　「有力OB、僕が入った時の先輩はやっぱK高校のそうそうたる先輩方。だから、やっぱ、リーダーシップを取ってあった主力の人たちは高校の先輩やったよね。だからそういう先輩後輩で、いろいろ人間関係が構成されていってることも事実やろうね。うん。だから極端なこと言ったらK高校以外の人は肩身が狭かった思いもあるかも知れない。」（飯B）
　「歴代理事長もほとんど飯塚出身、K高校出身。地元出身じゃない理事長っていうのは当時すごい珍しかった」（飯塚H）。
10）　事業者が顧客になりやすい建設業など特定の業種においては直接的な利益を得やすい傾向にあると考えられる。
　「そもそも商工会議所やら青年会議所に入って名なり功なり挙げて仕事に結び付けようって言うのは基本的に工業関係の人が多いわけですよ。小売で物売る仕事でね、多少

人脈の拡大や地域への順応といったより長期的なメリットを意識した入会が多数を占め、あるいはビジネスとそれほど関係ない既存の人間関係に導かれる形での、明確な目的が意識されない入会も少なくない。その一方で、ボランティア活動や地域への貢献をはじめから意識し、そのために入会したという会員は今回の飯塚のみならず、他章で言及した深谷、東京での調査においてもほぼ聞かれなかった。多くの会員からは、入会するまで具体的な活動を把握しておらず、地域活動については漠然としたイメージしか持っていなかったという話が聞かれた。

> いやもう、ほんと漠然よ。先輩もおられるし、お前も飯塚で商売していかなあかんとやから、人間関係、先輩後輩で色んなことやれば商売にも個人的にも役立つぞというようなことでそのJCがどういう団体か、どういうことをしてるのか、あんまり知りもせずに2人に誘われて入ったっちいうのが本音。
> まだ若いからね。そんなにJCがどんなものか紐解いてこれは素晴らしい団体だと思って入ったっちゅうよりも、その友達に誘われてね。（飯塚B）

　最後に、利益の認識よりも文化的に共有された企業の跡取りとしての「役割」意識において、入会が意識されるケースが非常に多いことも指摘できる。青年会議所では地域の経営者の後継者に的を絞って勧誘活動を行うことも多く、この傾向の裏返しとも取ることができる。

> まあ何代も宿屋やってて、跡取りですからね。…それで地域で事業やってる身としては入らないといけないのかなと。その程度の気持ちでした。（飯塚C）
> 親もやっていましたから、何となく入るのかなという気もしていました。ボランティア団体だろうくらいの認識でしたけどね。（飯塚L）

　その一方で、親が直接入会を勧めたというケースは今回の調査では聞かれず、むしろ親世代が青年会議所を経ていない場合には特に息子の入会に

規模が大きくたってそんなに町全体の利益とか考えないですよ。でも建設業とかだと、まちづくりにしても、あるいは知り合いが店を建て替えるって話でも全部関わってくるわけ。」（飯塚　C）

は消極的であるケースが複数見られた。たとえば、ライフヒストリー調査の対象にはなっていない商店街連合会役職者の飯塚O（第2章　表2-1 参照）には毎年息子に対する勧誘が来るが、断っているという。

　　　Oさんのところ（の息子さん）もそろそろでしょうということで誘いに来るんですよ。もうここ何年か。でもまだや、と（笑）本業がおろそかになるようだったら意味がないですから。

　また、別の商店街連合会所属の青年会議所会員も、長く親に入会を反対されたという。

　　　父がロータリークラブとかに入って対外的な活動をしてたので私の方は趣味で太鼓をしたり山笠11) をやったりしてました。山笠なんかでも青年会議所との接点が多くてずっと誘われてました。…ただ、親にはずっと入るなって言われてたんですよ。…仕事がおろそかになるみたいなイメージがあるんですかね。昔は知らないけど今は全然そんなことないのにね。（飯塚I）

　青年会議所を身近な存在として知っている事業者の間では活動において多くの時間や労力が費やされるという認識が共有されており、それが周囲からの、ビジネス上のデメリットという観点に基づく入会反対につながっていたと考えられる。実際のところ、Jによれば商店街振興会と青年会議所の活動の両立は難しく、青年会議所入会時には振興会での仕事の多くを別の若手に引き継がなければならなかったという。入会の決断はそうした個人の資源配分の問題と深く関わっているのである。

　以上、入会というステージにおける動機についての整理を行ってきた。全体としては、顧客の獲得という直接的な自己利益が意識されるHのようなケースもあったものの、ネットワークからの漠然とした見返りに期待する会員が多数派であり、また跡取りとしての役割期待の延長で入会する例も多く見られた。また、利益の感覚とも、経営者としての役割期待とも異なる、

---

11)　第5章を参照。

高校の人間関係のような、より私生活的なネットワークに導かれた入会も一定数確認された。

6-4-2　青年会議所内でのキャリアと参加の論理の変容

　ビジネス上のメリットや知人の誘いから漠然とした目的意識の中で入会することが多いという事実からも推測されるように、多くの会員にとっては、入会当初から熱心な会員として活動する強い誘引が存在しているわけではない。入会して数年は「会費だけ納めてる感じ」であったCや、仕事に役に立ちそうな活動にのみ選択的に参加していたHは、あまり熱心とは言えない、会内の用語でいうところのスリーピング会員であったことを認めている。

　　　最初はいやいや仕事儲かるんやないの、みたいな。そういうある意味、蛇足的な考えがあったんで、最初のころはあんまり行ってなかったですよ。で、みんなでこういう大会があります、そしたらやっぱり若手は、駐車場の整理しろとか言われるわけですよね。だからね、おんなじ会費払ってなんで俺、駐車場の整理をせないかんとってというタイプの考え方だったんで自分の都合のいい、例えばなんかの例会でこういう講演会がある。そしたら僕も、一代で売り上げを伸ばしたような、そういう人の話だったら聞きに行こうかなとか。それでボランティアの話は聞かんでいいよとか、自分に都合がいいようなことばっかり言ってたんですけど。（飯塚H）

　他の章でも触れたように、青年会議所には先輩後輩という呼び方に象徴される年齢階梯的な雰囲気があり、物理的な事業運営能力の熟練の差もあって、キャリアの浅い会員は従属的な役回りが多くなりがちである。地域イベントの手伝いをするような事業も少なくない青年会議所にあって、若い会員には選択的な参加が合理性を持ちやすかったと考えられる。また、「ボランティアの話」は聞かずに「売り上げを伸ばした人」の講演は聞きに行くという状況は、青年会議所のもつ経済団体的側面と市民団体的な側面を自覚的に切り分けた上で、前者のみに重点を置くという参加の仕方が、とりあえずも

可能であったということを示唆している。

　さらに、相対的に富裕な他の経営後継者たちに比べて、起業したばかり
の時期に青年会議所に入会したHは経済的な弱みを感じて十分に飲み会や
食事に参加できないこともあり、これも参加意欲が高まらない要因となって
いた。

　　　僕もカッコつけてたんで、まだその当時ってお金もあんまりなくて、やっぱ
　　飲み行ったら食事代とかいるじゃないですか。そういうのが無いっていうのが
　　恥ずかしくて行ってなかったってのはありますよね。行くぞーっつってそした
　　らはいじゃ3,000円ここで割り勘ほいじゃ次3,000円割り勘ここ1万円割り勘
　　とかって。そのお金がやっぱり無かったから。（飯塚H）

　会員たちが活動を活発化させる契機は、ほぼ共通して会内での人間関係
に起因するものである。HとCはいずれも、会内の特定の委員会や役職に
勧誘され、何らかの期待を持たれることで活動を積極化させた。

　　　入ったときは名前だけ残して月謝だけ払ってっていうスリーピング会員で
　　した。ただね、まちづくり関係の委員会が何年かしたときにできて、なぜだか
　　役員に推された。それで人間ってのは面白いもんであおってもらうとやる気に
　　なるんだね。それまでは気の合った仲間と飲めればいいや、という感じだった
　　のが都市問題委員長になってくれって言われて。そこから人生が変わってきた
　　ね。まちづくりとか地域コミュニティとJCの関係とかそんなことを考えるよ
　　うになった。（飯塚C）
　　　初めに入った時は、まあそこそこ例会とかに出て、問題なく卒業できれば
　　いいかなという感覚だったんですよね、それがなぜだか役員にどうだって言って
　　もらえて。そこで中心になって商店街のイベントとかやって、それがまあ一つ
　　のきっかけですね。本当に街を元気にしたいとか、そういうふうに考えるよう
　　になった。（飯塚L）
　　　H君うちの委員会で一緒に手伝ってくれませんかって、初めて声をかけられ
　　て。やっぱ声をかけてくれたっていうその人に対して物凄く嬉しくて、1年1
　　年交代だから1年間くらいこの人のところなら、なるべく時間があったら行こ
　　うっつって行ってました。（飯塚H）

　当初から熱心な会員であったと答えた E や B は、勧誘された顧客や高校の先輩の手前もあって、一生懸命頑張ろうという気持ちがあったとしている。いずれにせよ、活動の活発化は経済活動における直接的なメリットとは簡単につながるものではなく、むしろ組織内の人間関係、他者からの期待や承認がモチベーションとして認識されやすくなる。さらに、一度積極的な参加者となると、地域活動そのものの面白さや「人前で話をすることの気持ちよさ」（飯塚 H）を感じるようになる。

　加えて、組織内での役職獲得を通した地位の上昇は、一部の熱心な会員に対して積極的参加の強いモチベーションとして機能してきたと考えられる。とりわけ会員数が多く組織内での役職をめぐる競争が盛んであった1990 年代までの時期においては、理事長への就任はステータスとしての意味を強く持っていた[12]。もともとはビジネス的な理由から入会し、周囲からの承認の経験によって参加の度合いを深めた H はそうした参加の論理の転換を強く自覚し、以下のように語っている。

　　　一生懸命やったら委員長の声がかかってきて、一生懸命やったら常任（理事）っていう声がかかってきて、ただそれを一生懸命やってきたら今度は副理事長が声がかかって、だから 34、5 で副理事よ。当時は物凄く早い副理事長ですよ。…もうあと理事長しかねぇやねえかみたいな。だから俺が理事長目指すぞみたいに（なった）…トントン拍子で JC の中枢に乗り上げて、それでもうあと理事長しか無いじゃないですか。…だからその時くらいからもう仕事はそっちのけで、そっちのけって言い方悪いですけど、まあ仕事は仕事でやりながらも、JC も一生懸命やりましたよね。（飯塚 H）

　青年会議所活動にのめり込み、組織の中心的存在の一人とみなされるようになる中で、H は理事長就任への明確な意思を持ち、「仕事そっちのけ」での参加を行うようになった。この理事長職への思いは、その先にある全国

12）「H さんたちの時代っていうのはすごく理事長になるのが大変で、だからステータスも高かったと思います。まだバブルの空気も残ってて、お金に余裕がある人が多くて。」（飯塚　I）

組織での役職獲得を視野に入れたものでもあった。地方組織の理事長になることは、福岡ブロックや九州、全国レベルの青年会議所組織の役職を獲得していくための必要なステップともみなされており、早めに理事長になることで、全国組織役員への上昇が見込まれた。

> （理事長選挙当時の気持ちとして）僕は理事長した後にね、そらブロックも地区も行きたいんだと。基本的にブロックとか地区で上に行こうと思ったら理事長経験者なんですよ。僕はそこを目指してんだからだからって。（飯塚H）

　しかしHは3度の落選を経験し、その間「気晴らし」として役職者ではなく一般の出向者 13) として日本青年会議所での海外ボランティアなどを始め、その後に39歳の時に4度目にしてようやく理事長に選出されることとなった。最終年での就任となったため、その後にブロックや地区協議会の役職に進むという希望を叶えることはできなかった。その結果、役職を通したモチベーションは徐々に後退し、ボランティア活動そのものに価値を見出すようになったという。

> 結局ね、青年会議所の時に自分で得た答えは、欲しい欲しいと思ってたら来んよねって。だから自分がボランティアをやってるって、なんもならないところに一生懸命、だから僕は義理と人情でやらせてもらってますと。（飯塚H）

　実際のところ、日本青年会議所出向時に"国境なき奉仕団委員会"を通し、当時内戦があったばかりのルワンダで2週間行ったボランティア活動は地域内のビジネス上のメリットだけでは説明することが難しい多大なコスト

---

13)　出向とは LOM と呼ばれる地域の青年会議所に所属し、一定の地域活動を続けながら、各地区レベルの青年会議所、日本青年会議所の設置する委員会などに参加して活動することを指す。すでに上記の語りにもあるように、ブロック協議会や日本青年会議所でトップのポストを獲得するには理事長経験が必要とされることが多いが、日本青年会議所が設置する委員会に一般の委員として所属するのには、そうした条件は基本的に要求されない。

を必要とするものであった。

　　　行く前何本か注射打っていかないといけなかったり、とにかくいろいろあり
　　ましたね。支援物資は服を集めて箱に詰めて持ってった。24時間以上かけて
　　行って、現地ついたらジープ乗って1時間半かけて毎日違うところ行ってね。
　　（飯塚H）

　このような変遷を経たHの主観的な参加の論理は、駐車場の整理の仕事
を嫌がっていた初期とは対照をなすような、互酬的利益、すなわち利他的行
為を通した長期的で抽象的な利益を強く意識したものとして提示されるよう
になっていった。

　　　理事長の時によく会員に言ってたのはね、駐車場の係はしなかったとして、
　　それは人が見てるということ。自分の為に仕事の為に一生懸命やりよったら当
　　たり前、普通だと。でも不動産屋が3人いて、で3人にここの駐車場の係して
　　くれって頼んだ時に、1人は〝喜んで〟って言ってする人と、まあ時間があれば
　　行っていいですよって人と、いや僕がなんでせないかんですかっていう人3人
　　いたとする。そしたら今度また違う時になんかメンバーが不動産のことで仕事
　　の為に依頼をする時に、その3人のうち誰に依頼するっつって。ね、なんもな
　　いでもいいですよって喜んで言ってくれた人を信用するやろうと。（飯塚H）

　駐車場の係のような仕事を無償で行うことには、短期的な計算可能な見
返りはないように見えるが、いずれ何かのきっかけで仕事の依頼という形で
自分に返って来るかもしれない。それは、「信用」という社会関係資本に支
えられるものでもある。しかしこうした互酬性規範は、「理事長」という立
場から訴えかけられたある種フォーマルなレトリックでもある。Hにとっ
て、それよりアクチュアルな参加意欲のきっかけは、すでに触れてきたよう
に、組織内の人間関係の深まりに基づくものであるとも考えられる。

6-4-3　組織内キャリアの前提としての経済的達成

　Hの初期の参加が飲み会に参加する費用ゆえに消極的にならざるを得なかったというエピソードからも明らかなように、役割獲得とその後の周囲からの役割期待への応答は、組織内の地位や周囲からの承認の現れとしてモチベーションに転嫁される一方で、時間や金銭面においての負担も大きく、もはやビジネス上のメリットとは対立関係に置かれる可能性すら生じさせる[14]。役職者は地域内の様々な活動に忙殺されるのみならず、トランスローカルな組織形態ゆえに場合によっては国内外の地域を移動して活動する必要も生ずる。そのため、多くの会員が役職確定の前提として一定の資源の必要性を語っていた。

> 　　東京にもアジアにもってなるとある程度は余裕ないとね。ない袖は振れないし。ない袖を振っちゃうと、会社がなくなっちゃうしね。その辺は大事だろうね。（飯塚G）

　創業したばかりの経済状況からくる困難さを感じていたHが声かけによって委員会に積極的に参加するようになったのは入会後4年目のことであり、仕事が多少安定し始めた頃であったことからも、一定の時間的・経済的資源が活動活発化の前提となっていることが示唆された。また、Hは日本青年会議所への出向時、月一回東京を中心に全国の持ち回りで開かれる委員会に参加する必要があることから毎月長距離移動が発生し、さらにはルワンダ内での活動時には2週間は会社を離れなければならなかったため、その間は信頼できる部下に会社を任せる必要があった。活動のスケールが大きくなればなるほど、単なる時間的・金銭的資源のみならず、自身の企業の持つ人的資源までもが問われることとなるのである。入会時27歳の時に1店舗からスタートしていたHの事業は、出向時には30人近くの社員を抱える規模に成長していた。このような会社の資源を前提として、この時期に仕事を人に任せるということを覚えたという。

---

14)　第5章 p.99 で述べたように、深谷においても同様の事情が語られている。

　コストへの意識は多くの会員に共有されており、Hの理事長時代から約20年後に理事長を務めたIも積極的に理事長を目指そうという意識は当初よりあまり高くなく、また周囲にもそうした会員は多くなかったため、当時は理事長のなり手を探すような状況があったという。

> 　自分たちの時代になるともう理事長が飲み会行って全部奢るとかはやめにしないと成り立たないからっていうので基本割り勘にしないといけないってことにしてますし。理事長なるときも、ライバルがいてみたいな感じはあんまりなくて。…理事長になりたいってはっきり思ったこともなかったですし、どっちかっていうといろんな役職頼まれてやってきて最終的になってくれんかってことでですね。（飯塚I）

　加えて、仕事時間のコントロールが相対的に難しいサラリーマンは、役職への就任を現実的なものとしては捉えがたい状況がある。

> 　（理事長や委員長になることは）ないと思います。やっぱり、しょせんサラリーマンそういう目で見られてますんで。実際やったところで、多分仕事にならんですもんね。これ本心ですね。（飯塚K）

　負担が目立つがゆえに、ともすれば経済的な見返りとは真逆の、仕事を犠牲にする側面も生じさせるような理事長職に、「頼まれて」なるという背景には、やはり組織内で生じる人間関係の論理が大きな動機として横たわっている。役員を受けるほどの活発な活動は、承認や地位の獲得といった積極的な動機付けをきっかけとし、その役職に求められる役割期待に応ずることで関与はさらに深まっていく傾向にある。ただし、それが可能となる前提として時間のコントロールと資金という物理的な資源の条件の制約があり、またそうした資源を十分に有しているかどうかの自己評価が、組織内でのキャリアと密接に関わっているということができるだろう。

6-4-4　青年会議所を足場とする団体所属と卒業後のキャリアパターン

　青年会議所は、しばしば様々な他の結社への所属の入り口としても機能している。組織内での活動の活発化や役職獲得のみならず、青年会議所への所属を前提とした様々な他の結社所属はこの種の経営者層の市民キャリア形成を特徴付けるものとなっている。

　そうしたパターンの一つが青年会議所の活動に根ざした、経路依存的なキャリア形成である。地域内で組織外部に働きかける活動の多い青年会議所への所属はしばしば他の地域組織との交流につながり、場合によってはそのまま青年会議所との掛け持ちで別組織にも所属するということがある。最も一般的な例は、青年会議所が事務局の中心として運営を担う祭り山笠の担ぎ手の組織である流へ所属するというものである。BやDなど青年会議所を卒業後も流に残り、その流のトップの役職である山頭を務めた元会員も少なくない。彼らにとって山笠は酒を酌み交わしながら流の仲間と交流を楽しむ場であり、前章でも触れたような運営能力を発揮することへの役割期待のみならず、個人的な娯楽が得られるという直接的な便益が存在している。

　また、Eは青年会議所のメンバーとして「飯塚音楽祭」[15]の運営に携わり、その中で催しの手伝いをした飯塚文化連盟の事務局ボランティアに誘われ、青年会議所と並行して文化連盟の運営に参加するようになった。文化連盟は書道や絵画、音楽など飯塚の100前後の文化団体の連合体であり、その展示会である年に一度の飯塚文化祭がその主たる活動であった。文化連盟では事務局長などを歴任し、2007年からは会長も務めた。Eにとってこうした所属の展開のあり方は、青年会議所内での活動の活発化の原理と同じく、既存の人間関係と役割期待を前提とした「頼まれごと」として理解されているものであった。

---

15)　1974-76年の期間の毎年夏に開催されていた音楽イベント。飯塚商工会議所会頭が運営委員長、会頭が経営する企業がメインスポンサーとなり、市長、福岡県知事や地方局などが運営委員会を構成する大規模な音楽イベントであった。運営委員会の構成団体の一つとして青年会議所は様々な雑務のとりまとめや手伝いを行った。

　まだ青年会議所に入ってからそんなに年数も経ってないし、そんなあれもこれもできませんって、1年目の時は断ってたんだけど。でも音楽祭の2年目も手伝いに行ってまた頼まれて。…1年目の時はまあちょっと声かけっていうか、ちょっと入らんねみたいな簡単に言ったりするやないですか。そういうことかなって軽く思ってたんだけど。2年目にまた言われたもんで、これは本気で言われてるんだと思って。それで、できる範囲でよければって言って入ったってことなんです。（飯塚E）

　このような結社所属は、個別の活動の選択の結果というよりも、組織外からの役割期待や承認に基づく、青年会議所の活動から派生した経路依存的な市民キャリアとして解釈可能なものである。青年会議所は会員が40歳となると卒業となり、会員資格が喪失されるという制度を持つため、特に卒業後についてはいくつかの定型的な進路が存在している。

　例えば商工会議所の役員となることは、親子会議所と呼ばれるほどに親密な関係にあった1970年代ごろまでに青年会議所に所属した会員にとっては典型的なキャリアの一つであった。第3章でも論じた通り、その設立段階において多くの青年会議所は商工会議所の将来の役員を養成する場としての位置づけがなされていた。加えて、ロータリークラブ、ライオンズクラブという2つの奉仕団体もまた、典型的な青年会議所卒業後の進路として考えられている結社で、多くの青年会議所出身者が所属している。

　これらの結社への所属は基本的には先輩からの誘いのもと親睦が中心的な動機づけとして説明されることがほとんどであり、積極的な入会への強い意味付けがなされるケースは、インタビューを通してほとんど聞かれなかった。H、B、E[16] などの経験者がインタビューにおいて共通して言及したように、商工会議所の役を引き受けることは一般的に青年会議所の所属以上に名誉なこととして受け止められてきており、一定の動機付けとして機能していると考えられる。事務局職員が実質的な活動の中心を担う商工会議所に

16）「声がかかって、まず名誉なことだなと」（飯塚H）
　「商工会議所の議員なんて言ったら、まず雲上人という感じでしたから」（飯塚E）。

あっては、青年会議所時代のような会員主体の活動は困難であるという見方をする会員も多い[17]。

　このように青年会議所での活動のモチベーションを区別しつつ、いくつかのより積極的な動機づけによって経済領域の結社で活動を継続させるケースも存在する。卒業後、選択的に、より経済的な側面の強い結社活動を意識的に行うようになった例がHの市民キャリアである。Hは福岡に進出した事業を支える人脈づくりを支える目的で、直接の先輩のいる飯塚ではなく福岡市内のライオンズクラブに参加した。福岡のライオンズクラブの紹介者は福岡ブロック出向時に知り合った福岡青年会議所の出身者であり、青年会議所を介した人間関係から派生した所属でもあるともみなされるが、そこでのモチベーションは、Hにとって明確に区別されるものであった。Hの以下のような活動の捉え方は、青年会議所時代に経験したような企業活動の不利益にもつながるような結社への過度なのめり込みへの警戒を示しており、既に論じたような経済活動と相反するコストを伴うような活動のモチベーションに歯止めをかけるものとして、年齢制限を位置つけているものである。

　　僕も、あれ（青年会議所）は40で卒業だったから良いけど、これエンドレスやったらね、仕事の時間がやっぱ無くなるもん。ほんとにJCってのは良くできてますよ。…ライオンズの中ではJCを経験してない人が、結構上にいってますよ。それはね、やっぱ仕事関係なく地域のためにとか、大義名分があるんで、人前に喋ったりとかってのは最初は大変やけど、だんだん快感になるっていうのはあるんですよ。それで（年齢制限なく）エンドレスですから。だから怖い。特に中小企業は、足枷がないやないですか。これ結構怖いもんがあるよねって。（H）

　ライオンズクラブでのHは青年会議所時代のような熱心さで奉仕活動を行うことはなく、むしろ経済同友会などにも所属しながら経済団体で勉強会に重点を置いた活動を行うようになったという。

17）「商工会議所は会員が自分たちで何か考えて実行してって感じのところではないと思います。」（飯塚E）。

　また、同じく経済領域での活動を中心に考えつつ、逆に青年会議所での活動原理との連続性を意識した、Ｂのような活動キャリアも見られた。Ｂは青年会議所時代に学んだ地域開発の発想から、飯塚を通るJR篠栗線の電化・複線化を実現するための運動を商工会議所として行うために主体的な働きかけを行ったことを語っており、商工会議所役員としての活動の動機がまったく青年会議所と異なる文脈にあるとは言い切れない部分がある[18]。

　この運動は、インフラ開発によって経済的な便益を目指す典型的な成長マシーンの、集合的な経済的利益志向の行動とみなすこともできる一方、Ｂの業種はガソリンスタンドで、鉄道開発とは利害が相反する側面があり、単純な利益の問題には還元し難い[19]。Ｂが青年会議所で活動した時代は商工会議所との関係が緊密で、特に連続性が意識されやすかったことが考えられる。また、Ｂは青年会議所時代には日本青年会議所に出向して業種別の会に積極的に参加し、石油部会長を務めた経験があり、青年会議所を卒業後はその延長上に石油組合の筑豊支部長も務めた。このような活動は、経済領域に軸足を映しつつも、主観的には青年会議所時代の活動とそれほど大きく切り離されることなく、連続的なモチベーションのもとで市民キャリアが形成される例を示していると言える。

　こうした経済領域での市民キャリア形成に対し、青年会議所における規範的な側面である地域への貢献という文脈を引き継ぎ、非経済的な地域ボランティアに精力的に取り組むケースも一定数見られる。それぞれ別の地域の美化運動のボランティア団体を青年会議所卒業後に運営してきたＤとＥは、どちらも青年会議所はそうした活動を展開するための「練習の場」であった

---

18)　「青年会議所時代に培った経験が生きたというのはあると思いますよ。…道路の関係の陳情とかもやってたし。街のために地域開発という意識とかは学んでたから。」（飯塚Ｂ）

19)　この活動について、Ｂは会頭から直々に音頭をとってくれるよう頼まれたことがモチベーションとなったということを語っている。ここでもやはり他者からの期待・承認が語りの中心となっていたことを付記しておく。

という考えを述べていた。そのため卒業後により深く地域発展のための実践を行うことの重要性を語り、その現れとしてそれぞれが近隣住民や友人と立ち上げたボランティア団体である、リアクションクラブとムジナ会の活動を説明していた。これらの活動はビジネスとは関係ない、会社ではなく居住する地域の近隣住民とのボランティアであり、頼まれたり誘われる中で展開される市民社会キャリアとも異なっている。目的志向的で、規範的な論理づけ

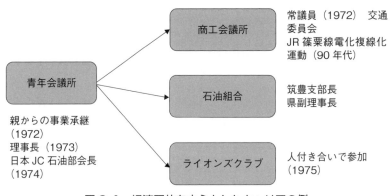

図6-1　経済団体を中心としたキャリアの例
（Bの市民キャリア）

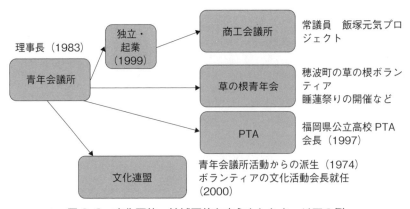

図6-2　文化団体・地域団体を中心としたキャリアの例
（Eの市民キャリア）

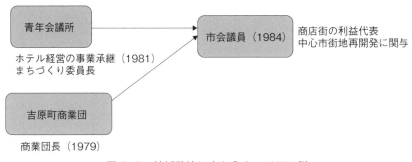

図6-3　地域政治に向かうキャリアの例
（Cの市民キャリア）

がなされているという点で、他の進路とは異なっていると言えるであろう。

　また、青年会議所をはじめとする活動をきっかけとして公共的活動としての「街をどうにかしようという意識」に「目覚め」（C）、政治という手段を通してより直接的に公共性に働きかけるべく政治家になるような進路も典型的なものとして存在する。Cは青年会議所のまちづくり委員会活動で地域の活性化の政策に関心を抱き、自らが宿泊業（のち社会福祉施設）を営む中心市街地の商業団のリーダーへと成長し、青年会議所や商業団を「票田」としつつも、主に商業者の利益を代表する地方政治家への道を歩んで行った。本研究でのインタビュー対象者ではないが、事実として飯塚青年会議所は衆議院議員や市長、県会議員など、地域に影響力の強い多くの政治家を輩出してきた。もう一つの調査地深谷でも市長や県会議員などが輩出されているほか、全国レベルで見ても青年会議所は小泉純一郎、鳩山由紀夫、菅直人、麻生太郎[20]、安倍晋三など比較的広範な党派の総理大臣・国会議員を輩出している。こうしたルートの選択においては、公共性への志向という規範的な理解が可能である一方で、社会関係資本や役員選挙・運営の経験など、青年会議所で得られた様々な資源を生かし、利益の一種としての権力を最大化するような合理的行為と解釈することもできよう。事実、将来の政治家を目指

20)　麻生太郎は飯塚青年会議所に所属し、1978年に日本青年会議所会頭を務めた。

して、青年会議所に所属する例も、調査の様々な場面で耳にすることがあった。

6−5　結　　論

　本論ではここまで、経営者層の市民活動のキャリアについて、それぞれのステージにおけるビジネスや主観的な意味付けとの関連を中心に分析を進めてきた。インタビュー対象者の語りに基づけば、経済的な利益は入会の段階では意識されることがある一方、持続的な参加や活動的な参加の誘因としては計算されにくい。一定の経済的環境が積極的参加の前提条件となることもまた確かであるが、それは積極的参加によって生じうる経済的不利益に耐えられるかどうかという点で意味を持つのであり、利益の獲得手段とはそれほど結びつかない。

　また互酬的な規範論が想定するような、公共性への参加などの市民的規範が入会の時点で動機として意識されることは調査対象者の間ではほとんどなかったが、青年会議所での地域活動の中で内面化し、卒業後の活動においては重要な動機として意識される（少なくとも語りにおいては活動と規範が結びつけられる）ケースが多く確認された。

　青年会議所への入会から卒業後の活動に至るすべての市民生活のフェーズにおいて一貫して目立ったのは、特定の目的に対しての合理的な行動というよりも、ビジネス上の関係、あるいは友人関係や地域活動において関わりのある他者からの誘いや頼りにされる役割への意識が行動原理として大きく作用しているという点である。自己利益、または互酬的な利益は基本的に主体性を前提に追及されるが、こうした社会的文脈に依存した、受動的な参加が経営者層の活発な参加の源泉として機能してきたことは今一度強調される必要があるだろう。また、この社会的な文脈からの動機付けは、活動自体の楽しさや承認の喜びが認識されることによって、個人的な便益・あるいは内面化された利他的組織原理による主体的なものへと転化されるケースも多く

見られた。その承認の経験は全国組織にも連なるようなトランスローカルな役職の獲得とも深くリンクするものであり、活動の活発化に影響を与えていた。

　これらの点から、青年会議所は広義の経済合理性や非積極的な動機づけの参加者を〈市民化〉する装置として機能し、一定の地域活動の担い手を再生産したものとして位置付けることができよう。ただし、その参加の程度は会員の持つ資源にある程度依存した部分があるという限界づけを有し、この点は先行研究とも論点が重なる。

　さらに、個人の市民社会における活動の仕方の変遷という観点からは、変容が必ずしも単線的ではないということが明らかとなった。青年会議所在籍中に経済的な利益重視の結社活動から市民的規範を内面化しての参加へと変化があったとしても、卒業後に同じような活動は維持できないと考える会員も多く、また地域への奉仕活動をしつつビジネスに活かせるような人脈や知識を得るための別の結社へ所属するケースもある。その点で、青年会議所の〈市民化〉機能は、結社所属中の役職キャリアやその後の結社所属キャリアにおいて常に決定的な要素となっているわけではない。むしろ特定の目的に集中するのではない、流動的なモチベーションを吸収し得る弾力的な機能を持った結社であればこそ、地域社会の一定層を常に包摂し、担い手を再生産させることができたのではないだろうか。

　終章ではこの知見をもう一度結社の組織論的な文脈や外部への影響力の問題と照らし合わせることで、経済を媒介とした市民的参加がいかなる意味を持ち得るかについて再検討を行う。

終　　章

　本研究は、既存の市民論の領域的限定への問題意識から、経済に根ざしたメンバーシップ結社の分析を通して〈経済〉と〈市民〉の関係を再検討し、市民概念の枠組みの更新を目指してきた。その具体的な戦略は、国家や市場、あるいはそれを条件付けるコードとしての権力や経済的合理性の否定ではなく、経済的なモチベーションと連続性のあるメンバーシップ結社への参加とそれを通して形成される社会関係資本から市民的な側面を捉え、その可能性を検討するというものであった。特にその可能性のうち重要な点の一つとして見込まれたのは、青年会議所が、経済領域にまたがりつつ参加的市民を養成するという意味での〈民主主義の学校〉として、どのように機能し得たのかという問題である。市民社会論において主流として論じられてきた左派的な社会運動と並行する、見過ごされてきた経営者層（あるいは保守層の）の市民的な側面の性質を論じてきたことは、市民についての議論の射程の拡張にいかに貢献し得るだろうか。

　以下では、この試みが何を明らかにしたのかを振り返り、初発の問いへの応答を試みる。

7−1　各分析課題から見た青年会議所

7−1−1　組織の基盤とアイデンティティ形成、および外部への直接的作用

　主に第3章で確認してきたように青年会議所の組織としての出自やメンバーシップは、明らかに経済領域に根ざしたものである。また、商工会議所と国家とのつながりや青年会議所を足場とする個人の政治へのパス、あるいは組織活動を通しての行政への影響力は、国家や権力関係との連続性を有している。それと同時に、青年会議所は〈市民社会的〉特徴を有している。

メンバーは自発的に参加し、自ら会費を払って地域活動のために献身する。その活動領域は具体的な政府への経済団体的ロビー活動というよりは、まちおこしイベントを中心とした、より広範な公共領域である。第5章で取り上げたような具体的な活動には、個別的な利害を超えた一定の公共的な指向性[1]も認められるだろう。

　このような組織基盤とアイデンティティに重要な結論の一つは、組織的なアイデンティティが経済人の結社にとって必ずしも自明の固定的なものではないという点である。第3章のアメリカ・ドイツとの比較でも明らかになったように、制度をはじめとする様々な環境によって、青年会議所はより市民結社的方向に傾斜することも、利益団体的方向に傾斜することもあり得たのである。

　さらに、このアイデンティティは必ずしも外部環境の変化に自動的に規定されるものではなく、それに影響されつつも組織戦略や規範に則って主体的に選択されるものである。第3章で明らかにしたように、日本の青年会議所はその出発点において年長の経済団体からの独立性を強調し、商工会議所の完全な下部組織になることを拒絶したが、運営上の独立性は組織的な基盤が確立されて初めて実現されたものでもあった。第4章で見たように、単年制でローカル組織の権限の強い組織構造によって、そうした主体的な判断はローカルなレベルで、継続的になされやすい。ただしこの主体性は、第5章の祭りの事例で明らかであったように、地域社会の外部アクターからの期待との間での緊張感を孕んでおり、活動方針は外部の民間アクターや行政にも影響されてもいた。

　このように流動的なアイデンティティよって方向付けられる活動領域は第5章で取り扱ったように経済領域と市民領域を横断するものであり、その都度に地域社会へ影響を与えてきた。特に両領域が交差するような伝統的

---

1)　ここでは客観的な公共性の有無ではなく、当事者としての活動の指向性を指していることに注意されたい。

な祭りの運営は、外部への影響力を特徴づけるようなものであったといえよう。このような流動的なアイデンティティは個別の活動や政策に特化するのでなく、メンバーシップと抽象的な共有価値が組織行動の原理となっている〈古い〉結社だからこそ際立つものであると考えられる。

7−1−2　組織構造と社会関係 ― 再生産される社会関係と市民的規範 ―

　流動的な組織のアイデンティティに対して、比較的安定的に存在するのが結社を通して連続的に継承される人間関係と市民的規範である。非常に多くのミーティングや飲み会の機会を通して得られる親密な関係性はあらゆる世代において言及される活動の特徴であった。また、市民的規範は時に会員認証時の宣誓やJCIクリードの唱和、メダルの授与といった儀式的な装いも含むという点で、伝統的な市民結社のそれとの連続性も見いだされるものである。結社内で制度化された社会関係において蓄積されるのが対面的コミュニケーションに基づいた信頼のネットワークであり、短期的な利益でなく互酬的な原理によってしばしば行為が説明されるという点において、パットナムらに代表される論者の結社における社会関係資本とみなすことが妥当であると考えられる。その一方、第4章での知見を中心に、いくつかの点で従来の市民的結社の想定とは異なる社会関係も散見された。一つは特に対外的に組織的に活動を行う際に可視化される明確なヒエラルキーである。地域組織の理事長は人事を中心に組織に対する強い決定権を持ち、1年間の活動の一つひとつが下からの議論で積み上げられているわけではない。ただし、それは一定の民主的なプロセスに沿った流動性が標榜されたものでもある。役職をめぐる選挙の競争は個人の所有する資源に左右されつつも、組織活動の能力の評価についてのシビアな競争を伴うものとしても語られてきた。入会時には経済領域の関係性が持ち込まれることも多い青年会議所において、徐々に築かれる親密な関係性、反面の選挙を通じて表現されるシビアな信頼関係は、〈民主主義の学校〉としての説明を支持するように思われる。その民主主義は何らかの権力を実際に生み出すものであり、それは国政においても組

織内の政治においても同様であろう。また、民主的なシステムと年齢階梯的な雰囲気とが複雑な緊張関係にあることも、この結社内の社会関係において重要な要素となっている。加えて、スタッフの役割について、スコッチポルらの見方とは異なるパターンが観察された。それはメンバーシップを中心とするがゆえに困難になりがちな組織の連続性を維持するような役割である。言い換えれば、スタッフの存在はメンバーシップの力をむしろ強化するためのものとして観察されたと結論づけられる。

　これらの社会関係上の特性は、結社が組織として持つ様々な制度の安定性によって支えられ、再生産されてきたものである。

7−1−3　参加の論理と市民キャリア

　本研究では結社を通した市民的な行為を集団と個人、また入会時から40歳での卒業に至るまでの動態を様々なステージごとに解釈することを試みてきた。

　第6章の分析を通し、当事者の主観に着目した個人レベルにおいては、動的な要素が非常に重要な意味を持っていた。入会時点では経済的な動機や経路依存的な結社所属など、必ずしも主体的に利他性が志向されているわけではない状況が多く見られたものが、活動と相互行為によって、地域への参加に関する規範性を内面化させるプロセスの中で変化していくことが顕著な特徴として見られた。この主体性の薄い参加類型は、ともすれば自発性という結社の存立基盤の価値にもとるものと見なされ得るが、スリーピング（消極的参加）や退会といった選択肢を取ることは常に可能であり、その中で活動を深化させるダイナミズムの中に市民的主体形成の契機を見ることができる。

　さらに、完全な利他性や地域との互酬性の意識を強く意識するようにならなかったとしても、相互の信頼がビジネスにとって長期的に役立つものとなるという信念が共有されている場面も観察され、これは経済的利益と結びついた市民性として理解できるものであった。もっとも、この種の市民性に

つながる経済領域の相互行為は（市民的）結社という形態に捉われなくても捕捉可能かもしれない。ある企業における風通しの良い議論の環境や取引関係を通じて複数のアクター間で相互に醸成される重層的な信頼関係、あるいは企業統治におけるコンプライアンス意識の醸成が、自己効用感や一般的信頼、市民的な責任感とまったく無関係とはとても思われないからである。とはいえ、そうした意識が三信条など市民結社としての価値規範によって強化される点に青年会議所の特徴があると言えるだろう。

　また、承認を中心とする、関係性の中に埋め込まれた心理的報酬も重要な行為原理として観察された。役職獲得を契機とする承認の体験はしばしば経済的利益をまったく度外視した活動参加を支えていることが明らかになり、選挙やトランスローカルな上昇が可能な結社内の役職獲得のシステムとの関係性からも非常に重要な観点として位置付けられる。

　また、第3章から明らかになったように、集合的なレベルにおいての青年会議所の行為原理は、商工会議所との関係や地域での文脈に左右されつつも、設立時から会員のリーダーシップの成長と自律的な社会改善のための活動であるという原則が一貫して維持されてきた。より純粋な市民団体としての色彩の強いアメリカの青年会議所の影響を色濃く受けた国際青年会議所との関係性は、こうした集合レベルの行為原理をさらに安定させるものとなっている。その一方で、第5章で見たように市民結社としての行為原理間の対立（奉仕と修練）、およびそれに関連する地域社会からの役割期待との葛藤も明らかとなり、複雑な行為原理の中からの行為の選択が、選挙などの組織内プロセスによって絶えずなされていることも確認された。

7-2　市民論再考に関する示唆

　上記の本研究における分析全体の概観を踏まえた上で、以下では〈経済〉や〈利益〉との結びつきを考察するという初発の問いに検討を加えた上で、結社のメンバーシップに着目したことで浮かび上がったいくつかの市民概念

の精緻化の方向性を、市民的アクターの重層性という観点から分解しつつ論じたい。

　本研究が青年会議所への参加を通して見た市民性のありようの中核は、個別的利益と結びついたモチベーションに導かれながら結社に所属し、相互行為を行うことによって制度的に再生産される、地域への参加的態度である。参加のモチベーションは利益・互酬性・規範・心理的報酬など諸要素の間で常に変化することを前提としており、変化を条件付ける結社自身も、制度や地域外のトランスローカルな関係、地域内の権力関係等を見越しながらアイデンティティを変容させていく。こうした流動的な参加の性格は特定の目的達成を直線的に目指して展開される社会運動とは区別されるものであり、日本社会において実際に一定の成功を収めた市民性の一形態として、本研究が発見したものである。しばしば意図せざる結果として地域に参加する意識を芽生えさせ、あるいはイベント運営や選挙を通じて主張し支持を得る経験によって様々な公的活動に必要な能力を身につけさせていくプロセスは、見過ごされてきた階層による市民フィールドの本質的な機能であったと考えられる。

　こうした理解に立った上で、示される今後の市民概念の理論的精緻化の方向性は以下のようなものである。

　第一に、結社を領域的に捉えるだけでなく、所属によって個人や人間関係が変化していく場として捉えることを徹底するという方向性である。これは基本的には市民社会におけるネオトクヴィリアンの構想 —— 結社的コミュニケーションと〈民主主義の学校〉への期待 —— をより理論的に精緻なものにしていくということと重なるが、本研究はその精緻化に関して、〈ブリッジング〉社会関係資本の導入によって結束的で閉鎖的な関係性を切り離す方向に理論を進めたパットナムとも、専門化されたスタッフなどの影響による非参加的・非対面的結社を区別するスコッチポルとも微妙に異なる観点を示唆することができた。両者の理論的方向性はいずれも個別のレベルでは固定的な結社のあり様を前提としており、変化する場としての結社の特

性を十分には捉えることができない。結社・個人・社会関係のそれぞれの変容の種類や度合いを計算に入れることの重要性を、本研究は幾許か示すことができたと考えている。

　第二に市民活動の前提となる実質的な諸要素を、見つめ直し更新するという方向性である。特に本事例においては利益の感覚を、市民性概念との関係の中でどう捉えるのかという問題が何度も論点となった。モチベーションのレベルにおける両者の連続性や緊張関係はすでに上でも論じたが、それ以外に重要な点の一つは、市民的能力の成熟である。青年会議所は修練（トレーニング）を基本的な活動理念の一つに掲げており、実際にロバート議事法など具体的に議論の方法を習得する機会を持っている。対外的に発言したり、イベントを運営するのに必要な様々な能力を会員が獲得していくがゆえに、地域内の様々な他者からの役割期待も生ずることが観察された。さらに、組織内の役職獲得の場面においても能力は重要な要素となっていた。市民活動で発揮される能力の一部はビジネスの中に持ち込むことが可能で、そのことは青年会議所の会員勧誘において頻繁に用いられるアピールポイントでもある。市民論における〈能力〉は、教育学的な観点からは論じられる機会も少なくないが、結社の持つ制度的側面や地域社会との関係性などの社会学的文脈から、さらに再考される必要があるだろう。

　最後に、市民概念を用いた分析の方法論としての可能性にも触れておきたい。本論冒頭では、日本における伝統的な結社を適切に評価したり批判するための概念枠組みの更新の必要性に言及した。それはより実践的なレベルに落とし込めば、結社を市民社会との関係において、社会学的に分析するための方法を提案するということとかなりの部分重なるものである。本研究の市民社会研究としてのアプローチは、特定の結社について、組織制度、社会関係、個人それぞれのレベルで、市民社会や社会関係資本論という共通の理論的文脈から探っていくというおそらくほとんど例のないものであった。この手探りでの様々なレベルからの結社の分析は、多くの粗雑な面を改良しながら今後の研究蓄積にも適用されることが可能であると考えられる。少なく

とも、ロータリークラブやライオンズクラブなど他の経営者層の結社に類似
の分析を重ねることができれば、結社を通した経営者層の市民的参加への理
解は一層深まるであろう。

7−3　経済人的市民参加の限界と変容

　経済人の結社の市民的可能性について論ずることは、必然的にそれが理
念上の〈市民〉との関係の中でどのように限界づけられるかという議論へと
接続されることとなるだろう。しかし、本研究の事例は市民性の拡張可能性
を中心とし、逆に経済的論理や権力的ヒエラルキーなどによってどの程度限
界づけられる可能性があるかについてはそれほど多くの議論を展開すること
ができなかった。これには、単に経済性や公権力と何らかの〈市民的〉論理
が対立し、ともすれば前者が優先されるようなわかりやすい事例を、本研究
の調査において明示的に発見することが困難であったという単純な事実が、
第一の要因として存在する。しかし、本研究が〈市民〉を純粋な〈非国家・
非市場〉の理念から一度切り離し、その境界における活動から概念を再構築
することを志向してきたことを考えれば、青年会議所の理念としての〈市
民〉とのズレや距離が、本質的にどのように存在するかという点は避けて通
れない議論であるだろう。本研究は、経営者層の活動が純粋に市民的である
というような、初発の問題設定の前提を覆すような結論を出したいわけでは
ないからである。それゆえ、以下では各論の一部で示されてきた、市民性の
限界づけについての示唆を提示することとする。

　第一に、日本の青年会議所が持つ一定の階層的な選別性は、すでに多く
の先行研究が示してきたような経済人のネットワークの限界、すなわち幅広
い市民の包摂を拒み、経済原理に特化したような公的活動を生み出すネット
ワークの一部を担う可能性を含んでいる。福武（1965）や中澤（2005）の
事例研究など、こうした可能性を示す研究蓄積は数限りないほど存在し、本
研究は先行研究の諸事例における社会的事実のそれぞれを否定するものでは

ない。

　第二に、組織構造の市民的結社としての二面性である。一方では流動的で水平的な議論を生み出すネットワーク、緩やかなトランスローカル構造を持つが、他方で「体育会系」とも言われる年齢階梯的な組織文化が存在し、OBの存在感が時折観察されることもあった（第6章における深谷の事例など）。その一方で先輩に反抗した経験が語られたり、スリーピング会員と呼ばれるような消極的な参加が可能なことからも明らかなように、青年会議所における水平的／垂直的関係性は極めて複雑である。

　第三に、青年会議所の参加における非自発的な側面である。市民性の構成要件として自発性や自律性は極めて重要であり、地域社会や取引関係の社会的圧力によってなされる一部の参加がこの点において十分な市民性の反映とは呼べない側面を有しているかもしれない。しかしながら、非自発的なまま最低限の参加に留まるか、主体的な参加の動機を得ていくかは会員の自由意志に委ねられており、役職獲得者のような会員が活動のプロセスの中で自発性を育てていくという点は、トクヴィルの〈民主主義の学校〉のテーゼに重なるものと言えるだろう。

　最後に、特に2000年代以降の傾向としての、〈国家〉への接近について触れておきたい。

　本論では深入りしていないが、日本青年会議所全体の2000年以降活動傾向を見たとき、右派的な市民運動としての側面が一定程度目立つようになったことは、見逃せない変化と言える。たとえば、毎年発表される日本青年会議所のスローガンの中で、1992年（「爽やかな汗で笑顔の星づくり　輝け待ちの地球市民」）を皮切りに1995年にかけて毎年言及されていた『地球市民』が1999年の「地球は動く　今こそ動こう地球市民」を最後になくなり、2006年の「"精神ルネッサンス"真の自立国家「美しき日本」の創造に向かって」に代表されるように2000年代以降は「日本」への言及が増加したことに、その一端を見ることができる[2]。あるいは、「日本に誇りが持て

---

2)　日本青年会議所のスローガンの詳細な変遷については佐賀（2015b）。

る」歴史教育を目指す「国史教育委員会」が設立されたのも、この時代に
なってからである。こうした変化は、おそらく経営者層における主流のイデ
オロギーの変遷としても重要であると考えられ、別の機会に詳しく分析され
るべきであろう。ナショナリズムへの傾斜そのものを説明することは本研究
の道具立てでは困難であるが、以前から一定程度存在していたであろう特定
の政治的傾向への集合意識が組織活動の中に具体的に表現されるようになっ
たという事実には、若干の分析を加えることは可能である。

　そもそも第4章で示したように、青年会議所の発展の一部は、日本の抑制
的な公益法人制度環境や日本経済の右肩上がりの状況、中小企業文化などの
文化的な環境によって担保されてきたものである。1990年代からそのよう
な環境はドラスティックな変化に見舞われた。すでに触れたように、NPO
法の制定は青年会議所の希少な公益法人としてのリソースの集中を減じさせ
る効果を持ったと考えられる。バブル崩壊後、大店舗法の改正や様々な規制
緩和は地域の中小企業を疲弊させ、青年会議所に参加する余裕がある地域経
営者層のボリュームに影響したであろう。少なくともかつて存在していたメ
ンバーシップそのものが持っていた価値が意識されづらくなるにつれて、何
らかの政治目標を持った運動として成立させることが、組織の生存戦略とし
て一定の意味を持ったことは想像に難くないのである[3]。

　ただし、上記のような傾向は日本青年会議所に関してのものであり、
ローカルな活動においては政治的運動というよりも基本的に一貫してまちづ
くりを中心としたものであることは、すでに本論で述べてきた通りである。

---

3)　ただしナショナリズムや右傾化そのものを単純に市民的なものと対置することもま
た、妥当とは言い難い。仁平（2003）の指摘するように、運動論を中心に市民社会論
を組み立てるにしても右派的な社会運動を理論的に排除することは困難である。また、
多くの論者が指摘するように、歴史上の市民社会の成立は近代ナショナリズムと密接
な関係を持ち、愛国心は伝統的市民結社の重要な特徴でもある（Skocpol 2003=2007;
Hoffman 2003）。アメリカ青年会議所も1940年代に太平洋戦争や朝鮮戦争を支援する
ための大規模なキャンペーンを行っており、愛国的・右派的活動自体が市民結社とまっ
たく相性の悪いものとも言えない。

7−4　市民社会論の更新と、目指すべき未来

　本研究は、経営者層の青年会議所という結社の参加について、その市民的可能性を拾い上げる必要性を議論の出発点としながら各論を展開してきた。最終的には結社を足場とする個人と社会関係の絶えざる変化のダイナミズムから市民論を再構成し、またそこから析出される諸要素によって市民社会概念を更新していくという方向性を示すことで、一定の結論を導くことができたと言える。

　こうした結論が意味を持つ背景として、市民論全般に存在してきたバイアスによる過剰な対象の排除が存在してきたことは、すでに第 1 章で論じた通りである。そうした取りこぼしを拾い上げた先で、結局のところ本書は社会の現実と、市民論・市民社会論に何をもたらすことができるだろうか。やや大げさな言い方で結論を先取りすれば、我々は古い結社を通して、現状の市民社会の亀裂に対して向き合う術を再考すべきだと考える。

　マイケル・ウォルツァー（1974）は、市民社会やシティズンシップを支える Civil と Civic という 2 つの〈市民的〉概念の間にしばしば生ずる緊張関係を論じた。Civil は市民的礼節を指し、暴力を伴わない多様な人々との寛容で文明的なコミュニケーションのあり方を、Civic は自律した市民の活発な公的参加の特性を指している。第 1 章で述べたように、主流の〈新しい市民社会論〉では特に弱者が声を上げるという意味で Civic の側面が注目されたが、実際にはその中の反権力的な側面のみが抽出される傾向にあった。他方で、市民社会における Civility を取り巻く環境はラディカル・デモクラシーやマイクロアグレッション批判の噴出の中で、ますます厳しさを増してきているように思われる[4]。結果として Civic な規範の一部のみが市民社会

---

4)　この議論については Campbell&Manning（2014）の公共的世界の道徳文化の公準の変遷についての論考を参照。彼らによれば、公共世界における道徳文化は 18−19 世紀

論と市民社会自身を覆い、原理的な緊張関係を議論する余地は失われつつあるようにも見える。その一方で、アメリカにおけるトランプ現象のように、大都市エリートと地方の大衆の埋め難い大きなギャップから生まれる公共空間での闘争は暴力性を孕み、市民社会という概念の現実的な可能性そのものを脅かしている。

　市民結社は、参加的な態度や水平的で活発な議論という Civic の側面と洗練された協力行動や自己修養という Civil の側面の両面を同時に満たす、19世紀西欧の自由主義的な理想を背負って誕生した。それがもはや時流に乗れず、アメリカを中心として勢いを失っていることはすでに繰り返し論じた通りである。また、先に述べたような運動としての側面が青年会議所内でも強まっていくとすれば、自己を高め礼儀正しく他者と交渉する規範としての Civility の生き残る余地は、もはや小さくなりつつあるのかもしれない。しかしそうであったとしても、少なくとも市民社会論が現実のローカルコミュニティの文脈から切り離された形で、対抗的なエンパワーメントの運動と一部の NPO という狭い範囲の議論に拘泥しているうちは、2つの市民性の間にある緊張関係の内在的な解決策を生み出すことはできない。古い結社を維持・復活させるべきかどうかではなく、それが、しばしば当事者も含めて無意識的に担ってきた、しかし〈新しい市民社会（Zivilgesellschaft）〉では回収できないもの —— たとえば、個別の利益への連続性を認めながらも、結社を通じた相互行為によって醸成されるような公共性への参加の精神 —— を、いかに次世代の市民社会がより良い形で引き継ぐかという視点が求められているのである。この視点は単に理論上の問題だけではなく、富の配分の源泉が縮小していく日本の、とりわけ地域社会の経済的・社会的持続可能性の公共的な議論の中で、極めてアクチュアルな問題としてますます顕在化す

　に臆病や依存などを逸脱のコードとする名誉（honor）の文化から暴力や無法を逸脱のコードとする尊厳（dignity）の文化へと変化したが、〈新しい社会運動〉以降は支配を逸脱のコードとする被害者性（Victimhood）の文化が登場し、異なる道徳コード間で原子化されたコンフリクトが繰り返される状況をもたらしているという。

るであろう。

　現状の地方の衰退と東京への一極集中は、極端な競争と序列化、格差の拡大を助長し、多様な文化を喪失させ、自由民主主義の基盤を崩壊させるリスクがある。自由な社会制度と豊かな経済を、公共の福祉と両立させるには、弱者のエンパワーメントのみならず、一定の資本を持ちながら、地域の公共的な活動に自発的に参加する必要を感じていない強者への啓発が必要である。経済と地域社会をつなぐ、影響力のある言説がもっと必要だろう。メディアに映る現代の「勝ち組」の中で、地域への貢献や市民的参加を誇る人は極めて少ない。自由な資本や成長そのものを否定する伝統的言説のアップデートでは、貧しくなる地域コミュニティを救いようがなく、市民性への冷笑的な態度には対抗できない。今必要なのは、ベンジャミン・フランクリンや渋沢栄一の直感の延長にあるはずの、良き経済市民を育てる議論の活発化である。抽象的でグローバルな社会正義のみならず、それに接続する具体的でローカルな人間関係を意識しない限り、問題は解決しない。

　また、単に道義を解くだけではなく、新自由主義的な規制緩和の結果、数十年間淘汰され続けている、特定地域との長期的な絆が利益に結びつくタイプのビジネスが成長するための方策の検討も改めて求められる。近年の税制優遇によってもたらされている投資の拡大は、ネット証券の手軽さもあってグローバル資本への一層の資本流出をもたらし、場所や地域との関係性を無視できるビジネスに有利に進んでいくように思えてならない。

　社会的亀裂の激化する世界の状況に対して、経済と市民、個人と国家が妥当な落とし所を見つけるためのアカデミックな、あるいは制度的・実践的な枠組みが発展していくための小さな貢献になることを祈りつつ、これを本論の結語としたい。

文献目録

Adloff, Frank, 2011, Philantrophisches Handeln, Spendwerk

Adloff, Frank, 2005, Wirtschaft und Zivilgesellschaft im sozialwissenschaftlichen Diskurs In Adloff, Frank, Birsl, Ursura, Schwertmann, Philipp（Hg.）:, Wirtschaft und Zivilgesellschaft. Theoretische und empirische Analysen. Wiesbaden: 9-21 VS Verlag für Sozialwissenschaften

秋元律郎，1970，「地域権力構造と市民運動」，社会学評論 21（2），39-49，

秋元律郎，1971，『現代都市の権力構造』，青木書店

Almond, Gabriel A., and Sidney Verba. 1963. The Civic Culture: Political Attitudes and Democracy in Five Nations. Princeton, NJ: Princeton University Press.

Anheier, K. Helmut and Seibel, Wolfgang., 1993, "Defining the Nonprofit Sector in Developed Societies: Chapter 6 Germany "in Salamon, M. Lester and Anheier, K. eds., Defining the Nonprofit Sector- A Cross National Analysis: 128-168

雨宮孝子，1993，「フィランソロピー税制の現状と課題 — 特に寄附金税制を中心として」林雄二郎・山岡義則編『フィランソロピーと社会』ダイヤモンド社，277-302

Arendt, H., 1958 *The Human Condition*, The University of Chicago Press=（1994）『人間の条件』志水速雄訳，筑摩書房．

Bauman, Zygmunt, 2000, Community: Seeking Safety in an Insecure World, Polity Press.（= 2008，奥井智之訳『コミュニティ —— 安全と自由の戦場』，講談社）

Beem, Christopher. 1999. The Necessity of Politics: ReclaimingAmerican Public Life. Chicago: University of Chicago Press.

Bellah, Robert N et al, 1985, "Habits of the Heart: Individualism and Commitment in American Life". Harper and Row（=1991，島薗進・中村圭志訳『心の習慣 — アメリカ個人主義のゆくえ』みすず書房）

Besser, Terry. L. 2003. The Conscience of Capitalism: Business Social Responsibility to Communities. Westport, CT: Praeger Publishers.

Besser, Terry L., 2009, "Changes in small town social capital and civic engagement," Journal of Rural Studies, 25: 185-93

Blau, P. M., 1986, Exchange and Power in Social Life, New Brunswick, U. S. A.: Transaction Books.

Booth W. J., On the Idea of Moral Economy, American Political Science Review, 1994, vol.88. 653-667

Budde, Gunilla, Eckart Conze, Cornelia Rauh（Hrsg.), 2010 Bürgertum nach dem Bürgerlichen Zeitalter. Leitbilder und Praxis seit 1945

Campbell, Bradley and Manning, Jason, 2014, "Microaggression and Moral Cultures", Comparative Sociology 13 (6)：692-726

Charles, Jeffrey A., 1993, *Service Clubs in American Society: Rotary, Kiwanis, and Lions*, University of Illinois Press

Clark, John W., 1995, A Legacy of Leadership. The U.S. Junior Chamber of Commerce Celebrates 75 Years

Cohen J, Rogers J. 1995. *Associations and Democracy*. London: Verso

Coleman, James. S., 1988, Social Capital in the Creation of Human Capital. The American Journal of Sociology 94, 95-120（= 2006，金光淳訳，「人的資本の形成における社会的資本」野沢慎二編・監訳『リーディングスネットワーク論 ― 家族・コミュニティ・社会関係資本』，勁草書房）

Curtis, Gerald, 1971, Election Campaigning, Japanese Style, Columbia University Press（= 1983，山岡清二訳，『代議士の誕生 ― 日本保守党の選挙運動』，サイマル出版）

Dahl, R.A., 1961, Who Governs?: Democracy and Power in an American City, Yale University Press（=1988，河村望他訳『統治するのはだれか ―― アメリカの一都市における民主主義と権力』行人社）

Dalchow, Irmtraud, 1995 Die Industrie- und Handelskammer Halle-Dessau: 150 Jahre Kammergeschichte in Mitteldeutschland. Mitteldeutscher Verlag

デュルケム，1989『社会分業論』井伊玄太郎訳 講談社学術文庫

Einolf, Christopher & Chambre, Susan, 2011, "Who volunteers? Constructing a hybrid theory", International Journal of Nonprofit and Voluntary Sector Marketing, 16 (4) 298-310

Fiorina, M., 1999, The dark side of civic engagement. In T. Skocpol and M. Fiorina (eds.), *Civic engagement in American democracy*, Brookings Institution, Washington.

Fraser, Nancy, 1990, "Rethinking the Public Sphere: A Cntribution to the Critique of Actually Existing Democracy", Social Text 25/26, pp56-80（=1999「公共圏の再考 ― 民主主義の批判のために」グレイグ・キャルホーン編『ハーバマスと公共圏』，山本啓・新田滋訳，未来社）

深谷青年会議所，2001，『源流』

福岡県，2016，『福岡県の生活保護　概要版』

福武直編，1965，『地域開発の構想と現実〈第2〉新産業都市への期待と現実』東京大学出版会.

Gall, Lother, 1991, *Bürgertum in Deutschland*. Goldmann, München

Gosewinkel, 2010, "Zivilgesellschaft-Bürgerlichkeit-Zivilittät? Konzeptionelle Überlegungen zur Deutung deutscher Geschichte" Bürgertum nach dem Bürgerlichen Zeitalter. Leitbilder und Praxis seit 1945, Vadenhoeck und Ruprecht Verlag

Habermas, Jürgen, 1990, Strukturwandel der Öffentlichkeit, Suhrkamp Verlag（=1994, 細谷貞雄・山田正行訳『公共性の構造転換』未來社）

Handy F, Cnaan R, Brudney JL, Ascoli U, Meijs LCMP, Ranade S. 2000. Public perception of "who is a vol-unteer": an examination of the net-cost approach from a cross-cultural perspective. Voluntas 11（1）: 45-65.

Handy F, Cnaan R, Hustinx L, Kang C, Brudney JL, Haski- Leventhal D, Holmes K, Meijs LCMP, Pessi AP, Ranade S, Yamauchi N, Zrinscak S. 2010. A cross-cultural exam- ination of student volunteering: is it all about resume- building? Nonprofit and Voluntary Sector Quarterly 39（3）: 498-523.

長谷川公一，1996，「NPO ― 脱原子力政策のパートナー」『世界』岩波書店 1996 年 6 月号： 244-54

蓮見音彦・似田貝香門・矢澤澄子，1990，『都市政策と地域形成 ― 神戸市を対象に ― 』東京大学出版会

Hettling, Manfred, 1999. Politische Bürgerlichkeit: Der Bürger zwischen Individualität und Vergesellschaftung in Deutschland und der Schweiz von 1860 bis 1918. Göttingen: Vandenhoeck & Ruprecht

Heying, C.H., 1997. Civic elites and corporate delocalization: an alternative explanation for declining civic engagement. American Behavioral Scientist 40（5）, 657-670.

Hoffman, Stefen Ludwig, 2003, Geselligkeit und Demokratie. Vereine und zivile Gesellschaft im transnationalen Vergleich 1750-1914, Vadenhoeck und Ruprecht Verlag（= 2009, 山本秀行訳『市民結社と民主主義』1750-1914, 岩波書店）

市野川容孝，2006，『社会』岩波書店

池上英子，2005，『美と礼節の絆 日本における交際文化の政治的起源』NTT 出版

飯塚市，1975，1981，1992，2005，『統計いいづか』昭和 50 年度，昭和 56 年度，平成 3 年度，平成 17 年度

飯塚青年会議所，1973，『創立 20 周年記念誌』

飯塚青年会議所，1983，『創立 30 周年記念誌』

飯塚青年会議所，1993，『創立 40 周年記念誌』

飯塚青年会議所，2003，『創立 50 周年記念誌』

飯塚商工会議所，2008，『創立 100 周年記念史』

飯塚山笠振興会，2001，『飯塚山笠史』

Inoguchi, Takashi, 2002, "Broadening the Basis of Social Capital in Japan" in R.D.

Putnam（ed）Democracies in Flux: The Evolution of Social Capital in Contemporary Society.: Oxford University Press, 359-392（＝2013，猪口孝訳，『流動化する民主主義 ― 先進 8 カ国におけるソーシャル・キャピタル ―』ミネルヴァ書房）

岩間暁子，2011，「ジェンダーと社会参加」斎藤友里子・三隅一人編『現代の階層社会 3 ― 流動化のなかの社会意識 ―』東京大学出版会：325-340

片桐恵子，2012，『退職シニアと社会参加』東京大学出版会.

権安理，2006，ハンナ・アーレントとポスト・ハーバーマス的公共論 ― 社会学における アーレント公共空間論の受容をめぐって ―，ソシオサイエンス（12），30-45

神戸新聞社編，1977，『海鳴り止まず ― 神戸近代史の主役たち』神戸新聞出版センター

小浜ふみ子，1995，「下町地域における町内社会の担い手層 ― 戦前期の下谷区を事例とし て ―」社会学評論 46（2），188-203

木村俊道，2013，『文明と教養の〈政治〉― 近代デモクラシー以前の政治思想』，講談社

King, Gary., Keohane, Robert O. and Verba, Sidney. Designing Social Inquiry: Scientific Inference in Qualitative Research, Princeton University Press, 1994.（＝2004，真渕勝 訳『社会科学のリサーチ・デザイン ― 定性的研究における科学的推論』勁草書房,

Kornhauser, W., 1959, The Politics of Mass Society, Free Press（＝1961，辻村明訳『大衆 社会の政治』，東京創元社）

倉持裕彌，2005，「地域振興における担い手の活性化の条件 ― 千葉県栄町商工会青年部の 事例 ―」『日本都市社会学年報』23　158-174.

Lemon, M., Palisi, B. J., & Jacobson, P. E. 1972. Dominant statuses and involvement in formal voluntary associations. Journal of Voluntary Action Research, 1（2），30-42.

March, James G and Olsen, Johan P, 1976, *Ambiguity and Choice in Organizations. Bergen: Universitetsforlaget.*（＝1986，遠野雄志・アリソン・ユング訳『組織における あいまいさと決定』，有菱閣）

March, James G and Olsen, Johan P, 1989, Rediscovering Institutions: Organisational Basis of Politics, The Free Press（＝1994 遠田雄志訳『やわらかな制度 ― 曖昧な理論か らの提言』日刊工業新聞）

Martyn, B and Zani, B, 2015, Political and Civic Engagement: theoretical u nderstandings, evidence and policies, in Barrett, Martyn and　Bruna Zani ed., Political and Civic Engagement: Multidisciplinary Perspectives, Routledge,.

丸山真男，1956『現代政治の思想と行動』上巻　未來社，224

松原治郎，1968，『日本の社会開発』福村出版

松元一明，2011，「「市民活動」概念の形成 ― 近接概念との関係性と時代背景を中心に ―」，法政大学大学院紀要 -（67），183-213

松野弘，2004，『地域社会形成の思想と論理 ― 参加・協働・自治 ―』，ミネルヴァ書房

松下圭一，1966，「「市民」的人間型の現代的可能性」『思想』504: 16-30．岩波書店（再録：1969，『現代政治の条件［増補版］』中央公論社，212-28．）

道場親信，2006，「1960-70年代「市民運動」「住民運動」の歴史的位置：中断された「公共性」論議と運動史的文脈をつなぎ直す」『社会学評論』57-2，241-258．

Mills., C.W., 1958, "*Structure of Power in American Society*", in British Journal of Socoiology, 9（1），29-41

三谷はるよ，2014，「「市民活動参加者の脱階層化」命題の検証 ― 1995年と2010年の全国調査データによる時点間比較 ― 」『社会学評論』65（1）：32-46．

宮本憲一，1987，『日本の環境政策』大月書店

宮崎省吾，2005，『いま、「公共性」を撃つ［ドキュメント］横浜新貨物線反対運動』創土社

Molotch, Hervey, 1976, "*The City as a Growth Machine*", American Journal of Sociology, 82, 209-332

中澤秀雄，2005，『住民投票運動とローカルレジーム ― 新潟県巻町と根源的民主主義の細道，1994-2004 ― 』，ハーベスト社

仁平典宏，2003，「「ボランティア」とは誰か ―― 参加に関する市民社会論的前提の再検討」『ソシオロジー』147: 93-109．

仁平典宏，2005，「ボランティア活動とネオリベラリズムの共振問題を再考する」『社会学評論』56（2）：485-99．

仁平典宏，2007，「「国土」と「市民」の邂逅 ―― 右派の創った「参加型市民社会」の成立と変容」『ソシオロジスト』と200

仁平典宏，2008，「市民参加型社会」の階層的・政治的布置 ―「階層化」と「保守化」の交点で ― 土場学 編『2005年SSM調査シリーズ7 公共性と格差』2005年SSM調査研究会：93-109

日本青年会議所 2010 『BIBLE OF JC』．

Nipperdey, Thomas. 1976, Verein als soziale Struktur in Deutschland im späten 18. und frühen 19. Jahrhundert. Eine Fallstudie zur Modernisierung I. In: ders. (Hrsg.): Gesellschaft, Kultur, Theorie. Gesammelte Aufsätze zur neueren Geschichte. 174-205

似田貝香門，2001，「市民の複数性 ―― 今日の生をめぐる〈主体性〉と〈公共性〉」『地域社会学会年報』13: 38-56．

Offe, C & Fuchs, S., 2002, A Decline of Social Capital? The German Case in R.D. Putnam (ed) Democracies in Flux: The Evolution of Social Capital in Contemporary Society. Oxford University Press, 189-244

荻野亮吾，2013，社会教育とコミュニティの構築に関する理論的・実証的研究 ― 社会教育行政の再編と社会関係資本の構築過程に着目して ― ，東京大学大学院教育学研究科博士

論文

岡本仁宏，2015.「次の非営利セクターの課題のために ― 論点整理と提言」雨宮孝子 太田達男 出口正之 山岡義典 初谷勇 著 岡本仁宏編『市民社会セクターの可能性 ― 110 年ぶりの大改革の成果と課題』関西学院大学出版会.

Pekkanen, Robert and Simon, Karla. 2003. "The Legal Framework for Voluntary and Non-for-Profit Activity." In The Voluntary and Non-Profit Sector in Japan: An Emerging Response to a Changing Society, Stephen Osborne ed, Routledge

Pekkanen, Robert, 2006, Japan's Dual Civil Society: Members without Advocates (=2008, 佐々田博教訳，『日本における市民社会の二重構造 ― 政策提言なきメンバー達 ―』木鐸社)

Pocock, J.G.A., 1975, *The Machiavellian Moment. Florentine Political Thought and the Atlantic Republican Tradition*. Princeton, N.J.: Princeton University Press. ＝田中秀夫，奥田敬，森岡邦泰訳（2008)『マキァヴェリアン・モーメント』名古屋大学出版.

Pocock, J.G.A 1981, "Virtues, Rights, and Manners. A Model for Historians of Political Thought", *Political Theory* 9, no.3: 353-68. ＝田中秀夫訳（1993)『徳・商業・歴史』みすず書房

Potthoff, Marie-Christine, 2010, Traditionelle Buergerlichkeit im internationalen Kontext: Rotary und Lions Clubs nach 1945.: In Budde, Gunilla, Eckart Conze, Cornelia Rauh (Hrsg.): Bürgertum nach dem Bürgerlichen Zeitalter. Leitbilder und Praxis seit 1945, Vadenhoeck und Ruprecht Verlag

Putnam, Robert.D., 1994, *Making Democracy Work: Civic Traditions in Modern Italy*（＝河田 潤一訳『哲学する民主主義 ― 伝統と改革の市民的構造 ―』NTT 出版）

Putnam, Robert.D, 2000, Bowling Alone: The Collapse and Revival of American Community, Simon &Schuster.（＝2006，柴田康文訳『孤独なボウリング ― 米国コミュニティの崩壊と再生』柏書房）

Putnam, Robert D. (ed.), 2004, *Democracies in Flux: The Evolution of Social Capital in Contemporary Society*, Oxford University Press（＝2013，猪口孝訳，『流動化する民主主義』ミネルヴァ書房）

Ross AD., 1954. Philanthropic activity and the business career. Social Forces 32（3）: 274-280.

佐伯啓思，1997,『「市民」とは誰か ― 戦後民主主義を問いなおす ―』PHP 新書

坂本治也，2004,「社会関係資本 の二つの「原型」とその含意」、『阪大法学』53（6)，181-210

坂本治也，2010,「市民社会組織のもう一つの顔 ― ソーシャル・キャピタル論からの分析」，辻中豊・森祐城編，『現代社会集団の政治機能 ― 利益団体と市民社会 ―』，木鐸社，

287-302

佐賀香織，2015a，「青年会議所と政治」，城西現代政策研究　8（2），47-60

佐賀香織，2015b，「青年会議所と選挙：公開討論会の開催を中心にして」，法政論叢，51（2），39-53

Salamon, Lester and Helmut Anheier, 1994, THE EMERGING SECTOR, Maryland: The Johns Hopkins University.（＝1996，今田忠訳『台頭する非営利セクター　12ヶ国の規模・構成・制度・資金　源の現状と展望』ダイヤモンド社）.

佐藤健二，1995，「ライフヒストリー研究の位相」，中野卓・桜井厚編，『ライフヒストリーの社会学』，13-41，弘文堂

佐藤慶幸，1994，『アソシエーションの社会学 ― 行為論の展開』，早稲田大学出版部

佐藤慶幸，2007，『アソシエーティブ・デモクラシー ―― 自立と連帯の統合へ』有斐閣.

Sharp, Jeff S., Jan L. Flora and Jim Killacky, 2003, "*Networks and Fields: Corporate Business Leader Involvement in Voluntary Organizations of Large Nonmetropolitan City*," Journal of the Community Development Society, 34（1）: 36-56

渋谷望，2004，「〈参加〉への封じ込めとしての NPO ―― 市民活動と新自由主義」『都市問題』95（8），35-47.

嶋田吉朗，2015，「経営者の結社活動から見る伝統行事の再興プロセス：青年会議所と飯塚山笠を事例として」，『年報社会学論集』（28），148-159

篠原一，1977，『市民参加 ― 現代都市政策叢書 ―』岩波書店.

篠原一，2004，『市民の政治学 ― 討議デモクラシーとは何か ――』岩波新書

椎木哲太郎，2003，「日本型「市民活動」の源流　1868-1951」経営・情報研究『多摩大学研究紀要』，7，65-82

Sharp, Jeff S., Jan L. Flora and Jim Killacky, 2003, "Networks and Fields: Corporate Business Leader Involvement in Voluntary Organizations of Large Nonmetropolitan City," Journal of the Community Development Society, 34（1）: 36-56

Silver A., 1990, Friendship in commercial society: Eighteen-century social theory and modern sociology. American Jounal of Sociolig, 95（6）1474-1504

Skocpol, T., 2003, Diminished Democracy: From Membership to Management in American Civic Life, University of Oklahoma Press（＝2007 河田潤一訳『失われた民主主義 ― メンバーシップからマネージメントへ ―』慶應義塾大学出版会）

Skocpol T, Fiorina MP. 1999 "Advocates without Members: The Recent Transformation of American Civic Life". In: Civic Engagement in American Democracy. Brookings Institution Press;. pp.461-509.

Skocpol T, Ganz M, Munson Z. 2000 "A Nation of Organizers: The Institutional Origins of Civic Voluntarism in the United States". American Political Science Review.; 94（3）:

527-46.

Smith, Steven. R., and Lipsky, Michael, 1993, Nonprofits for Hire: The Welfare State in the Age of Contracting. Harverd University Press

Staines GL. 1980. "Spillover versus compensation: a review of the literature on the relationship between work and nonwork". Human Relations 33 (2): 111-129.

武川正吾, 1996,「社会政策における参加」社会保障研究所編『社会福祉における市民参加』東京大学出版会, 7-40.

高木俊之, 2002「岐阜県大垣市におけるメゾ・コーポラティズムの実相 ― 地域情報産業振興ビョジョンの策定をめぐって」『地域社会学会年報』14 109-128.

高木俊之, 2005,「岐阜県大垣市の揖斐川電気工業と体育連盟」,『日本都市社会学会年報』23 (2), 175-187

高田昭彦, 2001,「環境 NPO と NPO 段階の市民運動 ― 日本における環境運動の現在」長谷川公一編『講座環境社会学第 4 巻 環境運動と政策のダイナミズム』有斐閣, 147-78.

武田尚子, 2005,「祭礼の変容と地域社会 ― 福山市内海町の事例から ―」『ソシオロジスト』7 191-216

武田俊輔, 2016,「都市祭礼における社会関係資本の活用と顕示 ― 長浜曳山祭における若衆たちの資金調達プロセスを手がかりとして ―」『フォーラム現代社会学』15, 18-31

竹元秀樹 2008「自発的地域活動の生起・成長要因と現代的意義 ―― 宮崎県都城市「おかげ祭」を事例に ―」『地域社会学会年報』20.

滝沢晶彦, 2007,「公益法人（一般社団法人）の CSR」, 松本恒雄・杉浦保友編,『EU スタディーズ 4 企業の社会的責任』, 33-50, 勁草書房

Taniguchi, H., 2010, "Who are volunteers in Japan?,". Nonprofit and Voluntary Sector Quarterly:, 39 (1): 161-79.

鄭賢淑, 2002,『日本の自営業層 ― 階層的独自性の形成と変容 ―』東京大学出版会

東京青年会議所, 1970,『東京青年会議所 20 周年記念誌』

東京青年会議所, 1975,『東京青年会議所 25 周年記念誌』

東京青年会議所, 1980,『東京青年会議所 30 周年記念誌』

東京青年会議所, 1995,『東京青年会議所 45 周年記念誌』

トクヴィル, 2005,『アメリカのデモクラシー』第一巻（上）・（下）、第二巻（上）・（下）, 松本礼二訳, 岩波書店

豊島慎一郎, 2015,「地方都市における社会階層と地域活動：2008 年・2013 年の大分市データの比較分析」『大分大学経済論集』66 (6), 29-49,

辻中豊・森裕城, 1998,「現代日本の利益団体「活動空間別に見た利益団体の存立・行動様式」」『選挙』51 (4)：4-15

辻中豊 編, 2002,『現代日本の市民社会・利益団体』, 木鐸社

辻中豊 編，2010，『現代社会集団の政治機能 — 利益団体と市民社会 —』，木鐸社

植村邦彦，2010，『市民社会とは何か — 基本概念の系譜』，平凡社

牛山久仁彦，2004，「市民運動の変化と政策・制度要求」帯刀治・北川隆吉編『社会運動研究入門 — 社会運動研究の理論と技法 —』文化書房博文社，60-79.

薄井一成，2003，「ドイツ商工会議所と自治行政一公共組合の法理論一」，『一橋法学』2 (2) 499-513

U.S Chamber of Commerce, 2012, "Early Years"

Werking, Richard Hume., 1978 "Bureaucrats, businessmen, and foreign trade: the origins of the United States Chamber of Commerce." Business History Review 52 (3) 321-341.

Verba, Sidney, Kay Lehman Schlozman, and Henry E. Brady. 1995. *Voice and Equality: Civic Voluntarism inAmerican Politics*. Harvard University Press.

Vitale, Patrick s. 2015, "Anti-Communism, The Growth Machine and the Remaking of Cold-War-Era Pittsburgh." International Journal of Urban and Regional Research 39, no. 4: 772-87.

Walzer, Michael, 1974, Civility and Civic Virtue in Contemporary America

Warren, Mark E., 2001, *Democracy and Association*, Princeton University Press.

Weise, Jürgen, 1993 Die Chronik der Wirtschaftsjunioren Köln bei der IHK zu Köln 1958 -1993,Wirtschaftsjunioren Köln

Weise, Jürgen, 1994, Ursprünge - Entwicklung - Wandlung, Wirtschaftsjunioren Deutschland

Wilson J, Musick M. 1997. Work and Volunteering: The Long Arm of The Job. Social Forces 76 (1): 251-272.

Wirtschaft Junioren Frankfurt am Main, 1999, "50 Jahre Wirtschaftsjunioren Frankfurt am Main bei der IHK Frankfurt am Main"

Wirtschaftsjunioren Köln, 2008, "50 Jahre Wirtschaftsjunioren Köln"

Wirtschaftsjunioren Wiesbaden, 2010, "60 Jahre Wirtschaftsjunioren bei der IHK Wiesbaden"

矢部拓也，2000「地方小都市再生の前提条件 — 滋賀県長浜市第三セクター「黒壁」の登場と地域社会の変容 —」『日本都市社会学会年報』18　51-66.

山口定，2004，『市民社会論 — 歴史的遺産と新展開』有斐閣，p.309.

米澤旦，2011，『労働統合型社会的企業の可能性 — 障害者就労における社会的包摂へのアプローチ』ミネルヴァ書房

http://www.jaycee.or.jp/　2018 年 11 月 1 日閲覧.

http://www.jci.cc/about　2018 年 11 月 1 日閲覧.

あ と が き

　本書は、JSPS 特別研究員奨励費（課題番号 2610321）を受けて執筆し
た、2019 年東京大学博士学位請求論文に、若干の改訂を加えて書籍化した
ものである。

　友人とも取引先とも言いきれない中間的な関係性の輪を取り巻く地方の
社会生活を、経営者の父や親戚を通して、幼い頃から見てきた。それは父の
人間関係のほとんどを占め、業界団体や商工会議所の話題もよく耳にした。
その一方、その種の社交が世間ではまるで存在感がないことを、不思議に感
じてもいた。例えば、漫画やドラマで描かれる大人たちの人間関係に、ロー
タリークラブが登場することはほとんどない。地域を舞台にした活動が物語
で描かれるとしても、登場する地域の有力者みたいな人たちの多くは、記
号的で単調な、ただ自明に偉そうな役割に収まるばかりで、リアリティを感
じなかった。社会学を学び始め、地域社会がその分析対象となっていること
を知ったが、箱庭の支配構造に拘泥する学術的な記述にも、似たような違和
感を覚えた。当事者たちの熱意に反して、経済リーダーたちの地域活動自体
に、人びとは意味を感じていない。そんな対象を一度地域社会学の定型から
解放し、世界の文脈に接続できる結社と市民社会の観点から描くことができれ
ば面白くなるという直感から、博士論文では地域性を極力語らず、結社から
の視点で記述を試みてきた。

　博士論文提出後に帰郷し、地方都市の家業に関わって 5 年目を迎える。
前掲の狙いにもかかわらず、結局この研究の存在意義は、結社というより
地方の都市社会に対するものだと感じるようになった。随分前から、地方に
住む人びとすら、車で自宅と職場やショッピングセンターを往来する生活に
おいて、抽象的な「街」に自らのアイデンティティを重ねていない。街の象
徴たる宿場町由来の商店街は、当然のように底の見えない衰退を続け、多

数派の生活圏から脱落している。それが間違っているとはいえない。それで
も、多くの地方都市において、アイデンティティの物語が、経営者をその場
所に留める最後の砦である。私自身、土地に結びついた物語とビジネスと共
に豊かに生きるという選択を、そのような生き方を防衛したいと、日々感じ
ている。一方で、地元由来の魅力的な企業ほど大都市での事業への比重を一
層高め、あるいは大資本に吸収され、親世代より相対的に地の縁が薄い事業
後継者たちに出会いつらくなってきている。企業からすれば、その判断はむ
しろ事業に対して誠実で、道義にかなったものですらある。しかし、この状
況は地方と大都市との不平等の問題であると同時に、この国における個人の
生の可能性が、マス的合理性に対する自由が、縮小していくという問題でも
ある。一元的な世界観に飲み込まれ、地方が物語を失い、近代化以降一貫し
て進んできたあらゆる資源の一極集中が加速度的に進行している。この強す
ぎる巨大な市場競争や中央集権的な権力と社会構造に逃げずに抗おうとする
時、個々のビジネスそのものの力はもとより、文化と歴史を背負ったローカ
ルビジネスに紐づく自発的個人の、地域から世界への連帯を可能とする仕組
みに、まだ希望があると信じたい。我々は切実に、そのような強力な市民社
会を必要としている。

　書籍化にあたって研究を振り返ることは、地方で都市的に生きられる可
能性を維持するために、原点に立ち返った市民社会のあり方を整理し、自ら
の生活に落とし込む作業と重なった。インタビューで聞いた、ビジネスの延
長ながら社会活動が楽しくてのめり込んだり、真剣に地域の方向性を思って
口論になったり、事業を人に任せて海外ボランティアに行ったり、といった
具体的なエピソードが、地方でビジネスをすることの豊かさを思い出させて
くれた。他方で実践上は、仕事上の成功や拡大を真剣に目指しつつ、街の活
動に定期的に参加することがいかに大変であるかを改めて思い知ることと
なった。現状結社に所属せず、個人や仕事に接続する部分で、比較的自由な
立場で街づくりの活動に関わっているが、それでも仕事を終えた夜の会議や
飲み会に一定のペースで参加し、休日にも活動するとかなりのエネルギーを

消耗する。ビジネス拠点が広域に渡りながら、商工会議所活動のために飯塚に通い続ける方々がいることの凄みを感じ、改めて強い敬意を持つようになった。

　加えて、現在の勤務先である飯塚高校では、熱意と挑戦心に満ちた素晴らしい教職員の同僚たちに恵まれて、商店街全体を使っての学園祭という、私にとっては研究テーマと実践が交錯する奇跡のような企画に携わることができ、躍動する生徒たちからこの地で未来へ向かう希望と活力を得ることができた。

　このような生活経験の蓄積は、私自身の対象への理解を、大学院時代と比べ物にならないほど深めたと感じるが、残念ながらその部分の多くは未消化で本書に反映するに至っていない。大学に所属しなくなり、研究そのものに触れない時間が長くなった。それでも、まずは博士論文を書籍にすべきだと、多くの学兄たちが背中を押してくださった。

　今回の出版は、研究面でも多くを学ばせていただいた旧知の荻野亮吾先生から、度重なるご助言・お気遣いと共に大学教育出版をご紹介いただいたことで実現した。学部時代から学術上のあらゆる面でお世話になってきた小山裕先生、都市研究の基本を教えてくださった武岡暢先生、研究室で一緒に過ごしてきた品治祐吉氏や清水亮氏ら研究仲間たちが、私が大学を離れた後も学術的コミュニケーションを絶やさずに出版や研究継続を応援し続けてくださり、本当に救われてきた。また、著書から多くを学んできた坂本治也先生からも、身に余る励ましのお言葉をいただいた。そして研究職にない私に、大学教育出版社の佐藤守氏が出版の機会を与えてくださった。このすべての幸運に、心より深謝申し上げたい。

　また、博士論文執筆時にいただいたすべてのご助力に今一度、深く御礼申し上げる。

　常に前進のための叱咤激励をいただき、理論と実証研究との距離という長年の課題にも最後まで向き合う時間を与えていただいた指導教官の白波瀬佐和子先生、社会関係資本論などの主要概念について重要なコメントを何度

もくださった赤川学先生、調査にあたっては、飯塚、深谷、東京、ハレ、ミシガンの各地方青年会議所と３カ国の本部、国際青年会議所（JCI）本部、および様々な地域の青年会議所関係者から多大なるご助力を受けた。飯塚青年会議所OBの方々からの活動を直接伺えたのは本当に貴重な経験だった。アメリカ調査は西高辻信宏様、Dawn Hetzel 様、Scott Greenlee 様の大変貴重なお力添えで実現した。飯塚市役所、飯塚商工会議所、飯塚山笠、深谷商工会議所、ケルン商工会議所の各関係者からも、同様の親身なご協力をいただいた。ときには無計画に長時間に及んでしまったインタビューもあったが、すべての方々が心よく応じて下さり、また誇りを持って、活動を続ける姿に研究を続ける勇気をいただいた。

　２年間研修員としてお世話になった渋谷教育学園では、R. ベラーを愛読される田村哲夫理事長先生をはじめ、高際伊都子先生、田村聡明先生、多くの先生方のおかげで、研究と実務的研鑽とを自由に行き来できる贅沢な時間を過ごさせていただいた。

　最後に、家族全員が本書の価値を信じ熱心に応援してくれたことが強い支えとなった。本研究のあらゆる意味での決定的支援者だった父、最も身近な議論の相手で心身ともに支えてくれた妻、校正を手伝い優れた読者でもいてくれた母、細かい作業やデータ整理を手伝ってくれた妹、地域活動を通して新たな視点に気づかせてくれた弟に深く感謝したい。

　このほかにも書ききれないほどに多くの方々に助けられ、ようやく本書は完成を見ることができた。改めて、すべての方々に深く感謝申し上げ、結びとしたい。

■ 著者紹介

嶋田　吉朗　（しまだ　きちろう）

1989 年生まれ。学校法人嶋田学園常務理事。日本学術振興会特別研究員
（DC1）を経て現職。慶應義塾大学文学部卒業、東京大学大学院人文社会
系研究科博士課程修了。博士（社会学）。地域社会学、都市社会学、市民
社会論。高等学校にて、地域連携、大学連携、グローバル教育 ICT 等を担
当。また、福岡県飯塚市中心商店街の広場運営や街おこし活動にも従事。

地方経済人の結社と市民社会
― 青年会議所を事例として ―

2023 年 7 月 31 日　初版第 1 刷発行

■ 著　　者 ——— 嶋田吉朗
■ 発 行 者 ——— 佐藤　守
■ 発 行 所 ——— 株式会社 大学教育出版
　　　　　　　　〒 700-0953　岡山市南区西市 855-4
　　　　　　　　電話 （086）244-1268　FAX （086）246-0294
■ 印刷製本 ——— モリモト印刷 ㈱

ISBN978 - 4 - 86692 - 259 - 1